AF544608
Waag
Gran
Esztergom
Komárom
Plintenburg/
Visegrád
Neszmély
Nagy-Gerecse
Tata
Óbuda
Pannonhalma
Buda
Pest
Gerencsér
Mór
Donau
Székesfehérvár
Veszprém
Balaton
(Plattensee)
0
15
30
45km

Julia Burkhardt • Christina Lutter

Ich, Helene Kottannerin

Julia Burkhardt · Christina Lutter

Ich, Helene Kottannerin

Die Kammerfrau, die Ungarns Krone stahl

Die Deutsche Nationalbibliothek verzeichnet diese Publikation
in der Deutschen Nationalbibliografie;
detaillierte bibliografische Daten sind im Internet über
www.dnb.de abrufbar.

Das Werk ist in allen seinen Teilen urheberrechtlich geschützt.
Jede Verwertung ist ohne Zustimmung des Verlags unzulässig.
Das gilt insbesondere für Vervielfältigungen, Übersetzungen,
Mikroverfilmungen und die Einspeicherung in und Verarbeitung
durch elektronische Systeme.

wbg Theiss ist ein Imprint der wbg.
© 2023 by wbg (Wissenschaftliche Buchgesellschaft), Darmstadt
Die Herausgabe des Werkes wurde durch die Vereinsmitglieder der wbg
ermöglicht.
Lektorat: Diana Napolitano, Augsburg
Satz: Arnold & Domnick, Leipzig
Umschlagabbildung: Unbekannter flämischer Meister, Ausschnitt aus einem
Altarbild (ca. 1486–1493) © Lukas – Art in Flanders VZW/Bridgeman Images
Umschlaggestaltung: Burkhard Finken, Stuttgart
Gedruckt auf säurefreiem und alterungsbeständigem Papier
Printed in Europe

Besuchen Sie uns im Internet: www.wbg-wissenverbindet.de

ISBN 978-3-8062-4567-7

Elektronisch sind folgende Ausgaben erhältlich:
eBook (PDF): ISBN 978-3-8062-4599-8
eBook (epub): ISBN 978-3-8062-4600-1

Inhalt

Anhang

Wegweiser durch das Buch

Ein Thronstreit, eine Kammerfrau, ein Diebstahl und eine Krone. Das sind die Zutaten für eine spektakuläre Geschichte. Und die Geschichte, die dieses Buch erzählt, ist gleich in mehrfacher Hinsicht besonders.

Die Erinnerungen der Kammerfrau Helene Kottannerin gehören zu den spannendsten Quellen im mittelalterlichen Donauraum: Sie wurden von der wohl aus einer Ödenburger (ungar. Sopron) Bürgerfamilie stammenden Helene Kottannerin oder in ihrem Auftrag verfasst. Helene war Hofdame Königin Elisabeths von Luxemburg (1409–1442)[1], der Erbtochter des römisch-deutschen Kaisers Sigismund von Luxemburg. Gemeinsam mit ihrem Ehemann, dem österreichischen Herzog Albrecht V./II. (1397–1439)[2], herrschte Elisabeth über das Königreich Ungarn. Albrecht jedoch starb bald nach seiner Krönung während der Kriegsvorbereitungen gegen das osmanische Heer, das damals an der Grenze zu Ungarn stand. Die nun verwitwete Königin Elisabeth war schwanger und hoffte nach zwei Töchtern und einem früh verstorbenen Sohn endlich auf einen männlichen Thronerben. Um die Erbfolge für dieses noch ungeborene Kind zu sichern, beauftragte sie ihre Kammerfrau und Vertraute Helene, in deren Obhut sich auch die kleine Königstochter Elisabeth befand, die legendäre Heilige Krone aus der ungarischen Burg Visegrád – der Plintenburg – zu entwenden. In einer Nacht- und Nebelaktion gelang der tapferen Kammerfrau das delikate Unternehmen. Wenig später sollte der zum Zeitpunkt des »Kronenraubs« noch ungeborene Ladislaus im Alter von nur zwölf Wochen zum ungarischen König gekrönt werden (1440).

---

1 Nicht für alle Menschen, die in diesem Buch vorkommen, sind Geburts- und Todesdatum nachgewiesen; für die Orientierung der Leserinnen und Leser sind solche Daten aber wichig. Wir geben in unserem Buch deshalb bei der ersten Nennung im Text sowie im Register immer dann beide Daten an, wenn sie sicher belegt sind; in jenen Fällen, in denen nur das Todesdatum bekannt ist, ergänzen wir den Zusatz »gest.« Regierungsdaten von Herrscherinnen und Herrschern finden nur dann Erwähnung, wenn diese Informationen für den Kontext relevant sind.

2 Als österreichischer Herzog war er Albrecht V., als römisch-deutscher König Albrecht II.

Diese aufsehenerregende Aktion, die in anderen zeitgenössischen Zeugnissen nur angedeutet wird, und ihr prominenter politischer Hintergrund wären schon Grund genug, die Geschichte wiederzugeben und zu kommentieren. Doch damit nicht genug: Helene gibt die Ereignisse aus ihrer Perspektive wieder: »Ich, Helene Kottannerin« ist eine ihrer häufigen Formulierungen. Sie ist zugleich Akteurin, Augenzeugin und Erzählerin der Geschichte. Solche Selbstzeugnisse waren im 15. Jahrhundert in Mitteleuropa noch selten; zumal in solcher Ausführlichkeit und von einer Frau verfasst. Mittelalterliche Schriftkultur war außerhalb von Klöstern, wo Mönche und Nonnen schrieben, vielfach Männern vorbehalten: Umso spektakulärer ist das schriftliche Zeugnis einer Frau aus dem bürgerlich-höfischen Umfeld in dieser Zeit.

Und wie Helene schreibt! Temporeich berichtet die Kammerfrau und Erzieherin von der Nachfolge Albrechts II. und Elisabeths als König und Königin von Ungarn und über alle Details der strategischen Planung und Durchführung ihres gefährlichen Unterfangens bis zur Krönung des Säuglings Ladislaus.

Neben der abenteuerlichen Geschichte des »Kronenraubs« würdigt die Kammerfrau ihre Königin als tatkräftige Politikerin, beschreibt das Alltagsleben an ihrem Hof mit seinen permanenten Reisen – bisweilen durch Kriegsgebiete –, seinen täglichen Audienzen, Entscheidungen und schriftlichen Aufträgen und erzählt sogar sehr eindrücklich vom Ablauf der Geburt des Thronfolgers Ladislaus.

In kluger Weise verschränkt der Text politische, soziale und alltagsgeschichtliche Aspekte und thematisiert dabei durchgehend das Handeln von Frauen genauso konsequent wie jenes von Männern – von der Herrin bis zur Magd, von den ungarischen Magnaten bis zu den namenlosen Helfern Helenes beim »Kronenraub«.

Ihre Darstellung bietet neben der systematischen Zusammenfassung der zentralen ungarischen Krönungselemente am »richtigen Ort«, durch die »richtige Person« und mit den »richtigen« Insignien der Macht eine Fülle von Informationen zu mittelalterlichen Lebensformen und Akteuren unterhalb der Ebene der »großen Politik«, über die die meisten zeitgenössischen Chroniken schweigen.

Helenes Person und Geschichte wurden daher vielfach zum Gegenstand wissenschaftlicher Studien. Die Lebendigkeit ihrer Sprache und der spannungsgeladene Plot der Geschichte haben wiederholt das Interesse germanistischer und historischer Forschung geweckt. Besonders die Frage, wie man sich Helene als Autorin vorstellen könne (schreibend? diktierend?), und jene nach ihren Motivationen (warum und für wen wurde dieser Text verfasst?) treibt Fachleute seit Jahrzehnten um. Wir machen es spannend und erörtern diese Aspekte erst am Ende unserer Darstellung, um die Leserinnen und Leser selbst der Spur des Rätsels folgen zu lassen.

Dass diese Fragen überhaupt gestellt und diskutiert werden konnten und können, ist wesentlich dem ungarischen Germanistikprofessor Karl (Károly) Mollay (1913–1997) zu verdanken. Mollay stammte selbst aus Ödenburg und schöpfte aus der reichhaltigen Stadtgeschichte und ihren Archiven vielfältige Anreize für seine Arbeit mit historischen deutschsprachigen Dokumenten Ungarns. Mit großer Liebe zu seinem Forschungsgegenstand und detektivischem Spürsinn ging Mollay dem Geheimnis von Helenes Text auf den Grund: Er ermittelte die Rezeptionsgeschichte des Textes in den Jahrhunderten nach seinem Entstehen, identifizierte Personen und Orte und glich die Erzählung mit anderen historischen Quellen ab. Auf dieser Basis veröffentlichte Mollay 1965 und 1971 die erste kritische Edition des Textes, die Standards setzte und bis heute für wissenschaftliche Arbeiten herangezogen wird. Auch unsere Übertragung von Helenes Erzählungen basiert auf Mollays kritischer Ausgabe; eine zweisprachige wissenschaftliche Ausgabe soll künftig in einer eigenen Reihe der Wissenschaftlichen Buchgesellschaft (wbg) erscheinen.

Als Mollay 1993 in einem Interview anlässlich seines 80. Geburtstags gefragt wurde, welche seiner wissenschaftlichen Arbeiten ihm denn am meisten am Herzen läge, antwortete er feinsinnig: »Wahrscheinlich die ›Erinnerungen der Helene Kottannerin‹, denn darin gibt es Kleinigkeiten, die nur ich klären konnte.« Das ist unbestreitbar richtig. Dieses Buch ist deshalb dem Andenken an Karl Mollay gewidmet und möge viele Menschen für Helenes abenteuerliche Welt begeistern. Diese Begeisterung hat uns bei der gemeinsamen Arbeit am Manuskript geleitet: Sie wurde von zahlreichen Kolleginnen und Kollegen aus Deutschland, Österreich, Ungarn und der Slowakei begleitet, die uns mit ihrer Expertise enorm geholfen haben.

Besonders danken möchten wir Katalin Szende, Gábor Klaniczay und Kornelia Holzner-Tobisch, die uns stets in freundschaftlicher Verbundenheit und mit ihrer profunden Fachkenntnis unterstützt haben. Gergely Buzás hat uns freundlicherweise seine Rekonstruktionszeichnungen der Plintenburg zur Verfügung gestellt, Géza Pálffy lieferte wichtige Hinweise zum Quellenmaterial. Unser Dank gilt zudem Daniel Kufner, der uns die von ihm erarbeitete, erste moderne deutsche Übersetzung von Helenes Geschichte (online 2015) in einer handlichen Arbeitsversion zur Verfügung gestellt hat; außerdem den Studierenden der Übung »The Crown« an der LMU München sowie unseren Kolleginnen und Kollegen aus München, Heidelberg, Stuttgart, Salzburg, Wien, Bratislava und Budapest, die das Manuskript mit uns gelesen und diskutiert haben. Herbert Krammer erstellte passgenau die Karten und die genealogische Übersicht für dieses Buch und identifizierte mit uns kaum bekanntes urkundliches Material; Johannes Willert unterstützte die Recherche mit großer Sorgfalt; Stefan Erdei hat alle Versionen gelesen und kommentiert. Last, but not least danken wir der wbg, namentlich Clemens Heucke, Teresa Löwe und Jonas Bogumil, dafür, dass sie sich auf das Abenteuer des »Kronenraubs« gemeinsam mit uns einließen.

Warum ein »Wegweiser« durch das Buch? Helenes Geschichte ist nur in einer einzigen und noch dazu unvollständigen Abschrift überliefert – eine solch rätselhafte mittelalterliche Handschrift in mittelhochdeutscher Sprache erfordert einige Erläuterungen.

Am Anfang dieses Buches steht Helenes Bericht: Wir haben den im damaligen regional gefärbten Mittelhochdeutsch verfassten Text in modernes Deutsch übertragen. Dabei sind wir so nah wie möglich am Originaltext geblieben und haben auch heute noch übliche regionale Sprachwendungen (z. B. »der Polster«) in der Übertragung berücksichtigt. Für eine bessere Orientierung haben wir den Text zudem durch Zwischenüberschriften untergliedert. An die Übertragung schließt eine Darstellung an, die Leserinnen und Leser mit den politischen, dynastischen, kulturellen, sozialen und topografischen Rahmenbedingungen der Geschichte vertraut machen soll. Wer sich näher für den Text und die Forschung dazu interessiert, findet in einer knappen kommentierten Bibliografie sowie einer ausführlichen Literaturliste reichhaltiges Material.

Im Mittelpunkt von Helenes Erinnerungen steht eine Grenzregion zwischen verschiedenen sprachlichen und kulturellen Räumen. Seit dem 19. Jahrhundert wurde dieses historische Erbe zunehmend für

Abb. 1: Originalhandschrift des Berichts der Helene Kottannerin. Wien, Österreichische Nationalbibliothek, Cod. 2920, fol. 1r und 16v

nationale oder hegemoniale Ansprüche instrumentalisiert, und solche Traditionen spiegeln sich bis heute in der Benennung von Orten und Personennamen wider. Wir sind uns dieser Problematik bewusst und haben uns deshalb beim Umgang mit diesen Namen für eine pragmatische Lösung entschieden: Unser Buch geht von Helenes Perspektive und ihrer deutsch-ungarischen Lebensumwelt aus. Daher geben wir in der Übertragung ihres Textes Ortsnamen in der dort verwendeten deutschsprachigen Form wieder. In unserer Darstellung werden Ortsnamen ebenfalls auf Deutsch angegeben; bei der Erstnennung wird auch die ungarische Entsprechung in Klammern angeführt. Zudem sind jeweils alle relevanten Bezeichnungen in heutigen Landessprachen in einem Konkordanzverzeichnis am Ende des Buches erfasst. Auf den Karten folgen die Bezeichnungen dem heutigen Sprachgebrauch; bei besonders starken Abweichungen werden zum besseren Verständnis zweisprachige Angaben gemacht (so erwähnt Helene sehr häufig das mittelalterliche Pressburg, während sein moderner slowakischer Name Bratislava klarerweise nie vorkommt).

Die Vornamen von Personen werden in deutscher oder latinisierter Form wiedergegeben, die Herkunftsbezeichnungen (»Nachnamen«) ungarischer Adeliger aufgrund des Bezugsrahmens des ungarischen Königreichs jedoch in der ungarischen Fassung, wobei alternative Namensformen (z. B. kroatische) bei der Erstnennung in Klammern angegeben werden. Alle Personen- und Ortsnamen sind zudem mit wechselseitigen Querverweisen zwischen den Sprachvarianten im Register angeführt. Die Karten sollen nicht nur die übliche geografische Orientierung ermöglichen, sondern darüber hinaus einen Eindruck von der Reiseroute Helenes und der königlichen Familie sowie von den topografischen Besonderheiten der berühmten Plintenburg geben; das genealogische Schema ermöglicht einen Überblick über die ungemein komplexen verwandtschaftlichen Verflechtungen der adeligen Hauptpersonen der Geschichte.

Zuletzt noch ein Hinweis: Die Umschlagabbildung zeigt *nicht* Helene Kottannerin, sondern einen Ausschnitt aus einem fast zeitgenössischen niederländischen Altargemälde (1486–1493). Derart detailgetreue Abbildungen »einfacher« Menschen waren im mittelalterlichen Europa lange Zeit selten und setzten sich im östlichen Donauraum erst später durch als im Westen oder Süden des Kontinents. Immerhin aber sehen wir hier eine weibliche Person, deren Darstellung einen Eindruck davon vermittelt, wie man sich eine Kammerfrau wie Helene gemäß den Informationen aus schriftlicher, bildlicher und materieller Überlieferung wohl vorstellen kann. Mittelalterliche Quellen bieten uns oft nicht mehr als solche Fragmente, die wir in umsichtiger Feinarbeit prüfen und Stück für Stück zu einem Mosaik fügen müssen; das so entstandene Bild bleibt zumeist mehr Annäherung als getreues Abbild historischer Wirklichkeit. Umso außergewöhnlicher ist die folgende Geschichte mit ihrem großen Bogen, ihren vielfältigen Details und ihrer singulären Perspektive.

Der Bericht der Helene Kottannerin

Übertragung in modernes Deutsch von Julia Burkhardt und Christina Lutter[1]

Der Beginn einer langen Reise

Im Jahr 1439 nach Christi Geburt zwischen Ostern (5. April 1439) und Pfingsten (24. Mai 1439), als der edle Fürst Albrecht zum Heiligen Römischen König erwählt worden war und er und die Königin schon die Krone von Ungarn empfangen hatten, kam Seine Gnaden für kurze Zeit nach Pressburg.[2] Die edle Königin, die Herrin Elisabeth, kam zu ihrem Gemahl von Ofen nach Pressburg, und auch Fürst Albrecht verließ Österreich und kam mit seinem Hof nach Pressburg. Und danach schickte Seine Gnaden nach Wien, dass man ihm seine jüngste Tochter, die Herrin Elisabeth, mit ihrem Hofgesinde nach Pressburg bringe, was auch so geschah. Da war auch ich, Helene[3] Kottannerin, dabei, und auch ich wurde mitgeschickt zum Hof König Albrechts und seiner Gemahlin, der edlen und aller-

1 Hinweis zu Namen und Daten im Text:
1. Ortsnamen werden in der Übertragung in modernem Hochdeutsch wiedergegeben; in der Ortsnamenkonkordanz finden sich die Entsprechungen in Latein/Ungarisch/Slowakisch.
2. Personennamen: »Familiennamen« werden in der modernen (deutschen oder ungarischen) Form angegeben (z. B. Pálóci, nicht original wie bei Helene »Peloczy«). Wortschöpfungen Helenes wie »Waidamiklosch« werden übertragen (z. B. »Nikolaus der Wojewode«) und zusätzlich kommentiert.
3. Moderne Datierungen werden jeweils in Klammern angegeben.

2 Die Übertragung von Helenes Bericht beruht auf der von Karl Mollay verantworteten Textausgabe (1971). Der Originaltext ist an einigen Stellen nicht vollständig erhalten; Mollay hat diese Textverluste ergänzt. Unsere Übertragung übernimmt Mollays Ergänzungen; editorische Fragen, die sich aus dieser fragmentarischen Überlieferung ergeben, werden in diesem Buch jedoch nicht im Detail diskutiert. Tagesdaten wurden entsprechend den Angaben von Karl Mollay ergänzt; Ergänzungen, die mit runden Klammern markiert sind, stammen von uns und dienen dem besseren Lesefluss.

3 Helene nennt sich im Text selbst »Helena« oder »Elena«; wir übersetzen ihren Namen der Forschungstradition folgend einheitlich mit »Helene«.

gnädigsten Herrin. Nicht lange danach brachen wir mitsamt der Königin und der jungen edlen Fürstin auf und fuhren hinunter nach Ofen.

Wir waren nicht lange in Ofen, als sich ein Aufstand[4] gegen die Deutschen erhob. Damals starb der Bischof von Gran, der Georg von Pálóci hieß. Zu dieser Zeit war die Heilige Krone in Gran, und König Albrecht kam zu den Herren von Pálóci, den Brüdern des Bischofs von Gran, die damals die Herrschaft über Gran innehatten. Dort fand König Albrecht die Heilige Krone und auch die Paramente[5] vor. Da berieten sich die Herren von Pálóci untereinander, und eine ehrenwerte Botschaft wurde zum Domkapitel in das Schloss nach Gran gesandt, wo weiter beratschlagt wurde. Heraus kam, dass sie König Albrecht die Heilige Krone nicht vorenthielten, aber dass sie gegen den König waren. Nun beachtet, dass zu derselben Zeit, die nun vergangen ist, Königin Elisabeth schwanger geworden war und König Albrecht später einen edlen Nachkommen gebar, der Ladislaus genannt wurde. Als die Verhandlungen wegen der Heiligen Krone nun zu Ende gegangen waren, schickte der edle König Albrecht seine jüngste Tochter, die edle Fürstin, Jungfrau Elisabeth, auf das Schloss zu Plintenburg[6] und ich, Helene Kottannerin, fuhr auch mit.

Noch am selben Tag machte sich der edle König Albrecht mit seiner Gemahlin, der edlen Königin, auf nach Gran zu der Heiligen Krone und diese wurde ihm überantwortet. Dann beabsichtigte Seine Gnaden, zu seinem Heer bei Szegedin zu reisen. Als Seine Gnaden nun bereit war, begab er sich zuerst auf die Plintenburg mit seiner Gemahlin, der edlen Königin, und brachte die Heilige Krone zu seiner jüngsten Tochter, der Fürstin. Und es kamen auch zahlreiche ungarische Herren mit, und sie trugen die Heilige Krone in ein Gewölbe, das fünf Seiten hatte, und ich, Helene Kottannerin, war auch dabei und trug die junge Fürstin auf meinem Arm und sah gut, wie und wo man die Heilige Krone hintat. Dann wurde das Gewölbe verschlossen, und die Tür zum Gewölbe wurde mit

---

4 Im Original wird der Begriff »sackmann (machen)« für Plünderungen verwendet.

5 Paramente sind liturgische Gewänder und Textilien, die während des Gottesdiensts verwendet wurden.

6 Die Plintenburg (ungar. Visegrád) bestand aus einer Höhenburg auf einer Anhöhe und einem Schloss am Fuß des Burgbergs (siehe Abb. 2). In der Textübertragung wird Helenes Differenzierung dieser beiden Orte gemäß der Textvorlage mit den Begriffen »Höhenburg« (bzw. einfach »Plintenburg«) und »Schloss« (bzw. »Hof«) wiedergegeben.

Abb. 2: Luftaufnahme der Plintenburg, 2016

vielen Siegeln sorgfältig versiegelt. Die Herrschaft über die Plintenburg hatten zu dieser Zeit Graf Nikolaus von St. Georgen und Bösing und Graf Georg, sein Sohn, inne.

König Albrecht stirbt an der Ruhr

Dann zog der edle König Albrecht mit seiner Gemahlin, der edlen Königin, ins Feld und in das Sumpfgebiet bei Szegedin. Und wie es dann weiterging, das weiß man wohl: Nicht lange danach wurde der edle König krank; er litt an einer Krankheit, die man die Ruhr nennt. Da ließ ihn der Truchsess krank auf die Plintenburg bringen, und man bereitete ihm ein Lager im Schloss. Da kamen die Ärzte aus Wien zu ihm. Und als sich Seine Gnaden ein wenig erholt hatte, schickte ihm seine junge Tochter, die Fürstin, ein Hemdchen, das sie selbst am Leib getragen hatte. Da schickte Seine Gnaden das Hemdchen wieder durch einen Getreuen, den Weichemann, genannt der Vinsterel,[7] hinauf zur Burg; der hatte eine Spange an einen Beutel genäht, der hatte auf beiden

7 Die Bezeichnung »Weichemann« für den getreuen »Vinsterel« (ein Personenname) dürfte im Zusammenhang mit dem Wort »weihen« stehen. Es könnte sich also um einen Geistlichen handeln. Mollay 1971, Anm. 23 und 91 hält ihn allerdings für identisch mit dem Fußsoldaten Hieronymus Vinsterel, der in Elisabeths Diensten stand. Siehe dazu Anm. 29 unten.

Seiten Bilder und zauberkräftige Erbsenschoten[8]. Danach reiste die edle Königin zu den Gütern des Ban Ladislaus (von Gara)[9] jenseits von Ofen und war sehr bekümmert, denn der edle König Albrecht hätte sie gern bei sich gehabt. Und er schickte ihr viele Botschaften – besonders als die Königin nicht zu ihm zu kommen vermochte –, dass sie doch noch einmal käme, bevor er abreiste. Danach verlangte es sie beide.

Dann brach Seine Gnaden als Kranker von der Plintenburg auf. Da wollte er auch noch seine junge Tochter, Jungfrau Elisabeth, sehen und reiste zu ihr nach Gran. In Langendorf (ungar. Neszmély) wurde seine Krankheit noch schlimmer. Und so starb der edle König und Fürst Albrecht am Abend des Tages der Hl. Apostel Simon und Judas (27. Oktober 1439).

Sorge um die Heilige Krone

Am letzten Vormittag kam ein ungarischer Herr auf die Plintenburg zu der jungen Fürstin, wo er gleich mit der edlen Königin sprechen wollte, ihrer Mutter. Er wollte nicht weggehen, und es wurde ihm geantwortet, wie es sich ziemte. Er sprach später mit unserer gnädigen Frau und erzählte ihr, wie der edle König Albrecht die Heilige Krone aus der Plintenburg gebracht hatte. Da erschrak Ihre Gnaden sogleich und schrieb an Graf Nikolaus von (St. Georgen und) Bösing und Graf Georg, seinen Sohn, ob dem so wäre oder nicht, das sollte man sie wissen lassen. Da kamen die beiden erwähnten Grafen zu mir und nahmen mich beiseite, und wir gingen miteinander zu der Tür, durch die man zu der Heiligen Krone ging. Da waren die Siegel alle unversehrt, und das schrieben sie der Königin so zurück. Da wollte Ihre Gnaden sich selbst davon überzeugen und kam auf die Plintenburg, und viele ungarische Herren kamen mit ihr, und sie gingen in das Gewölbe und trugen die Truhe mit der Heiligen Krone herauf und nahmen die Heilige Krone mitsamt Futteral heraus, auf dem viele Siegel angebracht waren. Die brachen sie

---

8 Offensichtlich handelte es sich hierbei um eine Art Amulett, siehe unten S. 122, 132 und 139.

9 Um die im Text beschriebenen Personen eindeutig zuordnen zu können, haben wir in Klammern die jeweiligen Familiennamen ergänzt; in Helenes Bericht werden diese nicht immer explizit genannt. Da Helenes Text in deutscher Sprache verfasst ist, ergänzen wir ungarische Familiennamen in der deutschen Variante (»von Gara« statt »Garai«). Im darstellenden Teil verwenden wir die heute üblichen ungarischen bzw. kroatischen Namensformen, siehe dazu auch oben, Anm. 1.

Abb. 3: König Albrecht II., Porträtgemälde aus dem 16. Jahrhundert, Kunsthistorisches Museum Wien

und nahmen die Heilige Krone heraus und sahen sie genau an. Da war ich dabei. Danach nahmen sie die Heilige Krone und legten sie in eine kleine Kiste. Darin lag auch die andere Krone, mit der man die edle Königin in Ungarn gekrönt hatte. Und so lagen die zwei Kronen beisammen in einer Kiste, und nahe bei dieser Kiste stand ein Bett, darauf legte sich die edle Königin mit ihrer schweren Bürde; bei ihr lagen zwei Jungfrauen in demselben Zimmer, die eine hieß Barbara, die war die Tochter eines ungarischen Herrn, die andere hieß die Fronacherin.[10]

10 Der Begriff »Jungfrauen« ist im Text mehrheitlich mit der Bedeutung »Hofdamen« belegt (die einzige Ausnahme bildet die Bezeichnung »Jungfrau Elisabeth«, um das Kind von seiner gleichnamigen Mutter, der Königin Elisabeth, zu unterscheiden). Wir verwenden in der Übertragung beide Begriffe synonym in dieser Bedeutung.

Auch ein Nachtlicht, eine Wachskerze, stand bei ihnen, wie es Gewohnheit bei den Fürstinnen ist.

Nun war die Jungfrau in der Nacht aufgestanden und hatte übersehen, dass das Licht umgefallen war, und es begann im Zimmer zu brennen; und die Kiste, in der die zwei Kronen lagen, fing Feuer und wurde angesengt, und oben auf der Kiste lag ein blauer samtener Polster, da brannte ein Loch hinein, größer als ein Span. Und beachtet das Wunder: Der König, der die Heilige Krone tragen sollte, war noch eingeschlossen im Mutterleib, und die beiden waren kaum zwei Klafter voneinander entfernt – die hätte der böse Feind[11] mit der Feuersbrunst gern verletzt. Aber Gott war ihr Beschützer, der hat sie rechtzeitig aufgeweckt, und ich lag draußen bei der jungen Königin. Da kamen die beiden Jungfrauen, ich solle sofort aufstehen, es brenne in dem Zimmer, in dem meine gnädige Frau lag. Ich erschrak sehr, stand sofort auf und eilte ins Zimmer, in dem alles voller Rauch war, und ich dämpfte und löschte das Feuer und ließ den Rauch hinausziehen und machte das Zimmer wieder wohlriechend, sodass die edle Königin die Nacht darin schlief.

Am Morgen kamen die ungarischen Herren zu meiner gnädigen Frau, die ihnen erzählte, wie es ihr in der Nacht ergangen war und wie es so nahe bei ihr und der Heiligen Krone gebrannt hatte und auch bei der anderen Krone. Das erstaunte die Herren, und sie rieten, man solle die Heilige Krone wieder in die Truhe legen und man solle sie auch wieder in das Gewölbe bringen, in dem sie vorher gewesen war. So geschah es noch am selben Tag. Erneut wurde die Tür versiegelt wie zuvor, aber mit weniger Siegeln als vorher. Als dies nun geschehen war, schickte meine Herrin zum Grafen Georg von Bösing und forderte die Schlüssel zur Plintenburg, so wie es die ungarischen Herren haben wollten, damit sie das Schloss an ihren Vetter, den Ban Herrn Ladislaus von Gara, geben konnte. So geschah es.

Herr Ladislaus von Gara, der Ban, übernahm das Schloss und besetzte es mit einem Burggrafen. Als nun die edle Königin mit ihrem Vetter Ladislaus und den anderen ungarischen Herren wieder nach Ofen reisen wollte, nahm Ihre Gnaden mich vertraulich beiseite und sprach: »Liebe und treue Kottannerin, ich vertraue Euch meine Tochter

11 Mit dem »bösen Feind« ist der Teufel gemeint, den die fromme Helene als Gegenspieler zu ihrer von Gott legitimierten Geschichte darstellt.

an und auch die Kammer, lasst niemanden hineingehen außer meiner Tochter und Euch selbst.« Und sie vertraute mir auch ihre Krone und ihre Halskette und andere Kleinodien an, die bewahrte ich alle in der Kammer, durch die man zur Heiligen Krone gelangte. Und als wir so miteinander sprachen, kam Herr Ladislaus mit seinem Burggrafen und sprach: »Gnädige Herrin, ihr sollt Eurer Kammerfrau befehlen, niemanden in die Kammer hineinzulassen außer meinem Burggrafen.« Darauf gab Ihre Gnaden eine freundliche Antwort und sprach zu mir: »Liebe Helene Kottannerin, wenn mein Vetter, Herr Ladislaus, und sein Burggraf hineinwollen, so lasst sie ein.« Da ging der Burggraf zu der Tür, an der die Siegel befestigt waren, nahm ein Tuch, legte es über die Siegel, band es zu und legte sein Siegel darauf.

Ein umstrittenes Eheprojekt

Als all das geschehen war, brach die edle Witwe, meine gnädige Herrin, zusammen mit ihrem Vetter, Herrn Ladislaus, und den anderen ungarischen Herren nach Ofen auf, beladen mit einer schweren Bürde und umgeben von vielen Sorgen. Denn die ungarischen Herren wollten, dass sie sich einen Ehemann nehmen solle, und trugen Ihrer Gnaden etliche (Kandidaten) an. Einer davon war der König von Polen, genannt Herr Wladislaus, ein anderer war der Sohn des Despoten Serbiens. Darüber war die edle Königin sehr betrübt, und unter anderen höflichen Antworten gab sie folgende: »Liebe Herren, gebt mir keinen Heiden[12], gebt mir lieber einen christlichen Bauern.« Ihr Vetter Ladislaus wollte, dass sie den (König) von Polen nähme, und auch die ungarischen Fürsten bestanden darauf, dass sie das tun solle. Aber sie wollte nicht und gab zur Antwort, sie wolle warten, was ihr Gott gäbe, danach wolle sie sich richten. Denn alle ihre Ärzte hatten ihr gesagt, dass sie einen Sohn in sich trage, und

12 Der polnische König Władysław III. (1424–1444) stammte aus der Dynastie der Jagiellonen. Sein Vater und Vorgänger auf dem Königsthron, Władysław II. (gest. 1434), war ursprünglich Fürst von Litauen gewesen und hatte erst 1385/86 durch die Heirat mit der polnischen Königin die Königskrone Polens erhalten. Eine Grundbedingung für die politisch attraktive Eheverbindung war die Taufe Władysławs II. Immer wieder wurde deshalb das Argument, die Mitglieder der Königsfamilie seien eigentlich noch Heiden, in den folgenden Jahrzehnten für Kritik am König und der Dynastie eingesetzt. Helene spricht den polnischen König in der Folge immer nur – offenbar abwertend – als »den von Polen« an. Wir ergänzen aus Gründen der besseren Lesbarkeit den Königstitel in Klammern.

darauf baue ihre Hoffnung. Aber sie konnte die Wahrheit nicht wissen und sich auch nicht danach richten. Deshalb brach Ihre Gnaden von Ofen auf und begab sich zur Plintenburg unten in den Hof.[13]

Da kam Graf Ulrich von Cilli zu ihr; als das die ungarischen Herren bemerkten, kamen sie auch gleich zu Ihrer Gnaden und bedrängten sie wieder wegen des Polen. Daher wurde ihr geraten, den (König) von Polen zu nehmen und unterdessen zu überlegen, was das Beste für sie wäre, dann würde man doch noch einen Weg finden, wie sie davonkäme; und so tat es Ihre Gnaden und willigte ein, den König von Polen zu nehmen. Aber sie benannte auch drei Dinge, die wohlbekannt sind,[14] und wenn sie diese einhalten würden, so wollte sie den (König) von Polen nehmen. Jedoch wusste sie wohl, dass niemand die drei Bedingungen erfüllte, weder der (König) von Polen noch die ungarischen Herren, und wollte so dem Versprechen entgehen, das sie gegeben hatte, den (König) von Polen zu nehmen. Das durchschauten die Herren jedoch nicht und waren froh, dass Ihre Gnaden eingewilligt hatte, den (König) von Polen zu nehmen. Als das die weise und edle Königin erkannte, da richtete sie ihr Denken und Trachten darauf, wie sie die Heilige Krone von den ungarischen Herren in ihre Gewalt bringen könnte. Das tat sie in der Annahme, dass, so sie einen Sohn gebären würde, dieser nicht aus dem Reich vertrieben würde; trüge sie aber eine Tochter, so könnte sie dennoch besser mit den ungarischen Herren verhandeln. Und sie bat mich schnell, ob ich die Heilige Krone herausbringen könnte. Das war aber zu dieser Zeit nicht möglich. Es war aber eine glückliche Verhinderung, dass die rechte Zeit noch nicht gekommen war, zu der Gott der Allmächtige sein wunderbares Werk vollbringen würde, wie ihr es noch hören werdet.

Die ungarischen Herren hätten es gern gesehen, wenn die edle Königin auf der Plintenburg im Kindbett gelegen wäre. Das war Ihrer Gnaden aber nicht recht, und sie tat nichts dergleichen und kam nicht auf die Burg. Das bewirkte ihre verborgene Klugheit; denn sie hatte Sorge, dass sie, wäre sie auf die Burg gekommen, dort mitsamt dem Kind gewaltsam festgehalten worden wäre. Das andere, das (die Herren) noch weniger bemerken sollten, war, dass sie nach der Heiligen Krone strebte. Da nahm

---

13 Die Plintenburg bestand aus einer Höhenburg auf einem Feldplateau und einer königlichen Residenz, die Helene mit dem Begriff »Hof« anspricht (siehe dazu Abb. 17 und 18 auf S. 104 und 105).

14 Zu diesen »Gesetzen« der ungarischen Königskrönung siehe unten S. 44 und S. 78.

die edle Königin ihre jüngste Tochter, die Herrin Elisabeth, von der Burg zu sich hinunter an den Hof, und mit ihr mich und zwei Jungfrauen, die anderen aber ließ sie oben, eine Herzogin aus Schlesien und andere edle Jungfrauen. Das wunderte jedermann, warum Ihre Gnaden die Jungfrauen und das andere Hofgesinde, das meiner jungen Herrin zugedacht war, da oben ließ. Warum das so war, das wusste niemand außer Gott, Ihre Gnaden und mir. Und ich hatte die Schlüssel zu dem Gemach, in dem sich ihre Krone, ihre Halskette und andere Kleinodien befanden.

Nun wollte Ihre Gnaden heimlich aufs Land reisen und bat mich, ich solle auf die Burg gehen und versuchen, ob ich ihre Krone und ihre übrigen Kleinodien heimlich hinab zu ihr an den Hof bringen könne. Und das tat ich und kam auf die Burg, und in meinem Gewand brachte ich von dort in großer Heimlichkeit meiner gnädigen Herrin die Krone und all ihren Schmuck auf einem Schlitten. Und als ich in den Hof fuhr, da ritten die ungarischen Herren mir entgegen, und Herr Ladislaus fragte mich: »Helene Kottannerin, was bringt Ihr da mit?« – »Ich bringe mein Gewand mit.« Und meine gnädige Herrin war froh, dass ich ihr den Schmuck gebracht hatte: Ich müsse heute die Krone in der Kammer behalten, in der meine junge Herrin und ich schliefen, da es sehr wenige Gemächer gab, die man versperren konnte. Und ich verwahrte sie mit großen Sorgen unter dem Bett, da wir keine Truhe hier hatten. Denn hätten die Herren das Futteral mit der Krone gesehen, hätten sie gedacht, es wäre die Heilige Krone, und es wären viel Mühe und Widrigkeiten daraus entstanden und sie hätten auch erkannt, dass Ihre Gnaden sich mit dem Gedanken trug, aufs Land zu reisen. Als nun die edle Königin den ungarischen Herren eine Antwort wegen des Königs von Polen gegeben hatte, wie ihr vorher gehört habt, und auch die Briefe und die ungarischen Herren, die als Gesandte zu dem (König) von Polen reiten sollten, abgefertigt waren – der Bischof von Erlau, Ban Matko (Tallóci) und Emmerich »Vajdafi«[15] und andere Herren –, da reisten die ungarischen Herren von der Plintenburg wieder nach Ofen. Auch die edle Königin verließ die Burg und machte sich mit ihrer jungen Tochter, Herrin Elisabeth, auf nach Komorn.

15 Helene formuliert umgangssprachlich »Weidefembreich« bzw. »Waidafembreich« für das ungarische »Vajdafi Imre«, was übersetzt »Emmerich, Sohn des Wojewoden« bedeutet. Gemeint ist Emmerich Marcali (gest. 1448), der Sohn des Wojewoden von Siebenbürgen Nikolaus Marcali. Dazu Mollay 1971, S. 54, Anm. 52.

Der Plan für den »Kronenraub«

Da kam Graf Ulrich von Cilli auch zu Ihrer Gnaden als ein treuer Freund[16] und sie berieten sich, wie man einen Weg finden könnte, die Heilige Krone aus der Plintenburg herauszuschaffen. Da trat meine gnädige Herrin an mich heran, dass ich das tun solle, da es niemanden gäbe, der die Gegebenheiten besser kannte als ich und dem sie noch dazu vertrauen würde. Da erschrak ich sehr, denn es war für mich und meine kleinen Kinder ein schweres Wagnis. Ich überlegte hin und her, was ich denn tun solle, und wusste auch niemanden um Rat zu fragen außer Gott allein und dachte, wenn ich es nicht täte, käme vielleicht Schlimmes dabei heraus, und das wäre meine Schuld gegenüber Gott und der Welt. Und ich willigte ein in die gefährliche Reise und das Wagnis meines Lebens und bat um einen Gehilfen. Da wurde die Entscheidung mir zugeschoben, wer mir geeignet dafür schien, und so schlug ich einen vor, von dem mir schien, er wäre meiner Herrin ganz treu ergeben, und er war ein Kroate. Und er wurde zu einer geheimen Beratung geholt, wo ihm die Sache vorgetragen wurde, die man von ihm forderte. Da erschrak der Mann so sehr, dass er die Farbe wechselte, als ob er halb tot wäre, und er willigte auch nicht ein, sondern ging hinaus in den Stall zu seinen Pferden. Ich weiß nicht, ob es Gottes Wille war oder er sich sonst irgendwie dumm anstellte, aber an den Hof kam das Gerücht, dass er schwer vom Pferd gestürzt sei. Und als sich sein Zustand besserte, machte er sich auf und ritt fort nach Kroatien. Die Angelegenheit musste länger verschoben werden, und meine Herrin war traurig, dass der Feigling nun um die Sache wusste. Und auch ich war in großer Sorge, aber es war freilich Gottes Wille. Denn wäre der Plan zu dieser Zeit ausgeführt worden, so wäre meine gnädige Herrin mit großem Bauch und mit der Heiligen Krone nach Pressburg gezogen. Dann wäre das edle Kind, das sie noch trug, an der Krönung gehindert worden, denn sie hätte vielleicht in Zukunft keine solche Hilfe und Macht zur Verfügung gehabt, wie zu dieser Zeit, als es sich dann gut fügte.

16 »Freund« (*freunt, frunt*) ist ein zeitgenössischer Begriff, der die überlappenden Bedeutungen von Verwandtschaft und Freundschaft zum Ausdruck bringt: Enge Verwandte werden oft als »Freunde« bezeichnet; Helene verwendet den Begriff hier für Elisabeths Vetter Ulrich von Cilli sowie z. B. auch mehrfach (S. 40, 45 f., 49 f.) für den »Vetter« (eigentlich Onkel) des Königskindes Ladislaus, Albrecht VI. von Österreich. Zusammen mit der Verwandtschaft betont sie dabei jeweils deren Eigenschaft als »treue Freunde«.

Als nun die rechte Zeit kam, da Gott der Allmächtige seine Wunder wirken wollte, da sandte uns Gott einen Mann, der einwilligte, die Heilige Krone (aus der Burg) herauszuschaffen; er war ein Ungar, wurde der …[17] genannt und ging treu, weise und männlich an die Sache heran. Und wir stellten zusammen, was wir für den Plan benötigten. Wir nahmen etliche Schlösser und zwei Feilen. Er, der mit mir sein Leben wagen wollte, legte einen schwarzen, samtenen Bettrock an und zwei Filzschuhe, und in jeden Schuh steckte er eine Feile, und die Schlösser nahm er unter den Rock. Und ich nahm das kleine Siegel meiner gnädigen Herrin, und außerdem hatte ich die Schlüssel zur vorderen Tür, derer waren drei, da bei der Angel auch eine Kette sowie ein Türriegel war. Daran hatten wir auch ein Schloss angebracht, bevor wir in die Nähe kamen[18], aus dem Grund, damit niemand anderes ein Schloss daran hängen konnte. Und als wir nun bereit waren, da sandte meine Herrin einen Boten voraus auf die Plintenburg und ließ den Burggrafen und Herrn Franz von Pöker und Ladislaus »Vajdafi«[19], die derweil die Aufsicht über die Jungfrauen hatten, wissen, dass sie sich danach richten sollten, wann der Wagen käme, damit sie bereit wären, nach Komorn zu Ihrer Gnaden zu fahren, da sie plante, nach Pressburg zu ziehen; das hatte man all ihrem Hofgesinde angekündigt.

Als nun der Wagen bereit war, den man nach den Jungfrauen schicken sollte, und der Schlitten, auf dem ich und der, der meine Sorgen teilte, fahren sollten, wies man uns zwei ungarische Herren zu, die mit mir zu den Jungfrauen reiten sollten. Wir fuhren nun dahin. Da kamen dem Burggrafen Gerüchte zu Ohren, dass ich zu den Hofdamen wollte. Das wunderte ihn und das andere Hofgesinde meiner Herrin sehr, dass man mich so weit von meiner jungen Herrin wegschickte, obwohl sie noch klein war und mich nicht gern wegließ, wie alle wohl wussten.

Nun war der Burggraf ein wenig erkrankt und hatte geplant, sich vor die Tür hinzulegen, wo der erste Eingang zur Heiligen Krone war. Da wurde seine Krankheit schlimmer, weil es Gott so haben wollte, und er

17 Auslassung in der Handschrift. Siehe dazu unten S. 140.

18 Dieser Hinweis bezieht sich vermutlich auf den Besuch Elisabeths zur Überprüfung der Verwahrung der Krone.

19 Helene formuliert umgangssprachlich »Weitvilassla« für das ungarische »Vajdafi László«, was übersetzt »Ladislaus, Sohn des Wojewoden« bedeutet. Gemeint ist der 1440 oder 1443 gestorbene Sohn des Siebenbürger Wojewoden Johann Tamási (gest. 1416), dazu Mollay 1971, S. 55, Anm. 58.

wagte es nicht, Knechte dorthin zu legen, und zwar deshalb, weil der Ort im Frauenzimmer lag. Und er legte ein Leinentuch um das Schloss, das wir an der Angel angeschlagen hatten, und tat ein Siegel darauf.

Der Plan wird umgesetzt

Als wir nun auf die Plintenburg kamen, waren die Jungfrauen froh, dass sie zu meiner gnädigen Herrin fahren sollten, und machten sich bereit und ließen eine Truhe für ihr Gewand anfertigen. Damit musste man lange herumhantieren und klopfen bis zur achten Stunde[20]. Und der mit mir war, der kam auch in das Frauenzimmer und vertrieb sich die Zeit mit Späßen mit den Jungfrauen. Nun lag ein wenig Holz vor dem Ofen, mit dem man ihn heizen sollte. Darunter verbarg er die Feile. Das hatten die Knechte, welche die Jungfrauen bedienten, unter dem Holz gesehen, und sie raunten nun miteinander. Das hörte ich und sagte es ihm sogleich. Da erschrak er so sehr, dass er die (Gesichts-)Farbe wechselte, nahm (die Feile) wieder an sich und verbarg sie woanders. Und er sprach zu mir: »Frau, seht zu, dass wir Licht haben«. Und ich bat eine alte Frau, dass sie mir etliche Kerzen gäbe, denn ich hätte viel zu beten, da es ein Samstagabend war, und zwar der nächste Samstag nach Allermannsfasching[21] (20. Februar 1440).

Und ich nahm die Kerzen und verbarg sie am Weg. Und als nun die Jungfrauen und jedermann schliefen, da blieb ich in der kleinen Stube und mit mir eine alte Frau, die ich mitgenommen hatte. Sie konnte kein Wort Deutsch und wusste auch nichts über das Vorhaben, hatte keine Ahnung von der Burg und lag da und schlief fest. Weil es nun Zeit war, kam der, der mit mir in dieser Notlage war, durch die Kapelle an die Tür und klopfte an. Da machte ich ihm auf und schloss nach ihm wieder zu. Nun hatte er einen Knecht mit sich genommen, der ihm helfen sollte, der wurde mit dem Taufnamen genau wie er genannt, der ...[22], und hatte ihm (einen Eid) geschworen.

20 Laut Holzner 1994, S. 78, Anm. 98 (mit weiteren Erläuterungen) ist hier Bettruhe um acht Uhr abends gemeint.

21 Der »Allermannsfasching« ist der erste Sonntag in der Fastenzeit, der gemäß Mollay 1971, 55, Anm. 61 als »alte Fastnacht« oder »Bauernfastnacht« gehalten wurde. Der eigentliche Faschingstag war der Dienstag davor.

22 Auslassung in der Handschrift. Siehe dazu unten S. 140.

Abb. 4: Kachelofen mit dem Wappen von Matthias Corvinus. Königlicher Palast von Visegrád, 1480er-Jahre (Rekonstruktion). Diese Abbildung zeigt einen geschlossenen Kamin aus Ungarn im 15. Jahrhundert. Der von Helene beschriebene Kamin hingegen ist offen, allerdings nicht bildlich überliefert.

Ich ging hin und wollte ihm die Kerzen bringen, da waren sie verschwunden. Nun erschrak ich so sehr, dass ich nicht wusste, was ich tun sollte. Und die Sache wäre fast nur am Licht gescheitert. Da besann ich mich und ging und weckte die Frau heimlich auf, die mir die Kerzen gegeben hatte, und sagte ihr, die Kerzen wären verloren und ich hätte noch viel zu beten. Da gab sie mir andere, und ich war froh und gab ihm diese und auch die Schlösser, die man wieder anbringen sollte, sowie das kleine Siegel meiner gnädigen Herrin, mit dem man (die Tür) erneut versiegeln sollte, und schließlich auch die drei Schlüssel, die zu der vorderen Tür gehörten. Da nahm er das Tuch mit dem Siegel von dem Schloss ab, das der Burggraf daraufgelegt hatte, und sperrte auf und ging hinein mit seinem Diener und mühte sich sehr mit den anderen Schlössern, sodass das Schlagen und Feilen überlaut war; und obwohl die Wächter und die Leute des Burggrafen in dieser Nacht aus der Sorge, die sie hatten, sehr munter waren, hatte Gott der Allmächtige ihrer aller Ohren verstopft, sodass keiner von ihnen etwas hörte. Aber ich hörte alles gut und war derweil auf der Hut mit großen Ängsten und Sorgen; und ich kniete nieder mit großer Andacht und betete zu Gott und zu unserer Lieben Frau, dass sie mir und meinen Helfern beistünden. Doch hatte ich größere Sorge um meine Seele als um mein Leben.

Und ich betete zu Gott: Wenn es gegen Gott wäre und ich deswegen verdammt werden oder ein Schaden daraus entstehen sollte für Land und Leute, dass dann Gott meiner Seele gnädig wäre und mich gleich hier sterben lasse. Als ich so betete, da entstanden ein großer Lärm und ein Gerumpel, als ob viele mit Rüstungen vor der Tür wären, durch die ich den eingelassen hatte, der mein Helfer war, und es kam mir vor, als ob sie die Tür aufstoßen wollten. Da erschrak ich sehr und erhob mich und wollte sie warnen, damit sie von ihrer Tätigkeit abließen. Da kam mir in den Sinn, dass ich an die Tür gehen sollte, und das tat ich. Als ich an die Tür kam, da war das Gerumpel weg, und ich hörte niemanden mehr. Da dachte ich mir, das wäre ein Gespenst gewesen, und ging wieder an mein Gebet und versprach unserer Lieben Frau eine Wallfahrt nach Mariazell mit bloßen Füßen, und solange ich die Wallfahrt nicht geleistet hätte, solange wollte ich in der Samstagnacht nicht auf Federn liegen; und alle Samstagabende, solange ich lebte, wollte ich unserer Lieben Frau ein besonderes Gebet sprechen und für ihre Gnade danken, die sie mir getan hat. Und ich bat sie, dass sie ihrem Sohn, unserem lieben Herrn Jesus Christus, für mich danken möge für seine große Gnade, die mir sein Erbarmen offensichtlich erwiesen hatte. Und als ich mein Gebet beendet hatte, da schien es mir wieder, als ob ein großer Lärm und ein Gerumpel wie durch Rüstungen an der Tür wären, wo der übliche Eingang ins Frauenzimmer war. Da erschrak ich so sehr, dass ich vor Angst zu zittern und schwitzen begann; ich dachte, es sei kein Gespenst, sondern während ich an der Kapellentür gestanden hatte, wären sie auf die andere Seite gegangen, und ich wusste nicht, was ich tun und lassen sollte. (Ich horchte,) ob ich da nicht die Jungfrauen hörte, aber ich hörte niemanden. Also ging ich langsam das Stieglein hinunter durch die Kammer der Jungfrauen an die Tür, die der übliche Zugang in das Frauenzimmer war. Als ich an die Tür kam, hörte ich niemanden. Da war ich froh und dankte Gott und ging wieder an mein Gebet und dachte mir, dass es wohl der Teufel sei, der den Plan gern vereitelt hätte. Und als ich nun mein Gebet vollbracht hatte, stand ich auf und wollte in das Gewölbe gehen und sehen, was sie täten.

Da kam mein Helfer mir entgegen: Ich könne beruhigt sein, es wäre sich ausgegangen, sie hätten an der Tür die Schlösser abgefeilt; aber an dem Futteral waren die Schlösser so fest, dass man sie nicht abfeilen konnte und sie aufbrennen musste. Das gab einen starken Geruch, sodass ich wieder in Sorge war, man würde nach dem Geruch fragen. Das aber verhütete abermals Gott. Als nun die Heilige Krone ganz frei war, machten wir die Türen wieder überall zu und schlugen wieder andere Schlösser anstelle derer an, die man abgebrochen hatte, drückten meiner gnädigen Herrin Siegel wieder darauf, und die äußere Tür sperrten wir wieder zu und legten das Tuch mit dem Siegel wieder darauf, wie wir es vorgefunden hatten und wie es der Burggraf befestigt hatte. Und ich warf die Feile in den Abort, der in dem Frauenzimmer ist; darin wird man die Feile finden, wenn man ihn aufbricht, um einen Beweis zu haben. Und die Heilige Krone trug man durch die Kapelle der heiligen Elisabeth; da nahm ich, Helene Kottannerin, ein Messgewand und ein Altartuch mit, das soll mein gnädiger Herr König Ladislaus bezahlen. Mein Helfer nahm einen rotsamtenen Polster, trennte ihn auf und nahm einen Teil der Federn heraus und tat die Heilige Krone in den Polster und nähte ihn wieder zu.

Mit der Heiligen Krone über die Donau

Jetzt war es bald Tag, sodass die Jungfrauen und jedermann aufstanden und nun wegfahren sollten. Die Jungfrauen hatten eine alte Frau, die ihnen diente; meine gnädige Herrin hatte ausdrücklich befohlen, man solle der Frau ihren Lohn auszahlen und sie zurücklassen, damit sie wieder heim nach Ofen fahre. Als nun die Frau bezahlt war, da kam sie zu mir und erzählte mir, wie sie ein wunderliches Ding vor dem Kamin liegen gesehen habe und nicht wüsste, was es sei. Da erschrak ich sehr und verstand sehr wohl, dass es etwas von dem Futteral war, in dem die Heilige Krone gelegen hatte, redete ihr das aus dem Sinn, so gut ich konnte, ging heimlich zum Ofen, und was ich an Stücken fand, warf ich ins Feuer, auf dass diese ganz verbrannten. Und die Frau nahm ich mit auf die Fahrt; und jedermann wunderte sich, warum ich das tat. Also sprach ich, dass ich es auf mich nehmen wolle, ihr eine Unterkunft in Wien bei St. Martin[23] von meiner gnädigen Herrin zu erbitten, wie ich es dann auch tat.

Nun waren die Jungfrauen und das Hofgesinde bereit loszufahren und der, der mit mir in Sorge war, nahm den Polster, in dem die Heilige Krone eingenäht war, und befahl seinem Diener, der ihm geholfen hatte, dass er den Polster aus dem Haus zu dem Schlitten tragen sollte, auf dem er und ich saßen. So nahm der gute Gesell den Polster auf die Schulter und eine alte Kuhhaut dazu, die hatte einen langen Schwanz, der ihm hinterher schleifte. Und jedermann sah ihm nach und begann, über ihn zu lachen. Und als wir nun von der Burg hinunter zum Markt kamen, hätten wir gern etwas gegessen, aber man fand nichts anderes als Heringe, von denen wir ein wenig aßen; und man hatte schon bald die ordnungsgemäße Messe gesungen, da es schon spät am Tag war und wir noch am selben Tag von der Plintenburg nach Komorn kommen sollten, wie es dann auch geschah, und es sind doch zwölf Meilen dahin. Und als wir nun fahren sollten und aufsaßen, da schaute ich genau, wo die Stelle des Polsters war, an der die Heilige Krone lag, damit ich mich nicht daraufsetzte.

Und ich dankte Gott dem Allmächtigen für seine Gnade, aber ich sah mich dennoch oft um, ob uns jemand nachkäme; meine Sorge nahm kein Ende, und ich dachte viel nach und fragte mich, was Gott getan hatte oder noch tun wollte. Denn die ganze Zeit, während ich auf der Burg war, schlief ich wegen der großen Dinge, die mir anvertraut worden waren, keine Nacht in Ruhe und hatte viele schwere Träume. Besonders in einer Nacht träumte ich, wie eine Dame durch die unbeschädigte Mauer in das Gewölbe gegangen war und die Heilige Krone

23 Im Spital »Zum heiligen Martin« in Wien wurden seit dem 14. Jahrhundert ehemalige Hofbedienstete im Alter versorgt.

herausgenommen hatte. Da erschrak ich sehr und stand gleich auf und nahm eine Hofdame, genannt die Dachpekchin, mit mir, und wir gingen zu dem Gewölbe. Ich fand es vor, wie ich es verlassen hatte. Da sprach die Dachpekchin: »Es ist kein Wunder, dass ihr nicht gut schlafen könnt, Euch sind große Dinge anvertraut.« Damit gingen wir wieder zur Ruhe. Und an all diese Dinge dachte ich während der Fahrt.

Und als wir zu der Herberge kamen, wo wir essen wollten, nahm der gute Gesell den Polster, der ihm anvertraut war, und trug ihn mit mir an den Platz, wo wir essen wollten, und legte ihn auf einen Tisch mir gegenüber, sodass er die ganze Zeit, während wir aßen, vor meinen Augen war. Als wir nun gegessen hatten, nahm der gute Gesell den Polster wieder und legte ihn auf den Schlitten wie zuvor und wir fuhren dahin bis in die finstere Nacht. So kamen wir an die Donau, die noch zugefroren war. Aber das Eis war an vielen Stellen schon dünn geworden. Als wir nun auf das Eis kamen und wohl mitten auf der Donau waren, da brach der Wagen mit den Hofdamen ein und fiel um, und die Jungfrauen schrien, und eine konnte die andere nicht sehen. Da erschrak ich sehr und dachte, wir müssten mitsamt der Heiligen Krone in der Donau bleiben. Aber Gott war unser Helfer, sodass kein Mensch unter das Eis kam. Aber von den anderen Dingen, die auf dem Wagen waren, fielen etliche Gegenstände ins Wasser und gerieten unter das Eis. Da nahm ich die Herzogin von Schlesien und die besten Hofdamen zu mir auf den Schlitten und wir kamen mit Gottes Hilfe über das Eis, ebenso wie auch alle anderen.

Als wir nun nach Komorn in die Burg kamen, da nahm der, der mit mir die Sorgen teilte, den Polster mit der Heiligen Krone und trug ihn an einen Ort, an dem die Krone wohlbehalten war. Und als ich nun ins Frauenzimmer zu meiner gnädigen Frau kam, da wurde ich bereits von der edlen Königin empfangen, die wusste nur zu gut, dass ich mit Gottes Hilfe eine gute Botin gewesen war. Aber die Wunder und die zeichenhafte Hilfe Gottes, die sich zugetragen hatten, davon wussten Ihre Gnaden nichts – und sie ist auch gestorben, ohne etwas davon zu erfahren. Denn es fügte sich nie, dass ich so lange allein bei ihr gewesen wäre, dass ich ihr das von Anfang bis Ende hätte erzählen können, weil wir nicht lange zusammenblieben. Und es fügte sich auch nicht, dass ich den hätte fragen können, der mit mir in Gefahr gewesen war, ob ihm nicht die gleichen Wunderzeichen begegnet wären, als er in dem

Abb. 5: Wagen, Detail aus dem Babenberger Stammbaum, um 1490, Stift Klosterneuburg, Inv. GM 86

Gewölbe war, die mir aufgefallen waren. Denn er konnte nicht viel Deutsch, und ich wollte niemandem vertrauen, der mir gedolmetscht hätte.

Ein König wird geboren

Als mich die edle Königin empfing, da lag Ihre Gnaden auf dem Bett und wollte gerade ruhen, und sie erzählte mir, wie es ihr untertags ergangen war. Denn es waren zwei ehrbare Frauen aus Ofen, zwei Witwen, zu Ihrer Gnaden gekommen: Die eine hieß die Siebenlinderin, die andere hieß die Zauzacherin. Und sie hatten zwei Ammen mit sich gebracht, die eine war die Hebamme, die andere war die Amme, die das Kind mit ihren Brüsten nähren sollte. Dieselbe Amme hatte auch ihr Kind mitgebracht, das ebenfalls ein Sohn war. Denn die Gelehrten meinen, dass die Milch von einer Frau, die einen Sohn geboren habe, besser sei als die (der Mutter) einer Tochter. Und dieselben Frauen hätten mit Ihrer Gnaden nach Pressburg reisen und sie dort im Kindbett pflegen sollen, denn nach der Berechnung hatte Ihre Gnaden noch eine Woche bis zur Geburt.

Ob die Berechnung falsch war oder ob es sonst Gottes Wille war: Hätte Ihre Gnaden nicht in derselben Nacht (den Sohn) geboren, so wäre sie am Morgen zur Reise aufgebrochen, denn die Wagen waren bereits alle beladen und das ganze Hofgesinde war bereit. Als ich mit der edlen Königin so sprach, da sagte mir Ihre Gnaden, wie sie die Damen aus Ofen in eine Wanne gelegt hatten und wie ihr nach dem Bad sehr übel geworden war. Da hob ich das Gewand auf und wollte sie nackt sehen. Da sah ich etliche Zeichen, an denen ich gut erkannte, dass es bis zur Geburt des Kindes nicht mehr weit war. Die Damen von Ofen wohnten vor dem Markt, aber wir hatten dennoch eine Hebamme bei uns, die hieß Margret, die hatte Gräfin (Anna) von Schaunberg zu meiner gnädigen Herrin geschickt.[24] Sie sollte eine sehr gute Hebamme sein, wie sich dann auch herausstellte. Da sprach ich: »Gnädige Herrin, steht auf, ich glaube, ihr werdet morgen nicht nach Pressburg fahren.« Da stand Ihre Gnaden auf und begann mit der schweren Arbeit[25], und ich schickte nach der ungarischen Hofmeisterin, die Frau[26] Margit genannt wurde. Sie kam sogleich, und es war auch eine Hofdame namens Fronacherin da; die ließ ich beide bei meiner gnädigen Herrin und ging gleich zu der Hebamme, die (Anna) von Schaunberg geschickt hatte und die im Zimmer meiner jungen Herrin schlief, und sprach: »Margret, steht gleich auf, meine gnädige Herrin bekommt das Kind.« Die Frau antwortete mir aus tiefem Schlaf und sprach: »Heiliges Kreuz, wenn wir heute ein Kind bekommen, werden wir morgen kaum nach Pressburg fahren.« Und sie wollte nicht aufstehen, und ein Streit schien mir zu lange zu dauern, und so eilte ich wieder zu meiner gnädigen Herrin, damit ihr nichts geschehe, denn die zwei, die bei ihr waren, die verstanden nichts von solchen Sachen. Da sprach meine gnädige Herrin: »Wo ist die Margret?«, und ich erzählte ihr von der törichten Antwort der Frau. Da sprach Ihre Gnaden: »Geh gleich wieder hin und befiehl

---

24 Karl Mollay vermutet, dass es sich hierbei um den Marktflecken Szőny (in der Nähe von Komorn) handeln könnte. Dazu Mollay 1971, S. 56, Anm. 78 sowie ebd., S. 57, Anm. 102.
Wörtlich steht hier »Graf Hannsinn von Schaunberg«, gemeint ist Anna von Pettau, die Gattin des Hans (II.) von Schaunberg. Vgl. dazu Mollay 1971, S. 56, Anm. 79.

25 Das hier im Original gewählte Wort »Arbeit« entspricht dem Begriff für »Wehen« in anderen Sprachen, z. B. lat. labor, engl. labour, ital. travaglio.

26 Helene verwendet die ungarische Anrede »aessin«, im modernen Ungarisch »asszony«, was mit Frau zu übersetzen ist.

ihr herzukommen, das hier ist kein Scherz!« Und ich ging gleich wieder hin und brachte zornig die Frau dazu, aufzustehen, und als sie zu meiner gnädigen Herrin kam, da dauerte es keine halbe Stunde, dass uns Gott der Allmächtige mit einem jungen König beschenkte. Zu derselben Stunde, als die Heilige Krone von der Plintenburg nach Komorn kam, wurde König Ladislaus geboren. Die Hebamme war kundig und sprach: »Gnädige Herrin, wollt Ihr mir gewähren, worum ich Euch bitte? So will ich Euch sagen, was ich in meinen Händen halte.« Da sprach die edle Königin: »Ja, liebe Mutter.« Da sprach die Amme: »Gnädige Herrin, ich habe einen jungen König in meinen Händen.« Da war die edle Königin froh und hob ihre Hände auf zu Gott und dankte seiner Gnade.

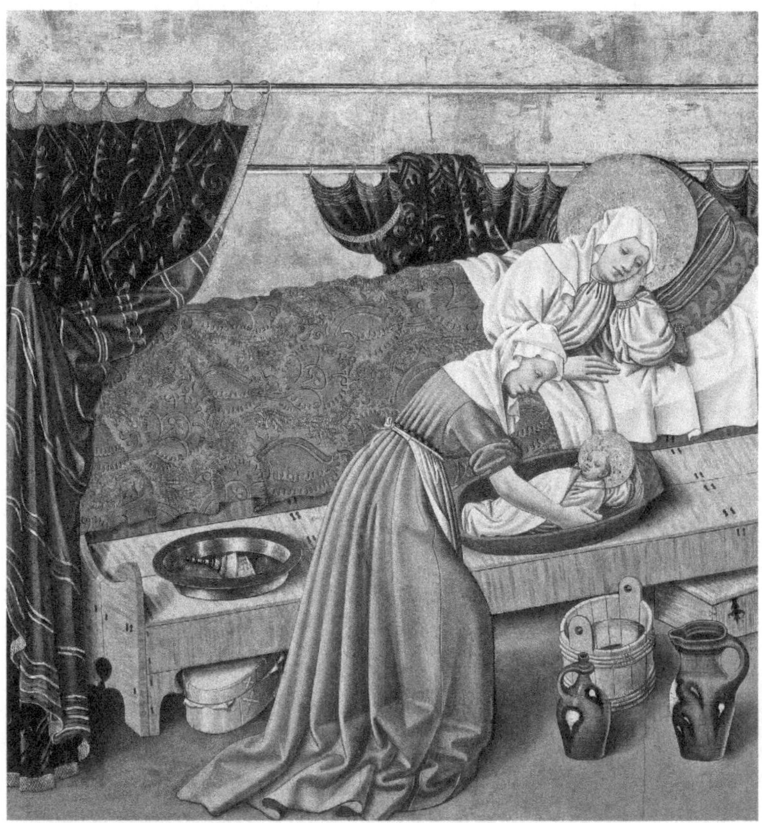

Abb. 6: Zeitgenössische Geburtsdarstellung, Österreich um 1439, Albrechtsaltar – Die Geburt Mariens, Meister des Albrechtsaltars, Stift Klosterneuburg, Inv. GM 26

Als nun die Kindbetterin in ein Bett gelegt worden war und niemand mehr bei ihr war außer mir allein, da kniete ich nieder und sprach zu der edlen Königin. Ich sagte: »Gnädige Herrin, Eure Gnaden hat Gott zu danken, solange Ihr lebt, wegen der großen Gnade und Wunder, die Gott der Allmächtige vollbracht hat, dass nämlich der König und die Heilige Krone zur selben Stunde zusammengekommen sind.« Da sprach die edle Königin: »Es ist freilich ein großes Wunder Gottes des Allmächtigen, denn früher hätte es nicht sein sollen.« Und als die Damen von Ofen erfuhren, dass meine gnädige Herrin das Kind geboren hatte, da waren sie froh, wie es angemessen war. Aber weil sie nicht dabei gewesen waren, waren sie sehr ungehalten, und ich wurde lang und breit deshalb verdächtigt, obwohl es doch nicht meine Schuld war, dass die Zeit zu kurz gewesen war. Der König wollte nicht länger warten, er wollte zu der Heiligen Krone eilen, bevor ein anderer käme, als hätte ihm jemand gesagt, dass der (König) von Polen seinem väterlichen Erbe nachstellte. Denn hätte er nur eine Woche länger in seiner Mutter Leib geschlafen, so wäre er herauf nach Pressburg gekommen, und man hätte nicht so schnell eine Streitmacht aufgestellt, um mit Gewalt wieder abzuziehen. Dann wäre der (König) von Polen vielleicht vor meinem gnädigen Herrn nach Stuhlweißenburg gekommen. Denn wie es wahr ist, dass die Heilige Krone zu Ungarn dem Heiligen Stephan von Gott gesandt und zugedacht worden ist, so ist es wahr, dass Gott offensichtlich wollte, dass der rechte Erbe, König Ladislaus, die Heilige Krone von Ungarn tragen sollte und nicht der (König) von Polen. Und diesen Teil sollen sich einige gut merken.

Die Taufe des kleinen Ladislaus

Als nun der edle und getreue Graf Ulrich von Cilli vernahm, dass ihm ein König und Verwandter geboren war, der sein Vetter und Herr war, da freute er sich sehr und mit ihm die (Herren) von Kroatien und andere Grafen und Herren und das ganze Hofgesinde. Da ließ der edle Graf von Cilli ein Freudenfeuer machen, und sie fuhren mit Windlichtern auf dem Wasser und hatten ihre Freude bis nach Mitternacht. Früh am Morgen schickte man nach dem Bischof von Gran, er möge kommen und helfen, den jungen König zu einem Christen zu machen. Er kam, und auch der Pfarrer von Ofen namens Meister Franz war da. Meine gnädige Herrin bat mich, ich solle ebenfalls seiner Gnaden Taufpatin werden. Da sprach ich: »Gnädige Herrin, ich bin sonst allzeit bereit, Euren Gnaden einen Gefallen zu tun, aber ich bitte Eure Gnaden, nehmt die Frau Margit.« Das tat Ihre Gnaden. Als man nun den edlen König taufen wollte, da nahm man der jungen Königin, der Herrin Elisabeth, den schwarzen Mantel ab, in dem sie um den hohen und teuren Fürsten König Albrecht getrauert hatte, und zog ihr einen roten golddurchwirkten Mantel an. Und alle Hofdamen mussten sich schmücken, zu Lob und Ehre Gottes, der Land und Leuten einen Erbkönig und Herrn gegeben hatte. Da nahm der hochwürdige Prälat, Herr Dionysius, Erzbischof zu Gran, den jungen König, taufte ihn und war sein Taufpate. Und Graf Bartholomäus von Kroatien[27] und der Pfarrer von Ofen und Frau Margit waren alle ebenfalls Taufpaten des edlen Königs, der König Ladislaus genannt wurde. Das störte einige, die meinten, man hätte ihn König Peter nennen sollen, weil er den Namen mitgebracht hätte.[28] Ebenso meinten viele, man hätte ihn König Albrecht nennen sollen, um seines Vaters willen, der ein gar frommer König gewesen ist. Aber meine gnädige Herrin hatte es Gott und dem Heiligen König St. Ladislaus versprochen und ihre Opfergabe nach Großwardein gesandt sowie ein großes silbernes Bild von einem Kind zum Heiligen Blut nach Wilsnack durch den Vinsterel[29]. Und als sie Gott um einen Erben bat, wurde ihr das sofort nach Gottes Willen gewährt.

Dem neugeborenen König wird gehuldigt

Als das alles nun geschehen war, sandte man Boten in viele Länder, um verkünden zu lassen, dass Gott der Allmächtige Land und Leuten einen König und Erbherrn gegeben habe, worüber sich die meisten freuten. Da schickte die edle Königin eilends einen Boten zu den ungarischen Herren, die als Gesandte zum (König von) Polen geschickt worden waren, damit sie zurückkämen. Denn Gott hatte ihr einen Erben geschenkt, der Herr sein sollte, und kein anderer. Das wollten sie aber nicht tun und meinten, sie wollten die Botschaft überbringen und den Auftrag aus-

27 Vermutlich Bartholomäus IX. von Frangepan (gest. 1458).

28 »Kathedra Petri« (»Petri Stuhl«) wird im römisch-katholischen Kirchenjahr am 22. Februar – dem Tag der Taufe des Königskindes – gefeiert.

29 Mollay 1971, S. 56, Anm. 91, identifiziert ihn mit Hieronymus Vinsterel, der von 1440 bis 1441 als Fußsoldat in Ödenburger Diensten nachgewiesen ist. Siehe auch Anm. 7 oben.

führen, dessentwegen sie ausgezogen waren, und zogen (nun) von sich aus hin zu dem (König) von Polen. Als das die edle Königin vernahm, war sie sehr bekümmert, setzte aber dennoch ihre Hoffnung auf Gott und sagte immer, sie wisse wohl, dass ihr Gott den Erben nicht umsonst geschenkt habe.

Die edle Kindbetterin hatte niemals Ruhe, denn die Aufgaben waren groß, und die Herren wollten ohne Ihre Gnaden nichts tun, und es kamen viele Herren zu ihr. Es kam der Bischof von Raab hierher und empfahl sich seinem natürlichen Herrn[30] zu Diensten. Es kam auch der alte Stephan Rozgonyi[31] und empfahl sich seinem natürlichen Herrn zu Diensten. Der Großgraf Laurenz von Heidenreichsturn kam mitsamt seiner Gemahlin, die der Amme vier Gulden schenkte, und sie entboten sich mit angemessenen Worten. Und der Großgraf trat an mich heran, als ich an der Wiege stand, und sprach: »Kottannerin, hüte wohl einen König von Ungarn und einen König von Böhmen und einen Herzog von Österreich und einen Markgrafen von Mähren. Das habt ihr da alles beieinander.« Da antwortete ich ihm und sagte: »Herr, so ist es, ich hüte ihn, so gut ich es vermag.« Er hatte gute und süße Worte für meine gnädige Herrin, aber er hatte zwei Gesichter, wie sich hernach herausgestellt hat. Der Großgraf zog zusammen mit seiner Gemahlin wieder nach Ofen. Die edle Königin aber war von vielen Sorgen umgeben, denn es kamen viele Warnungen, dass man dem jungen König nach dem Leben trachtete, und wir wagten niemandem zu vertrauen, und ich musste schwer und hart meiner gnädigen Herrin und auch ihren Kindern dienen. Und in der ganzen Zeit, die Ihre Gnaden im Kindbett lag, kam ich nie aus meinem Gewand, weder Tag noch Nacht. Als nun die Zeit kam, da die edle Königin nach Sitte der Frauen (aus dem Kindbett) aufstehen sollte, da nahm sie ihren Sohn auf den Arm und trug ihn in die Kapelle zu Komorn. Das geschah in den Osterfeiertagen (27. März 1440).

Der edle und getreue Graf Ulrich von Cilli war unentwegt bei meiner gnädigen Herrin und stand ihr treulich bei. Und ein Herzog von

---

30 *Dominus naturalis* ist der gängige lateinische Begriff für den erbrechtlich als legitim wahrgenommenen Herrscher.

31 Helene formuliert umgangssprachlich »Rosanistván« für das ungarische »Rozgonyi István«, was übersetzt »Stephan Rozgonyi« bedeutet. Gemeint ist Stephan Rozgonyi d. Ä. (gest. 1440). Dazu Mollay 1971, S. 57, Anm. 96.

Lindbach, genannt Herr »von Szécs Tamás«,[32] der stand ihr auch treu bei bis an ihr Ende. Und auch die Grafen von Kroatien, Graf Bartholomäus und sein Bruder, standen ihr treu zur Seite, und andere Grafen, Bischöfe und Herren. Und es gab noch viele Edelleute und Städte und Landvolk, die Ihre Gnaden mit ganzer Treue unterstützten.

Elisabeth verhandelt mit den Unterstützern des Polenkönigs

Und als sich nun die edle Königin vom Wochenbett erhoben hatte, da kamen die ungarischen Herren von dem (König) von Polen zurück, die als Gesandtschaft bei ihm gewesen waren. Da kamen Emmerich »Vajdafi«, Herr Ban Matko zu Komorn, und Herr Ladislaus von Gara, und etliche Bischöfe waren auch da und viele Grafen und Herren, und es kam auch ein böhmischer Herr, der hieß Smikoczky. Als er zu meiner gnädigen Herrin kam, sah er den jungen König Ladislaus in der Wiege. Da ging er unaufgefordert hin und kniete vor der Wiege nieder und hielt zwei Finger der rechten Hand hoch und schwor, dass er mit ganzer Treue zum edlen König Ladislaus und seiner Mutter stehen wolle. Als all das geschah und die edle Königin vernahm, dass Herr Emmerich »Vajdafi« und Herr Ban Matko von dem (König) von Polen gekommen waren, da stellte sich Ihre Gnaden frohgemut und aufrecht, aber doch so, wie es sich für eine Witwe gehört. Das tat sie, damit diese glaubten, sie wolle den (König) von Polen nehmen, wozu sie jedoch nicht willens war, nur damit sie von ihnen erfahren könne, wie sie sich gegenüber ihrem natürlichen Herrn verhalten würden.

Als nun die Herren zusammenkamen und einen Rat abhalten sollten, wollte sie meine gnädige Frau nicht in die Burg lassen, ging hinaus zu ihnen, und sie hatten ein Gespräch vor der Burg. Als das beendet war, ging Ihre Gnaden wieder hinein. Da wurde sie gewarnt, sie solle die Burg nicht mehr verlassen, damit ihr keine Gewalt geschehe. Das tat sie, ließ die Herren ein, stellte Wachen auf, und sie hielten Rat in der Burg. Und als nun jeder seine Sache vorgebracht hatte und meine gnädige Herrin wissen wollte, wie sie es mit ihrem natürlichen Herrn König Ladis-

32 Helene formuliert umgangssprachlich »Setzitamësch« für das ungarische »Szécsi Tamás«, was übersetzt »Thomas Szécsi« bedeutet. Gemeint ist Thomas Szécsi (genannt Thomas von Lindbach), Hauptmann der Burg von Komorn und Bruder des Erzbischofs von Gran, Dyonisius Szécsi. Dazu Mollay 1971, S. 57, Anm. 99.

laus halten wollten, sprach einer der beiden, Ban Matko oder Emmerich »Vajdafi«, zu ihr: »Gnädige Herrin, und hättet Ihr einen Sohn, der zehn Jahre alt wäre, wir würden ihn nicht als Herrn anerkennen, da er uns nicht gegen die Türken anführen könnte.« Das war ihre Meinung, damit sie den (König) von Polen nähme.

Das verdross die edle Königin gar sehr, und doch ließ sie sich das nicht anmerken und beriet sich mit ihrem Freund, dem Grafen Ulrich von Cilli, und ihren anderen treuen Räten, wie sie sich dagegen wehren sollte. Es wurde ihr geraten, sie solle die zwei Herren, Ban Matko und Emmerich »Vajdafi«, gefangen nehmen. Da ging die edle Königin sehr ruhig und weise mit der Sache um. Herr Ban Ladislaus (von Gara), ihr Vetter, reiste (gerade) ab und wusste von nichts, und die zwei Herren wollten auch abreisen und hielten sich jenseits der Donau in einem kleinen Dörflein gegenüber Komorn auf, sodass man sie von der Burg aus wohl hin- und hergehen sah. Da gab meine gnädige Herrin vor, sie wolle vor Totis kämpfen, und ließ das Kriegsvolk des Grafen von Cilli, Smikoczky und ihr anderes Hofgesinde spät des Nachts über die Donau fahren.

Frühmorgens, als der Tag anbrach, stand meine gnädige Herrin auf, und ich nahm ein Windlicht, und wir gingen miteinander auf die Mauer in ein Zimmer und wollten sehen, wie es den Herren erging. Als es nun hell wurde, sahen wir, dass die Herren sich in einem Haus trafen. Und einer ritt mit vier Pferden von Ofen heran. Das war Johann Országh[33], der kam auch in das Haus zu den Herren. Das sahen wir alles auf der Mauer. Nicht lang danach kam eine große Heerschar über das Feld geritten, das war meiner gnädigen Herrin Gefolge, und sie umzingelten das Gebäude und nahmen die zwei Edlen, Ban Matko und Emmerich »Vajdafi«, gefangen und deren Hofgesinde, und die armen Bauern flohen barfuß und im Hemd aus dem Dörflein.

Johann Országh wurde auch gefangen, und die Schiffe waren schon bereit, auf die man die Herren und ihre Dienerschaft brachte und sie über das Wasser in die Burg Komorn führte, wo sie gefangen gesetzt wurden. Da baten sie, dass Graf Ulrich von Cilli zu ihnen käme, sie

---

33 Mollay 1971, S. 57, Anm. 103, identifiziert ihn mit Johann Országh von Guth, dem Bruder Michaels Országh von Gut (gest. 1484), der als Truchsess am Hof Albrechts II. tätig war.

wollten meiner gnädigen Herrin einen guten Rat geben. Als der von Cilli zu ihnen kam, da boten sie meiner gnädigen Herrin an, sie solle König Ladislaus mit der Heiligen Krone krönen, dann würde er nicht aus dem Reich verdrängt werden. Aber sie wussten nicht, dass sie die Krone hatte. Denn sie dachten nichts anderes, als dass sie Herr Ban Ladislaus auf der Plintenburg hatte. Denn Herr Ban Ladislaus von Gara, der war wohl einig mit ihnen, und sie hatten die Hoffnung, dass sie dadurch wohl freikommen würden.

Als der edle Graf von Cilli meiner gnädigen Herrin die Botschaft der Herren brachte, gefiel ihr der Rat gut. Sie wollte auch ihren Vetter, Herrn Ban Ladislaus, prüfen und schickte Herrn Matthias (Gatalóci), zu dieser Zeit ihr Kanzler, zu ihm, damit er ihr die Krone gäbe; sie wolle ihren Sohn krönen lassen zu seinem väterlichen Erbe. Dagegen entbot ihr Herr Ban Ladislaus, das wolle er gern tun, wenn sie dafür den Ban Matko und den Emmerich »Vajdafi« freiließe. Diese Antwort gefiel meiner gnädigen Herrin gut, und ihre einzige Sorge war, dass ihr Vetter, Herr Ban Ladislaus, ihr ungnädig wäre, weil sie die Heilige Krone hatte. Und sie nahm mich beiseite und sprach zu mir: »Liebe Kottannerin, wie wollt Ihr mir raten? Herr Ban Ladislaus hat eingewilligt, mir die Krone zu geben. Wie kann ich es einrichten, dass sie wieder auf der Plintenburg wäre?« Als ich das hörte, erschrak ich so sehr, dass ich in allen meinen Gliedern spürte, dass sich die Haltung der weisen Frau so verändert hatte, und dachte mir, dass das eine Einflüsterung des Teufels sei. Und ich konnte nicht länger an mich halten und gab ihr eine Antwort im Zorn und sprach: »Herrin, davon lasst ab. Das tu ich nicht und wage auch mein Leben nicht mehr in so einem Maß, und ich rate Euch auch nicht dazu, denn es ist allzeit besser in den Stauden als im Stock. Zurückgeben könnt Ihr sie jederzeit. Der jetzt Euer Freund ist, der könnte später vielleicht Euer Feind werden.« Als die edle Königin hörte, dass ich aus Zorn so grob geantwortet hatte, da schwieg sie still und sagte weder Ja noch Nein und ging und schied so ohne Antwort von mir und redete auch seitdem nicht mehr mit mir über diese Angelegenheiten. Und wäre die Krone so lange auf der Plintenburg gewesen, wäre sie sicher in des (Königs) von Polen Hände gekommen, wie ihr später noch hören werdet.

Eilige Vorbereitungen auf die Krönung

Nun hört, wie rastlos der Teufel gleich am Anfang und gegen das Ende hin war. Nicht lange danach kam der Herr von Freistadtl, der Wojewode Nikolaus (von Újlak), zu meiner gnädigen Herrin und meinte, er wolle Ihrer Gnaden gut dienen, und da übertrug ihm Ihre Gnaden Stuhlweißenburg. Nicht lange danach kam eine gewisse Botschaft, der König von Polen zöge hierher und wolle nach Ofen, wie es dann auch geschah, und wir mussten uns heimlich und eilig auf die Krönung vorbereiten. Da schickte meine gnädige Herrin nach Ofen um ein goldenes Tuch für das Krönungsgewand des Königs Ladislaus. Doch das dauerte zu lange, und wir hatten Sorge, es würde sich zu lang hinziehen. Denn die Krönung musste an einem Festtag geschehen. Da war Pfingsten der nächste (15. Mai 1440), das war nicht lange hin, sodass man sich beeilen musste. Nun gab es ein schönes und großes Messgewand, das war des Kaisers Sigismund Mantel gewesen; er war rot und golden, und es waren silberweiße Stellen hineingewirkt. Den musste man zuschneiden, und man machte dem jungen König daraus sein erstes Gewand, das er mit der Heiligen Krone zusammen anlegen sollte. Und hört, ob das nicht ein Beweis ist, dass er über sein großväterliches und väterliches Erbe rechtmäßig herrschen solle, deren Wappen rot und weiß ist. Ich machte die kleinen Utensilien, die Alba und das Humerale, die Stola und den Manipel[34], die Handschuhe und die Schuhe für die Füße – das musste ich heimlich in der Kapelle herstellen, bei versperrter Tür.

Als nun alle Angelegenheiten geordnet waren, da sandte meine gnädige Herrin ihren Kanzler Herrn Matthias zu ihrem Vetter, Herrn Ban Ladislaus (von Gara): Er solle zu ihr kommen und mit ihr nach Stuhlweißenburg ziehen, sie wolle ihren Sohn krönen lassen und habe die Heilige Krone. Als das Herr Ban Ladislaus hörte, gefiel ihm das gar nicht, doch hoffte er, dem wäre nicht so und (die Krone) wäre noch auf der Plintenburg, und er kam auch nicht zu meiner gnädigen Herrin. Als Ihre Gnaden das vernahm, dass Herr Ban Ladislaus nicht komme, schickte Ihre Gnaden die zwei Herren, Ban Matko und Herrn Emmerich »Vajdafi«, hinauf nach Ödenburg und stellte ihnen einen Ritter zur

34 Bei der Albe handelt es sich um eine Tunika, die als liturgisches Gewand beim Gottesdienst getragen wurde; das Humerale war ein Schultertuch, das unter der Albe angelegt wurde; der Manipel war ein Tuch, das über den Unterarm gelegt wurde.

Seite. Er war Diener des (Grafen) von Cilli, hieß Heinrich von Randegg und sollte auf sie aufpassen. Denn Graf Ulrich von Cilli hatte damals den Befehl über Ödenburg und dort einen Hauptmann eingesetzt, der hieß Friedrich Fladnitzer, dem wurden die Herren anvertraut.

Da schickte die edle Königin unter größter Geheimhaltung (eine Nachricht) an den edlen Fürsten von Österreich, genannt Herzog Albrecht, und ließ ihn wissen, dass sie an dem heiligen Pfingsttag (15. Mai 1440) meinen gnädigen Herrn König Ladislaus krönen lassen wollte. Der edle Fürst Herzog Albrecht erwies sich als ein getreuer Freund, den man in der Not erkennt. Er brach eiligst auf und zog auch nach Stuhlweißenburg, sodass man etliche Pferde zu Tode ritt, und kam am Pfingsttag höchstpersönlich zu seinem Vetter König Ladislaus. Und wäre es nötig gewesen, er hätte sein Leben für ihn gegeben.

Aufbruch an den Krönungsort Stuhlweißenburg

Als nun das Hofgesinde beisammen war, das mit meiner gnädigen Herrin nach Stuhlweißenburg reisen sollte, da schickte Ihre Gnaden nach dem Erzbischof von Gran, auf dass er käme und mit ihr nach Stuhlweißenburg ziehe und helfe, ihren Sohn zu krönen. Der kam gut gerüstet. Als nun die Wiege hergerichtet war, in der man den König tragen sollte, mussten immer vier Mann zugegen sein, die Seine Gnaden trugen. Und am Donnerstag (12. Mai 1440) vor Pfingsten nach Mittag brachen die edle Königin mit dem jungen König und der edle Graf von Cilli und die Grafen von Kroatien und die Herzöge von Lindbach auf. Und es kam auch der Großgraf, Herr Laurenz von Heidenreichsturn, als Geleit zu meiner gnädigen Herrin.

Da wurde ein großes Schiff, genannt eine Plätte[35], hergerichtet. Auf dieses begab sich die Königin mitsamt ihrem königlichen Geschlecht, Sohn und Tochter, und viele gute Leute mit ihnen, sodass die Plätte ganz voll beladen und kaum eine Handbreit über dem Wasser war, was besorgniserregend und wagemutig war. Dazu kam ein starker Wind, dennoch half uns Gott glücklich hinüber. Als wir hinüberkamen, da trug man den jungen König in der Wiege, und vier mussten ihn immerzu tragen, zumeist geharnischte Männer. Und ich, seine Dienerin, ritt neben der Wiege und man trug ihn nicht sehr weit, da begann er laut zu weinen

35 Flaches Transportschiff für Wägen, Pferde und größere Mengen von Menschen.

Abb. 7: Plätte, Detail aus dem Babenberger Stammbaum, um 1490, Stift Klosterneuburg, Inv. GM 86

und wollte nicht in der Wiege bleiben. Ich stieg vom Pferd und trug ihn auf dem Arm, und es hatte stark geregnet, sodass es schwierig war zu gehen. Da war ein frommer Ritter, der hieß Hans von Pielach und führte mich durch den Sumpf.

Und als wir nach Totis kamen, da war es schon finstere Nacht, und wir blieben da über Nacht. Am Morgen ging ich mit dem jungen König voraus, und meine gnädige Herrin blieb mit ihrer jüngsten Tochter zurück. Denn Ihre Gnaden hatte zu tun mit dem Großgrafen, der gab ihr gute Worte und sprach zu Ihrer Gnaden, er habe die grauen Haare mit Ehren hergebracht, er wolle sie auch mit Ehren in sein Grab nehmen. Das war aber nur vorgeschoben, denn er wollte auch mit Ihrer Gnaden nicht nach Stuhlweißenburg ziehen und kehrte wieder um und zog nach Ofen und wartete, bis der König von Polen kam. Und als ich mit dem jungen König vorn dahinschritt, da kamen wir zu einem schönen Jagdhof in Gerencsér, der hieß zu Deutsch Grintsechdel. Da hatten wir eine raue Unterkunft, wir hätten gern gegessen, fanden aber nicht viel vor, denn es war Freitag (13. Mai 1440), und man sollte fasten, und wir blieben da über Nacht, warteten, dass meine gnädige Herrin auch zu uns kam, und zogen dann nach Stuhlweißenburg.

Als wir schon fast dort waren, da ritt uns der Wojewode (von Siebenbürgen), Nikolaus von Freistadl, wohl mit fünfhundert Pferden entgegen. Und als wir in den Sumpf kamen, da fing der junge König an zu weinen und wollte weder in der Wiege noch im Wagen bleiben, und ich musste Seine Gnaden auf dem Arm bis in die Stadt Stuhlweißenburg tragen. Da saßen die Herren von den Pferden ab und bildeten einen weiten Kreis mit geharnischten Männern und hatten blanke Schwerter in den Händen und mitten in den Kreis musste ich, Helene Kottannerin, den jungen König tragen. Und Graf Bartholomäus von Kroatien ging an meiner einen Seite und ein anderer an der anderen Seite und wiesen mir den Weg, dem edlen König zu Ehren, und so gingen wir durch die Stadt bis in die Herberge. Und das war am Pfingstabend (14. Mai 1440). Da schickte meine gnädige Herrin zu den ältesten Bürgern, die damals dazu gehörten, und ließ sie die Heilige Krone sehen und ließ alles anordnen, wie es sich gehörte und wie es altes Herkommen ist. Und es waren viele Bürger da, die sich daran erinnerten, wie man auch Kaiser Sigismund gekrönt hatte, und die dabei gewesen waren.

Abb. 8: Stadtansicht Stuhlweißenburg bei Matthäus Merian, Theatrum Europaeum, Ausgabe von 1667, hier: »Alba Regalis oder Stulweissenburg«

Ladislaus wird zum König von Ungarn gekrönt

Morgens am Pfingsttag (15. Mai 1440) stand ich früh auf und badete den edlen König und richtete ihn her, so gut ich es vermochte. Da trug man ihn in die Kirche, wo man einen jeden König krönt. Und es waren viele gute Leute da, geistliche und weltliche, wie ihr vorher gehört habt. Und als wir in die Kirche kamen, trug man den jungen König zum Chor. Da war die Tür zum Chor geschlossen, und die Bürger waren innerhalb, und meine gnädige Herrin war außerhalb der Tür mit ihrem Sohn, dem edlen König. Meine gnädige Herrin redete Ungarisch mit ihnen, und die Bürger antworteten Ihrer gnädigen Herrin ebenfalls auf Ungarisch, dass Ihre Gnaden an Stelle ihres Sohnes, des edlen Königs, schwören solle. Denn an demselben Tag war Seine Gnaden genau zwölf Wochen alt. Als das nun vollbracht wurde, nach ihrer alten Gewohnheit, da taten sie die Tür auf und ließen ihren natürlichen Herrn und ihre Herrin ein und auch die anderen, die dazu befohlen waren, Geistliche und Weltliche. Und die junge Königin, Jungfrau Elisabeth, die stand oben bei der Orgel, damit Ihre Gnaden in dem Gedränge nicht verletzt werden sollte, denn sie war erst in ihrem vierten Lebensjahr. Als man nun die Messe beginnen wollte, da musste ich den jungen König aufheben, damit man Seine Gnaden weihe. Nun war der von Freistadtl, der Wojewode Nikolaus, dazu berufen, den jungen König zum Ritter zu schlagen, weil er ein ordentlicher Landsmann war. Nun hatte der edle Graf von Cilli ein Schwert, das war beschlagen mit Silber und vergoldet, darauf war ein Wahlspruch geschrieben, der lautete: »unverzigen«,[36] und dasselbe Schwert schenkte er dem jungen König, damit man Seine Gnaden damit zum Ritter schlage. Da nahm ich, Helene Kottannerin, den König auf meinen Arm. Und da nahm der von Freistadtl das Schwert in die Hand und schlug den König zum Ritter und bemaß ihm die Schläge so stark, dass ich sie deutlich an meinem Arm spürte. Das merkte die edle Königin, die neben mir stand, und sprach zu dem von Freistadtl: »Az Istenért, meg ne sértsd!« Das heißt zu Deutsch: »Um Gottes Willen, tu ihm nicht weh.« Da gab er zu Antwort: »Nem«, das heißt »Nein«, und lachte. Da nahm der hochwürdige Prälat, der Erzbischof von Gran, das heilige Öl und salbte das edle Königskind zum König.

36 »Unverzigen« heißt »unbeschadet der Rechte« bzw. »ohne Verzicht« (bezogen wohl auf die nicht zuletzt dank der Cillier erreichte Königskrönung Ladislaus'). Es handelt sich also um ein beziehungsvolles und anlassbezogenes Motto.

Dann legte man ihm das goldene Gewand an, das für einen König bestimmt ist. Da nahm der Erzbischof die Heilige Krone und setzte sie auf das Haupt des edelsten Königs, den es jetzt in der heiligen Christenheit gibt: König Ladislaus, König Albrechts Sohn und Kaiser Sigismunds Enkel, ist am heiligen Pfingsttag (15. Mai 1440) mit der Heiligen Krone vom Erzbischof von Gran in Stuhlweißenburg gekrönt worden. Denn sie haben drei Gesetze im Königreich Ungarn und meinen, dass man nicht rechtmäßiger König ist, wenn eines dieser Gesetze nicht erfüllt wird. Das erste Gesetz lautet, dass ein König von Ungarn mit der Heiligen Krone gekrönt werden soll; das zweite, dass ihn der Erzbischof von Gran krönen soll; das dritte, dass die Krönung in Stuhlweißenburg stattfinden soll. Die drei Gesetze sind beim edlen König Ladislaus vollkommen eingehalten worden, und an demselben Tag, als Seine Gnaden gekrönt wurde, ist er genau zwölf Wochen alt gewesen.

Und das sollt ihr freilich wissen: Als ihm der Erzbischof die Heilige Krone auf sein Haupt setzte und sie ihm hielt, da hielt er den Kopf so kräftig aufrecht wie ein Kind von einem Jahr, und das wird selten gesehen bei Kindern, die zwölf Wochen alt sind. Als nun der edle König Ladislaus am St. Stephansaltar auf meinem Arm gekrönt worden war, da trug ich den edlen König eine kleine Stiege hinauf zu einer erhöhten Stelle, wie es Gewohnheit ist. Dort las man die Krönungsordnung, die dazugehört. Dazu brauchte man ein goldenes Tuch, auf dem ein König sitzen sollte, wie es Gewohnheit ist. Da nahm ich eine Decke aus seiner Wiege, die war rot und golden und war mit einem Hermelinfell unterfüttert, damit die Ordnung vollzogen würde. Nun hört, dass aber die Farben Rot und Weiß nicht umsonst zueinanderkamen. Als nun der edle König auf dem goldenen Tuch gehalten wurde, da hielt ihm Graf Ulrich von Cilli die Heilige Krone über den Kopf, bis man die Messe gesungen hatte.

Der edle König aber hatte wenig Freude an seiner Krönung, denn er weinte mit lauter Stimme, sodass man es in jedem Winkel der Kirche hörte und sich das gemeine Volk wunderte und sprach, es wäre keine Stimme eines Kindes von zwölf Wochen, es würde einem Kind Genüge tun, das ein Jahr alt wäre, was er doch nicht war. Und der Wojewode Nikolaus von Freistadtl nahm an Stelle des edlen Königs Ladislaus Ritterschläge vor. Als die Messe nun vollbracht war, da trug ich den edlen König wieder hinunter und legte ihn in die Wiege, denn er war müde geworden von dem Aufrechthalten. Dann trug man ihn in die St. Peterskirche, und ich musste ihn wieder aus der Wiege herausnehmen und ihn zu einem Stuhl tragen und ihn da hinsetzen, weil es dort Gewohnheit ist, dass ein jeder König, der da gekrönt wird, sich dort hinsetzen soll. Dann trug ich Seine Gnaden wieder herunter und legte ihn wieder in die Wiege. Nun trug man den edlen König aus der St. Peterskirche, und die edle Familie folgte ihm zu Fuß bis in die Herberge. Allein der edle Graf Ulrich von Cilli ritt, weil er die Heilige Krone führen und sie über den Kopf des edlen Königs halten musste, damit jedermann sah, dass es die Heilige Krone war, die dem heiligen König St. Stephan und den anderen Königen von Ungarn aufgesetzt worden war. Und Graf Bartholomäus trug den Apfel, und ein Herzog von Lindbach namens Thomas Szécs trug das Szepter.

Man trug auch vor dem edlen König einen Legatenstab, weil kein (König von) Ungarn (das Land) zu Lehen hat vom Heiligen Römischen Reich. Man trug ihm auch das Schwert mit, mit dem man ihn zum Ritter geschlagen hatte. Man streute auch Pfennige unter das Volk. Und die edle Königin ehrte ihren Sohn so sehr und war so demütig, dass ich arme Frau an diesem Tag vor Ihrer Gnaden und am allernächsten zum edlen König gehen musste, weil ich Seine Gnaden bei der heiligen Salbung und Krönung auf meinem Arm gehalten hatte. Der durchlauchtige Fürst von Österreich, Herzog Albrecht, war eilig nach Stuhlweißenburg gekommen zu Diensten und Hilfe dem durchlauchtigsten Fürsten König Ladislaus, seinem Vetter. Da hat der edle Fürst Herzog Albrecht wohl das natürliche Recht bewiesen, dass ein Bluts-(Verwandter) den anderen in der Not nicht im Stich lassen soll.

Als nun der edle König in die Herberge und zur Ruhe gekommen war, da waren Seine Gnaden ganz schwach vom langen Tragen. Als nun die Herren und jedermann hinausgegangen waren, war die Königin allein bei ihrem Sohn. Da kniete ich nieder vor der edlen Königin und erinnerte Ihre Gnaden an den Dienst, den ich Ihren Gnaden und auch dem edlen König und auch den anderen Kindern Ihrer Gnaden, dem edlen Fürstengeschlecht, geleistet hatte. Da bot mir die edle Königin ihre Hand und sprach: »Steht auf. Wenn es sein soll, dass Gott gibt, dass die Sache gut ausgeht und zum Frieden führt, will ich Euch und Eure ganze Familie erheben. Das habt Ihr wohl verdient, und Ihr habt das für mich und für meine Kinder getan, was ich selbst nicht tun konnte oder zu tun vermochte.« Da verneigte ich mich demütig und dankte Ihrer Gnaden für das gute Versprechen.

Gefahr droht der Königsfamilie

Als sich das alles zugetragen hatte, da kamen Gerüchte, dass der König von Polen in Alt-Ofen[37] wäre und herüber über die Donau ziehen wollte, in die Hauptstadt zu Ofen, wie es dann geschah. Als der König von Polen in die Hauptstadt zu Ofen kam, wollten ihn die Stadtleute nicht einlassen. Da ließ ihn der Großgraf durch die Burg hinein. Da wurden die zwei Gesichter offenbar, die der Großgraf, Herr Laurenz von Heidenreichsturn, lange Zeit gehabt hatte. Als das die edle Königin bemerkte, ging sie zurate mit ihren Freunden und den Herren, die sie damals bei sich hatte. Da wurde ihr geraten, sie sollte ihr Kriegsvolk nach Ofen schicken und die Hauptstadt Ofen einnehmen. Denn sie fände den (König) von Polen und die Seinen unvorbereitet, und das war auch richtig. So machte sich Graf Ulrich von Cilli auf mit anderem Gefolge und zog dorthin. Da sprach einer aus dem Kriegsvolk: »Wenn die Vorderen den (König) von Polen schlagen, wollen wir unterdessen die Hinteren schlagen.« Das erfuhr der (Graf) von Cilli, und da wollte er nicht weiterziehen und kehrte unterwegs um und zog wieder nach Stuhlweißenburg. Ob das Gerede eine Warnung oder eine Täuschung war, das weiß wohl (nur) Gott, der die Herzen kennt. Aber wären sie weitergezogen, so hätten sie den (König) von Polen ungewarnt gefunden. Als der König von Polen erkannte, dass man gegen ihn hatte ziehen wollen, da sprach er: »Ich bin doch nicht deswegen hergekommen, weil ich kämpfen wollte. Ich bin deswegen hergekommen, weil ich tanzen wollte und fröhlich sein. Denn wäre das nicht meine Sache, wäre es die Herzog Albrechts.« Das sagte er deshalb, weil der edle Fürst Herzog Albrecht unterdessen da war und meiner gnädigen Herrin und dem edlen König Ladislaus, seinem Vetter, beistand, wie es sich gehörte. Er war nicht hergekommen, weil er tanzen wollte, er war ausgezogen, um notfalls um seines Verwandten Willen sein Schwert zu führen, unter Einsatz seines Lebens. Und das hätte er freilich getan, wäre es nötig gewesen.

Als man nun den edlen König in die Nähe von Stuhlweißenburg bringen wollte, wusste man der Feinde wegen nicht wohin. Nun waren damals zwei alte Bischöfe bei meiner gnädigen Herrin. Der eine war

---

37 Die von Helene verwendete Formulierung »im alten Ofen«, ruft eine Assoziation mit Altofen (ungar. Óbuda) hervor, der nördlich von Ofen gelegenen Stadt. Mollay 1971, Anm. 130, identifiziert Altofen jedoch korrekt mit Pest (wo der polnische König sich positionierte).

Bischof von Raab, der andere war Bischof von Wesprim. Da rieten die Herren, man solle den edlen König Ladislaus nach Wesprim führen, weil es in der Nähe war. Man sandte rasch einen Boten nach Wesprim, aber die Diener, die Wesprim damals innehatten, wollten weder König noch Königin einlassen. Da kam auch der Bischof zum Teil in Verdacht. Aber es war freilich Gottes Wille, denn hätten sie uns einlassen wollen, so wären wir sicherlich dorthin gereist, und die Feinde hätten uns in einem Kreis umschlossen wie König David in der Stadt Ceila[38]. Da rieten die Herren, man solle den edlen König nach Raab führen und redeten mit dem Bischof von Raab. Der Bischof willigte ein, seinen natürlichen Herrn und seine Herrin einzulassen. Und er hat auch gesagt, dass wenn der Teufel selbst zu Gericht säße, so müsste er bekennen, dass König Ladislaus der rechte Erbe und König von Ungarn sei. Da richteten wir uns aber ein für die Reise hinauf in das Land nach Raab.

Auf der Flucht nach Raab

Als es nun Abend war und jedermann zur Ruhe ging, schickte meine gnädige Herrin die edle Frau Margit zu mir, ich solle schnell zu Ihrer Gnaden kommen. Da erschrak ich sehr und dachte mir wohl, dass es Schwierigkeiten gäbe. Die edle Königin ging allein auf und ab in Gedanken und sprach zu mir: »Nun, wie wollt Ihr mir jetzt raten? Unsere Sache steht nicht gut, man will uns auflauern. Wo wollen wir die Heilige Krone verbergen? Denn kommt sie in der Feinde Hand, so wird nichts Gutes daraus.« Wir berieten lang hin und her. Nun hatten wir im Propsthof Herberge genommen, der einen kleinen Garten hatte, da sprach ich: »Gnädige Herrin, lasst sie uns im Garten vergraben, und wenn die Stadt schon verloren geht, wollen wir dennoch wohl einen Weg finden, dass wir über die Mauer in den Garten kommen.« Da sprach die weise Königin: »Daran habe ich auch gedacht, aber es scheint mir nicht gut, denn es könnte jemand glauben, dass die Heilige Krone verloren gegangen sei.« Da ging ich eine kleine Weile zur Seite und wollte mich bedenken. Und ich rief die Mutter allen Erbarmens an, dass sie uns die Gnade ihres Sohnes gewähre, damit wir mit der Sache weise umgingen und daraus

---

38 Heute Kîla, Ort nahe Hebron, heute Westjordanland. Der biblische König David (1 Könige 23, 7–13) flüchtete aus Ceila, um der Umzingelung durch Saul zu entgehen, vgl. Mollay 61, Anm. 134.

kein Übel entstünde. Dann trat ich wieder zu der edlen Königin und sprach: »Gnädige Herrin, ohne Verzicht auf Eure Weisheit halte ich Folgendes für gut: Eure Gnaden wissen wohl, dass der König mehr wert ist als die Krone; legen wir die Heilige Krone in die Wiege unter den König, und wo Gott den König hinführt, da kommt die Krone auch hin.« Der Rat gefiel Ihrer Gnaden gut, und sie sprach: »Wir wollen es so machen und wollen sie sich selbst hüten lassen.« Des Morgens nahm ich die Heilige Krone und packte sie sehr sorgfältig in ein Tuch und legte sie in die Wiege in das Stroh, da Seine Gnaden noch nicht auf Federn lag, und legte dazu einen langen Löffel, mit dem man Kindern Brei zubereitet. Das tat ich deswegen, falls jemand in die Wiege griff, dann sollte man glauben, es läge etwas da, worin man dem König seinen Brei machte. Und davon wusste zu dieser Zeit niemand, außer meiner gnädigen Frau und mir.

Und als wir nun bereit waren für die Reise hinauf in das Land nach Raab, da hatten wir ein großes Aufgebot an Pferden und viele Fußsoldaten und zogen voran mit großer Sorge, denn die Bauern waren alle aus den Dörfern geflohen in den Wald am Schildgebirge. Und es waren großteils Bauern jener Herren, die gegen uns waren. Und als wir nun an das Schildgebirge kamen, da stieg ich ab vom Pferd und nahm den edlen König aus der Wiege und legte ihn in den Wagen, in dem die edle Königin mit ihrer Tochter, Jungfrau Elisabeth, saß. Wir Frauen und Jungfrauen saßen rings um die edle Familie, um – falls jemand in den Wagen schösse – die Schüsse aufzuhalten. Und wir hatten viele Fußsoldaten, die gingen zu beiden Seiten des Wagens und suchten im Gebüsch, ob jemand von den Feinden im Unterholz sei, der uns schaden wolle. Und so kamen wir durch Gottes Gnade durch das Schildgebirge, ohne dass jemandem ein Leid geschah.

Da nahm ich den edlen König wieder aus dem Wagen und legte ihn in die Wiege, und ich ritt neben der Wiege. Und man hatte ihn nicht sehr weit getragen, als er laut zu weinen anfing und nicht in der Wiege und in dem Wagen bleiben wollte. Und die Amme konnte ihn auch nicht stillen. Da nahm ich ihn auf den Arm und trug ihn ein gutes Stück des Weges, und die Amme ging mit, bis wir müde waren, da legte ich ihn wieder in die Wiege. Und so wechselten wir uns die ganze Zeit ab, die wir durch das Land zogen. Bisweilen regnete es, sodass der edle König oft ganz durchnässt wurde, denn wir hatten uns nicht auf eine lange Reise eingerichtet, sondern auf eine kurze. Und ich hatte für alle Fälle einen Pelzrock mitgenommen. Und als der Regen so stark war, breitete ich den Pelzrock über die Wiege, bis er ganz nass war. Dann ließ ich ihn ausreiben und deckte ihn wieder auf die Wiege, solange er nass war. Bisweilen war auch der Wind so stark, dass er in die Wiege stob, sodass der edle König die Augen kaum auftat. Manchmal war es auch so heiß, dass er überall schwitzte, sodass Tropfen auf ihm lagen und er einen Hitzeausschlag bekam. Und das alles musste der edle König erleiden, während wir über Land zogen.

Als wir nun zur Unterkunft kamen und es schon fast Nacht war und jeder gegessen hatte, da lagerten sich die Herren rings um das Haus, in dem die edle Familie ihre Unterkunft hatte, und machten Feuer und wachten die Nacht, wie es Gewohnheit ist im Königreich Ungarn. Am nächsten Tag zogen wir weiter nach Raab. Als wir schon fast nach Raab gekommen waren, war es finstere Nacht. Und wir mussten vor Raab fast bis Mitternacht stillhalten. Der edle Fürst von Österreich, Herzog Albrecht, blieb neben der Wiege bei dem edlen König, seinem Vetter,

Abb. 9: Wiege, unbekannt nach Michael Pacher (1435–1498), Hl. Hieronymus (Innsenseite), um 1510, Innsbruck, Tiroler Landesmuseen, Ältere kunstgeschichtliche Sammlung, Inv. Gem 25

auf der einen Seite und ich auf der anderen. Da stand ein Brunnen vor mir, den ich nicht gesehen hatte, weil es finster war. Da zeigte sich die Demut und der hohe Adel des edlen Fürsten, und er warnte mich und sprach: »Frau, es steht ein Brunnen vor Euch, hütet Euch, dass Ihr nicht mit dem Pferd in den Brunnen fallt.«

Und die ganze Zeit, die wir da warteten, war der edle Graf Ulrich von Cilli bei der edlen Königin, und sie berieten sich wegen der Unterkunft, wer im Schloss sein sollte oder in der Stadt oder vor der Stadt, und es gab etwas Streit zwischen den Ungarn und den Deutschen, denn beide Gruppen wären gern in der Stadt gewesen. Doch zuletzt ließ der Bischof die edle Familie in das Schloss und etliche Grafen und Herren mit ihnen. Und man ließ ein kleines Brücklein nieder, da mussten wir eilends darüber gehen, das zog man von Hand hinter uns hinauf, und die Herren, die mit uns kamen, kamen dieselbe Nacht nie aus ihren Rüstungen.

Wir waren nicht lang in Raab, da kamen einige böhmische Herren nach Raab und wollten ihren natürlichen Herren sehen. Und ich musste den König nackt auf einem Polster vor sie tragen. Da wurden sie alle fröhlich und lachten laut, sodass das Kind davon erschrak und stark und laut weinte. Nun hatten wir auch einen kleinen Buben, der war beschnitten und in ein Narrengewand gekleidet, und war doch kein Narr. Als der edle König nicht schweigen wollte, (geschah Folgendes): Sobald der Knabe zu der Wiege kam und sang oder auf der Laute spielte, ließ der edle König das Weinen sein.

Es waren zu dieser Zeit viele Herren in Raab, und wenn meine gnädige Herrin etwas Dringendes zu tun hatte im geheimen Rat, so schickte sie nach Herzog Albrecht und dem (Grafen) von Cilli. Das begann den Wojewoden Nikolaus von Freistadtl sehr zu verdrießen, und er wurde deshalb ungehalten, weil er nicht auch im geheimen Rat sein durfte. Nun war zu dieser Zeit bei meiner gnädigen Frau ein ungarischer Herr, der hieß Hederich »Vajdafi«[39], der hatte einen Bruder, der Abt in St. Martinsberg war. Nun bat meine gnädige Herrin den Herrn Hederich »Vajdafi«, dass ihr geholfen wäre, wenn sein Bruder, der Abt, ihr

39 Helene schreibt umgangssprachlich »Waidavi herleich« für das ungarische »Vajdafi Héder«, was übersetzt »Hederich, Sohn des Wojewoden« bedeutet. Die Familie, auf die Helene hier Bezug nimmt, sind die Hédervári (dt. von Heidenreichsturn). Zur möglichen Identifikation Hederichs und seiner Einordnung in den Familienverband s. Mollay, S. 54, Anm. 94 und ebd., S. 52, Anm. 139.

St. Martinsberg zur Verfügung stelle, solange der Krieg wäre, da es wie eine Bastei vor Ofen sei. Dessen wurde Ihre Gnaden teilweise versichert, und sie schickte Graf Ulrich von Cilli nach St. Martinsberg zu dem Abt und ließ ihn mit ihm verhandeln.

Die Wege der königlichen Familie trennen sich

Da kam es zu einer nichtigen Begebenheit, die zu Verwirrung führte. Wo der Teufel nicht hin mag, dort sendet er seinen Boten hin. Wir waren also in Raab in der dritten Woche mit vielen Sorgen, und eines Nachts träumte ich, dass die Heilige Krone in eine Schmutzlacke[40] gefallen wäre, sodass sie voller Flecken war. Als ich morgens aufstand, ging ich zu der edlen Königin und erzählte ihr, was ich von der Heiligen Krone geträumt hatte. Da erschrak Ihre Gnaden sehr und sprach: »Der Traum bedeutet etwas«, und ging sofort dorthin, wo die Heilige Krone war, und schaute sie an, sah aber nichts daran.

Da rieten die Herren, man solle die edle Familie nicht beieinander lassen, man sollte sie aufteilen; und einige schlugen vor, man solle König Ladislaus herauf nach Ödenburg bringen, einige, man solle ihn nach Forchtenstein führen. Und sie rieten, man solle meine junge Herrin in Raab lassen. Und es wurde Ihrer Gnaden mein Mann, der Kottanner, zugeteilt, und er musste auch auf das Allerheiligste[41] schwören, wie es in Ungarn Gewohnheit ist. Die Herren rieten auch, dass meine gnädige Herrin sich in Pressburg aufhalten solle. Da sprach die edle Königin zu mir: »Was ratet Ihr, liebe Kottannerin? Könnte ich Euch dreiteilen, das täte ich gerne. Ich behielte Euch selber gern und ließe Euch gern bei meinem Sohn und hätte Euch gern bei meiner Tochter.« Und sie ging mit den Herren zurate, bei welchem Teil ich bleiben sollte. Da wollten die Herren es nicht anders, als dass ich bei dem edlen König bleiben solle. Das tat ich nicht gern, denn ich verstand gut, dass mir der Dienst und die Sorge viel schwerer würden als vorher, weil ich nicht unter den Augen meiner gnädigen Herrin wäre. Nun waren etliche dafür, dass man den edlen König nach Trentschin führen solle. Dort wäre es ausreichend sicher, doch es waren zu dieser

---

40 »Lacke« ist österreichisch für Lache, Pfütze.

41 Als Allerheiligstes werden in der römisch-katholischen Kirche die in der Heiligen Messe geweihten Gaben Brot (Hostie) und Wein bezeichnet, in denen Christus gemäß kirchlicher Lehre gegenwärtig ist (der Leib und das Blut Christi).

Zeit die zwei Schlösser Trentschin und Pluntsch dem (Burggrafen) von Ellerbach anvertraut, und da konnte man den edlen König der Feinde wegen nicht gut hinbringen. Da schickte die edle Königin nach mir und sprach: »Liebe Kottannerin, wie ratet Ihr mir, wo soll ich meinen Sohn hinführen?« Da beriet ich Ihre Gnaden, wie ich es ihr schuldig war, und sprach: »Gnädige Herrin, führt ihn, wohin Ihr wollt, wo er sicher ist, führt ihn nur in eine Stadt, in der Ihr das Heft in der Hand habt, und hütet Euch vor den Königen.« Da sprach die edle Königin: »Ihr habt auch recht«, und ging mit den Herren zurate, wohin sie ihren Sohn, den edlen König, führen sollten. Die Herren rieten ihr, sie solle ihn nach Ödenburg führen, das gehörte auch zur Heiligen Krone von Ungarn und wäre auch ein Schlüssel zum Land, und dieselbe Stadt Ödenburg, die hatten damals meine gnädige Herrin und Graf Ulrich von Cilli inne. Und bei diesem Beschluss blieb es.

Da wurde dem edlen König sein Gefolge festgesetzt und geordnet, das dann bei ihm bleiben sollte. Da war einer, Herr Franz von Pöker, ein frommer und getreuer Herr, ein anderer war ein frommer Ritter, genannt Herr Pankratz von Tengöd, der dritte war auch ein frommer Edelmann und ein Kroate und hieß Thomas Gerzukczy[42]; außerdem zwei Kämmerer, der eine hieß Sigmund Abdacher, der andere hieß Heinrich Knocht, und all diese hatten 24 Pferde bei sich. So war ich, Helene Kottannerin, mit der Amme das vierte Weibsbild, und ich ging ungern auf die Reise und klagte meiner gnädigen Herrin heftig mein Leid. Da gab mir Ihre Gnaden viele schöne Worte und guten Trost und sprach: »Fahrt freilich hin und lasst Euch meinen wertvollsten Schatz empfohlen sein, den ich unter der Sonne habe. Und hätte ich nicht mehr als einen Pfennig, ich wollte ihn mit euch teilen.«

Aufbruch ins Ungewisse

Als wir nun bereit waren für die Reise, schickte Ihre Gnaden nach Graf Ulrich von Cilli und nach dem Bischof von Raab und nach allem Hofgesinde, das dem edlen König zugeteilt war, und empfing einen nach dem anderen in ihrem Zimmer. Und es mussten alle schwören, und

42 Helene formuliert umgangssprachlich »Gerzukczytomasch« für das ungarische »Gerzukczy Tamás«, was übersetzt »Thomas Gerzukczy« bedeutet. Die so bezeichnete Person lässt sich nicht zweifelsfrei identifizieren.

Abb. 10: Stadtansicht Ödenburgs (Sopron). Kristóf Lackner, Sopron ca. 1610. Museum der Stadt Sopron, Sign. SOM-KP 63.1.1.

auch die Amme und das andere Weibsvolk, das ich bei mir hatte. Sie mussten alle auf das Allerheiligste schwören, wie es in Ungarn Gewohnheit ist, nur ich allein schwor nicht, da Ihre Gnaden unerschütterliches Vertrauen zu mir hatte. Uns wurde der edle und getreue Herr Ulrich von Eitzing zugeteilt mit der Vollmacht, uns nach Ödenburg zu führen. Und als wir nun aufbrechen sollten, da nahm die edle Königin Abschied von ihrem Sohn, dem edlen König Ladislaus, und auch von seiner Schwester, Jungfrau Elisabeth, und begann zu weinen. Und ich nahm auch Abschied mit betrübtem Herzen, denn ich trennte mich schwer von der edlen Königin, da ich meine junge Herrin von Herzen und mit großen Mühen erzogen hatte. Ich musste auch meinen Mann und meine Tochter Katharina zurücklassen bei der edlen Familie.

Und wir zogen nun dahin mit großen Sorgen und Mühe und Leid; es hatte stark geregnet, sodass die Lacken tief waren, und wir mussten den edlen König in der Wiege durch die Lacken tragen, sodass die Träger bis über die Knie durch die Lacken wateten. Der edle König hatte die Heilige Krone in Raab zurückgelassen, jedoch gab es viele, die nichts anderes glaubten, als dass man die Heilige Krone auch mitführe. Und als wir nun schon fast drei Stunden Richtung Ungarisch-Altenburg gezogen waren, da ritt der edle und getreue Herr Ulrich von Eitzing zu mir und sprach: »Was ratet Ihr, liebe Kottannerin? Meine gnädige Herrin hat befohlen, wir sollen im nächsten Dorf bleiben, das dem Großgrafen gehörte, aber verlassen und gefährlich ist. Wenn es meinem Herrn nicht zu viel ist, wollen wir ihn weitertragen.« Da sprach ich: »Ich rate auch nicht dazu, dass wir hierbleiben. Wir wollen ihn tragen, so weit wir nur können, bis wir wohin kommen, wo wir sicher sind.«

Dann reisten wir bis Ungarisch-Altenburg. Und bevor wir zu der Unterkunft kamen, kam ein Bote von Raab und brachte uns die Nachricht, dass ein großer Tumult in Raab gewesen wäre. Und meinem Herrn von Cilli wäre ein Diener erschlagen worden.

Nun hatten wir etliche Hofleute bei uns, die konnten nicht von ihrer Gewohnheit lassen und ritten abseits des Weges und nahmen den armen Leuten das Vieh weg und trieben es in den Hof, der zu unserer Unterkunft gehörte. Und das schien dem Hofgesinde, das meinem Herrn zugeteilt war, sehr unwürdig, und es sprach zu mir: »Das ist nicht gut, soll unser Herr, König Ladislaus, in seinen jungen Tagen ein Räuber genannt werden? Das ist doch nicht seine oder unsere Schuld.« Da schickte ich nach dem edlen und getreuen Herrn Ulrich von Eitzing und sagte ihm das und bat ihn, dafür zu sorgen, dass man den armen Leuten ihr Vieh wiedergäbe. Damit täte er meiner gnädigen Herrin einen Gefallen, das wüsste ich wohl, denn von den armen Leuten hatten ihr viele gehuldigt. Das tat der edle und getreue Herr Ulrich von Eitzing und schickte nach dem Richter und befahl, die Tore am Markt zu schließen, bis man den armen Leuten ihr Vieh wiedergäbe. Denn es gab ein großes Geschrei der armen Leute vor der Burg wegen des Viehs, und es gefiel einigen gar nicht gut, dass sie das Vieh wieder hergeben mussten, das waren die Hofleute aus den deutschen Ländern. Und wir blieben über Nacht.

Am Morgen brachen wir auf und zogen nach Neusiedl (am See) und blieben auch dort über Nacht. Des Morgens machten wir uns auf den Weg, und als wir zu einem Dörflein kamen, da läutete man dem edlen König, und es gingen die armen Leute mit dem Allerheiligsten heraus und erboten sich als Getreue ihrem natürlichen Herrn gegenüber. Und es gingen je zwei Jungfrauen miteinander in der Prozession vor dem Allerheiligsten. Und als wir nun fast gegenüber von Eisenstadt angekommen waren, hatten wir Sorgen, denn man hatte uns gesagt, es sei ein großer Trupp von Reisigen[43] nach Eisenstadt gekommen und es seien Feinde. Es regnete stark, und wir waren sehr still und fürchteten uns sehr.

Als wir nun fast nach Ödenburg gekommen waren, da ging man mit dem Allerheiligsten aus der Stadt[44] und mit ihm eine große Volksmenge von Frauen und Männern dem König entgegen und empfing ihn als ihren natürlichen Herrn. Und als wir nun nach Ödenburg kamen, da …[45] wollten wir rasten. Nun sollt ihr wissen, dass in derselben Nacht, als wir angekommen waren, eine derartige Wasserflut kam, dass kein Mensch in der ganzen Gegend sich an eine so große Überschwemmung erinnern konnte. Und auch sollt ihr freilich wissen, dass der edle König in derselben Nacht so sehr weinte und so unruhig war, dass ich lange keine so schwere Nacht mit ihm gehabt hatte.

Und nicht lange danach kamen die Berichte, dass der König von Polen den edlen Grafen Ulrich von Cilli gefangen habe; und wir waren

---

43 Berittene Söldner.

44 Offenbar war hier die Form einer Monstranz (liturgisches Gefäß) mit der geweihten Hostie/Leib Christi gemeint. Siehe dazu auch Anm. 41.

45 Auslassung in der Handschrift.

sehr betrübt, was aus unserem Hofgesinde würde. Denn wir wussten wohl, dass es meines Herrn und meiner Herrin großer Schaden war, an Land und Leuten. Nicht lange danach kamen weitere schlimme Nachrichten: So seien der ehrwürdige Prälat, der Bischof von Gran und Herr Ban Ladislaus von Gara gefangen genommen worden. Sie waren mit Geleit zum (König) von Polen geritten, und der hätte sie trotz Geleits gefangen, damit sie ihm helfen sollten bei der Krönung im Königreich von Ungarn.

Und sie hatten noch Zweifel, ob die Heilige Krone noch auf der Plintenburg wäre, weil die Siegel und Schlösser noch an den Türen waren …[46]

---

46 An dieser Stelle bricht der Text ab.

Wer, was, wo? Der Bericht der Helene Kottannerin in seiner Zeit

Helenes Erzählung

Im Frühling 1439 brach die Kammerfrau Helene Kottannerin (um 1400–1470/77) mit der dreijährigen Königstochter Elisabeth (1436–1505) von Wien auf eine Reise durch das nordwestliche Ungarn auf, die etwa ein Jahr in Anspruch nehmen sollte. Lange Reisen von Fürsten und Fürstinnen sowie ihrem Personal waren im Europa des 15. Jahrhunderts nicht unüblich, im Gegenteil: Feste Residenzen etablierten sich erst allmählich. Herrschende mussten in einer Zeit, in der Briefe und Boten die wesentlichen Kommunikationsmittel neben persönlichen Unterredungen und Verhandlungen waren, an unterschiedlichen Orten ihres Herrschaftsgebiets Präsenz zeigen, um politisch erfolgreich zu sein.

Helenes Bericht führt uns durch einige dieser Zentralorte im spätmittelalterlichen Ungarn. Er erzählt die Geschichte einer Reise der ungarischen Königsfamilie unter schwierigen politischen Bedingungen und Helenes eigene wichtige Rolle dabei. Sie erzählt aber auch eine Geschichte der Heiligen Krone – jenes kostbaren Gegenstands, der in der mittelalterlichen Tradition des ungarischen Königtums zentraler Ausdruck legitimer Königsherrschaft war – als eines maßgeblichen Grundes für diese Reise.

Zunächst reisten Helene und das Königkind nach Pressburg (heute slowak. Bratislava), wo sie dessen Eltern, König Albrecht II. (1397–1439) und Königin Elisabeth (1409–1442), trafen. Das Paar – er stammte aus der Familie der Habsburger, sie war Erbtochter Sigismunds (1368–1437), des letzten Königs und Kaisers aus der Familie der Luxemburger – herrschte seit 1438 über die österreichischen Erbländer und die Königreiche Böhmen und Ungarn; Albrecht war außerdem in demselben Jahr zum König des römisch-deutschen Reiches gewählt worden. Wie so oft war der Herrschaftsübergang prekär. In nahezu allen Teilen des großen zusammengesetzten Herrschaftsgebiets, aber besonders in Ungarn, ließ sich die Wahl durch die maßgeblichen Großen (die sogenannten Magnaten), die neben Erbvereinbarungen nötig war, nur um den Preis umfassender Zugeständnisse durchsetzen. Ungeachtet der Rolle dieser Magnaten hatte die Legitimation jeder Königsherrschaft durch die symbolische Krönung mit den Herrschaftsinsignien seit den Zeiten des ersten christlichen und bald heiliggesprochenen ungarischen Königs Stephan I. (gest. 1038) einen ungebrochen hohen Stellenwert.

Was die Lage für das Königspaar noch schwieriger machte: Seit einigen Jahrzehnten war das Osmanische Reich zu einer konstanten Bedrohung für die Herrschaften auf dem Balkan geworden. 1439 stand das osmanische Heer unmittelbar an der Grenze zu Ungarn, und König Albrecht II. war kurz davor, sich zu seinen ungarischen Streitkräften zur Verteidigung des Landes im Südosten aufzumachen. Die Königsfamilie begab sich daher bald von Pressburg nach Ofen (ungar. Buda), einem Teil des heutigen Budapest, das erst im 19. Jahrhundert aus drei Städten – Ofen, Pest und Altofen (ungar. Óbuda) – zusammenwuchs. Von dort aus reisten König Albrecht und die schwangere Königin Elisabeth nach Gran (ungar. Esztergom), dessen Erzbischof für die Königskrönung verantwortlich war und wo sich auch die Heilige Krone befand, während ihre kleine Tochter Elisabeth zusammen mit Helene weiter auf die Plintenburg (ungar. Visegrád) geschickt wurde. Die Plintenburg lag strategisch günstig unweit jener Stelle, an der die Donau ihren Verlauf scharf nach Süden wendet (sog. Donauknie). Sie hatte bereits früheren ungarischen Königen als Residenz gedient und bestand aus einer besonders sicheren Höhenburg und einem Schloss in der Donauebene. Auf der Höhenburg brachten Albrecht und Elisabeth nach ihrer Tochter schließlich auch die Heilige Krone in Sicherheit. Sie wurde im Beisein von zahlreichen Adeligen und Helene, die ihre Anwesenheit in ihrem Bericht nachdrücklich betont, in einem vielfach versiegelten Gewölbe verwahrt.

Albrecht und Elisabeth zogen nun weiter ins Kriegsgebiet; der König erkrankte dort bald an der Ruhr, kehrte noch einmal auf die Plintenburg zurück, starb dann aber Ende Oktober 1439, ohne seine Gattin wiedergesehen zu haben, die in anderen Angelegenheiten unterwegs war. Mit dem Tod des Königs wurde die Frage der Herrschaftsnachfolge erneut virulent, die abermals eine pragmatische und eine symbolische Dimension hatte. Letztere fand in der Sorge um den Verbleib der Heiligen Krone ihren Ausdruck. Bald entstanden Gerüchte, sie befände sich nicht mehr auf der Plintenburg, was die Königin gleich prüfen ließ. Die Krone lag unversehrt im Gewölbe, ebenso wie Elisabeths Krone, die sie allerdings bei dieser Gelegenheit zusammen mit ihrem Schmuck in einer Kammer verwahren ließ und der Obhut Helenes anvertraute. Nur Elisabeths Vetter Ladislaus Garai (gest. 1459), dem sie das Schloss übertragen hatte, und dessen Burggraf durfte Helene einlassen.

Die nunmehr hochschwangere 30-jährige Königin begab sich jetzt wieder nach Ofen, wo sie umgehend von den ungarischen Großen wegen einer – angesichts der Kriegslage gegen die Osmanen notwendigen – möglichst raschen Neuvermählung aufgesucht wurde. Erste Wahl vieler Magnaten war der polnische König Władysław III. (1424–1444). Elisabeth lehnte eine Heirat mit dem gerade 15-jährigen Władysław ab, äußerte sich aber strategisch zurückhaltend, da sie auf die Geburt eines männlichen Thronfolgers hoffte. Sie reiste zurück auf die Plintenburg und ersann einen Plan, sich der Heiligen Krone zu bemächtigen, die sie den ungarischen Großen und ihrem Kandidaten entziehen und für die Krönung ihres noch ungeborenen Kindes sichern wollte.

Die Situation war gefährlich, denn die Plintenburg war zwar aufgrund ihrer Lage ein besonders sicherer Ort; gerade deshalb aber befürchtete Elisabeth, sie könnte dort von den ungarischen Adeligen der »polnischen Partei« gefangen gehalten werden. Deshalb residierte sie auch nicht auf der Höhenburg, sondern unten im schlechter ausgestatteten Schloss, holte dorthin auch ihre kleine Tochter sowie Helene und zwei Hofdamen, die alle zuvor auf der Burg waren, und plante außerdem, möglichst rasch an einen anderen befestigten Ort, ihre Burg in Komorn (slowak. Komárno), weiterzureisen. Noch vor der Abreise ließ sie ihre Vertraute Helene die eigene Krone und den Schmuck unbemerkt von der Höhenburg holen, dann wurden die ungarischen Herren nach Polen abgefertigt und die Königsfamilie begab sich Anfang des Jahres 1440 nach Komorn.

Hier konfrontierte Königin Elisabeth nach Beratungen mit ihrem engsten politischen Vertrauten, dem Grafen Ulrich von Cilli (gest. 1456), Helene mit dem eigentlichen Plan des »Kronenraubs«: Sie sollte zurück auf die Plintenburg reiten und die Heilige Krone entwenden, deren genauen Verwahrungsort im Gewölbe sie ja kannte. Allen Beteiligten war

Abb. 11: Elisabeth, Tochter Kaiser Sigismunds. Porträt aus der Porträtsammlung des Erzherzogs Ferdinand von Tirol, Kunsthistorisches Museum Wien, Inv. GG 4640

das Wagnis bewusst; es war auch klar, dass die Trennung Helenes von der dreijährigen Elisabeth auffallen würde. Sie spricht hier auch erstmals von ihrer Sorge um die eigenen Kinder – ihre Tochter Katharina erwähnt sie am Ende ihrer Aufzeichnungen einmal namentlich. Helene durfte sich selbst einen Begleiter für das schwierige Vorhaben aussuchen; der erste, der angesprochen wurde, war ein Kroate und suchte –

wohl aus Furcht – gleich das Weite, ein weiterer Mann aus Ungarn willigte schließlich ein, sie zu begleiten. Zusammen mit zwei ungarischen Adeligen brachen die beiden nun unter dem Vorwand zur Plintenburg auf, man wolle die dort verbliebenen Hofdamen nach Komorn zu ihrer Herrin holen.

Helene schildert die Vorbereitungen und die Durchführung des »Kronenraubs« bis ins kleinste Detail und ermöglicht ihrem Publikum seltene Einblicke in Raumstruktur und Ausstattung der Burg und in das alltägliche Hofleben jenseits großer Feste und zeremonieller Handlungen. Ihr Motivationshorizont ist von einem christlichen Selbstverständnis geprägt. Das gefährliche Vorhaben versteht sie durch einen höheren Zweck gerechtfertigt. Der von Gott vorgesehene neue Herrscher – das noch ungeborene Königskind – soll durch die künftige Krönung mit der ihm rechtmäßig zustehenden Krone legitimiert werden. Dieser Zweck heiligt im Wortsinn die notwendigen Mittel. Helene und ihr Helfer, der einen weiteren Diener mitgebracht hat, gehen arbeitsteilig vor. Helene koordiniert den »Masterplan«, die Männer sind für die praktischen Verrichtungen zuständig.

Als alle Bewohner schlafen, machen sich die beiden Männer mit dem in die Burg geschmuggelten Werkzeug an den Schlössern und Siegeln im Gewölbe zu schaffen, während Helene Wache hält und betet. Sie schildert die Szenen anschaulich und mit zunehmender Dramatik. Fast scheitert das Unternehmen daran, dass die von Helene organisierten Kerzen plötzlich nicht mehr zu finden sind. Einmal glaubt sie, die Wachen in der Burg hätten das Vorhaben aufgrund des Lärms beim Feilen bemerkt – oder war die Bewegung an der Tür doch nur ein Gespenst? Später müssen die Männer Feuer zum Öffnen der Schlösser verwenden, und Helene fürchtet, der Brandgeruch würde ihr Tun aufdecken. Sie zittert und schwitzt, betet unentwegt zu Gott und zur Mutter Gottes, verspricht Bußen und Wallfahrten. Schließlich ist es vollbracht: Die Männer kommen wohlbehalten mit der Krone aus dem Gewölbe, tragen sie durch die angrenzende Kapelle und verbergen sie in einem großen Polster, in dem sie tags darauf zusammen mit den Hofdamen und deren Gepäck nach Komorn gebracht werden soll.

Doch die Gefahr ist noch nicht vorbei. Während sich am nächsten Morgen alle auf die Reise vorbereiten, müssen noch letzte Beweise beseitigt werden. Helene nimmt eine alte Frau, die ungeplant etwas von der Tat mitbekommt, kurzerhand auf die Fahrt mit und stellt ihr eine Altersversorgung in Aussicht. Die Krone im Polster wird zum Schlitten gebracht, in dem Helene mit ihrem Helfer fährt; sie wird den Polster auch bei einer kurzen Unterbrechung der Reise in die Herberge mitnehmen und dort nicht aus den Augen lassen. Die Hofdamen fahren in einem eigenen Wagen.

Die Reise dauert viele Stunden, und als es schon dunkel ist und die Gruppe die zugefrorene Donau überquert – es ist nun Ende Februar –, droht ein letztes Mal Gefahr: Der Wagen der Hofdamen bricht durch das Eis, in der Finsternis breitet sich Panik aus. Doch abermals gelingt es Helene, die Lage mit Gottes Hilfe – wie sie nicht müde wird zu betonen – zu meistern. Alle können gerettet werden, obwohl einiges Gepäck verloren geht. Auch die Heilige Krone gelangt wohlbehalten nach Komorn zu Königin Elisabeth.

Dort angekommen, hätte Helene ihrer Herrin offensichtlich gern in allen Details von diesem großen Abenteuer berichtet, aber wieder überschlagen sich die Ereignisse. Nach wenigen Momenten mit Elisabeth ist der erfahrenen Frau klar, dass deren Niederkunft unmittelbar bevorsteht. Es ist mitten in der Nacht, die Weiterreise nach Pressburg ist bereits für den folgenden Tag geplant, und Helene versucht nun in Windeseile, die für die Geburt nötige Hilfe zu holen. Die Hebamme kann gerade noch rechtzeitig und nur unter Protest zum Aufstehen bewegt werden. Weitere aus Ofen angereiste Frauen, die in der Nähe der Burg Quartier genommen haben, erfahren erst im Nachhinein von der Niederkunft – so rasch, erklärt Helene, wollte das Kind zu seiner Krone eilen, dass die Geburt in derselben Stunde erfolgte, in der diese in Komorn angekommen war. Abermals verschränkt die Kammerfrau dramatisch erzählte lebensweltliche Beschreibungen mit hochgradig symbolischen Interpretationen: Gott der Allmächtige habe den Thronfolger – tatsächlich ein männliches Kind, wie sich herausstellt – und die Krone zeitgleich und unbeschadet zusammengeführt, ein weiteres Wunderzeichen für den zu begründenden göttlichen Willen hinter den Ereignissen.

Noch in derselben Nacht ließ Graf Ulrich von Cilli Freudenfeuer entzünden, und gleich am nächsten Morgen begannen die Vorbereitungen für die Taufe des Königskindes durch den Erzbischof von Gran (Dionysius Szécsi, gest. 1465). Mehrere Personen unterschiedlichen Standes und Geschlechts fungierten als Taufpaten für den nach einem legendären heiligen König Ungarns (Ladislaus I., gest. 1095) Ladislaus genannten Thronfolger (1440–1457, aufgrund der Umstände seiner Geburt mit dem Beinamen »Postumus«, der Nachgeborene, versehen): der Erzbischof von Gran, der Pfarrer von Ofen, Graf Bartholomäus von Kroatien (Bartholomäus IX. von Frangepan, gest. 1458) sowie die ungarische Hofmeisterin Margit. Helene hatte interessanterweise die Bitte ihrer Herrin, ebenfalls die Patenschaft zu übernehmen, mit der Empfehlung Margits abgelehnt, obwohl sich gerade in ihrem Fall die Patenschaft als soziale Verwandtschaft mit der persönlichen Nähe zu dem Neugeborenen besonders ergänzt hätte.

Gleich darauf wurden überallhin Boten entsandt, um die Geburt des Thronfolgers zu verkünden, darunter auch zu den ungarischen Adeligen, die nach Polen unterwegs waren: Sie sollten die aus Elisabeths Sicht nun obsoleten Heiratsverhandlungen mit dem polnischen König fallen lassen. Diese aber hielten an ihrem Vorhaben fest, ebenso wie sich unter die Huldigungen der Getreuen nun schon Misstöne mischten. Neben Warnungen, dass dem kleinen Ladislaus nach dem Leben getrachtet würde, weiß Helene auch von mächtigen Großen wie dem Palatin Laurenz Hédervári (dt. von Heidenreichsturn, gest. 1447) zu berichten, hinter dessen schönen Worten sich bereits ein Parteiwechsel ankündigte.

Königin Elisabeth begann unmittelbar nach der Geburt mit den nötigen Verhandlungen, und auch Helene war so gefordert, dass sie nicht einmal dazu kam, ihre Kleidung zu wechseln, wie sie schreibt. Bald sprachen die aus Polen heimgekehrten Adeligen bei Elisabeth vor und erklärten ihr rundheraus, dass sie den Thronfolger nicht einmal akzeptieren würden, wäre er schon zehn Jahre alt, da man einen Herrn benötige, der den Kampf gegen die Osmanen führen könne. Alle Bemühungen der Königin richteten sich nun darauf, ihre Gegner unter Kontrolle zu halten, bis die Krönung des Säuglings vollzogen war.

Durch eine List gelang es ihr, drei Vertreter der gegnerischen Partei gefangen zu setzen, die ihr – ohne zu wissen, dass sie sich bereits im Besitz der Heiligen Krone befand – die Krönung gegen ihre Freilassung anboten. Hier überlegte Elisabeth kurz, ob sie nicht unter den neuen Umständen von einer abermals geheimen Rückführung der Krone in die Plintenburg durch Helene profitieren könne – ein Ansinnen, das diese wohl zu Recht als fehlgeleitet einschätzte und in ihrer Empörung darüber grob und gar nicht standesgemäß von sich wies: Die Königin könne nichts dadurch gewinnen, würde aber sie selbst erneut in große Gefahr bringen.

Während Helene nun eigenhändig und heimlich in der Kapelle von Komorn alle Krönungsgewänder für das Königkind herstellte, traf Elisabeth weitere politische Vorkehrungen. Sie schickte zwei der drei Gefangenen unter Aufsicht in den Norden nach Ödenburg (ungar. Sopron), sandte zur Unterstützung nach dem österreichischen Herzog Albrecht VI. (1418–1463), der sich auch sofort an den Krönungsort Stuhlweißenburg (ungar. Székesfehérvár) aufmachte, ebenso wie nach dem Erzbischof von Gran, auch er möge sich dorthin zur Krönung ihres Sohnes begeben. Kurz vor Pfingsten 1440 brach die Königsfamilie selbst mit großem Gefolge und Geleit in Richtung Stuhlweißenburg auf. Die Überquerung der Donau zu Schiff schildert Helene als nicht ungefährlich, auch die weitere Reise mit dem Säugling war mühsam, da dieser bald weinte und über weite Strecken durch sumpfiges Gebiet getragen werden musste. Diese Aufgabe übernahm abermals Helene selbst, und so war es auch sie, die den jungen König schließlich beim zeremoniellen Empfang in der Krönungsstadt auf dem Arm hielt und ihn dann flankiert von ungarischen Magnaten zur Unterkunft trug.

Die Krönung des kleinen Ladislaus ist nach dem »Kronenraub« und der Geburtsszene das dritte Schlüsselereignis in Helenes Bericht. Wieder verschränkt sie eine detaillierte Beschreibung aller symbolischen Handlungen mit der lebensnahen Schilderung des Verhaltens des Säuglings, mit der auch die Besonderheit des Königskindes unterstrichen wird: Als ihr kleiner Sohn im Rahmen der Zeremonie zum Ritter geschlagen wird, ruft die Königin erschrocken aus, man solle ihm nicht wehtun; als ihm der Erzbischof die Krone auf den Kopf setzt, berichtet Helene, die ihn während Salbung und Krönung auf dem Arm hält, er habe seinen Kopf nicht wie ein Säugling von zwölf Wochen, sondern wie ein einjähriges Kind emporgehalten. Und als das Kind dann später so laut zu weinen beginnt, dass man es in der ganzen Kirche hört, seien alle erstaunt von seiner kräftigen Stimme gewesen – schon physisch scheint das Kind aus Helenes Perspektive also für eine starke Königsherrschaft vorherbestimmt. Nach dem Krönungsumzug durch die Stadt ist das Kind zuletzt in der Herberge ganz schwach von den Strapazen. Die Königin ist nun allein mit ihrem Sohn und ihrer Kammerfrau. Helene nützt die Gelegenheit, ihre Herrin demütig, aber bestimmt an ihren Beitrag zum erfolgreichen Verlauf der Dinge zu erinnern, was diese mit dem Versprechen einer Belohnung für ihre Dienerin und deren Familie quittiert. Abermals verschränkt Helene hier die Erzählung »großer Geschichte« mit ihrem persönlichen Anteil daran.

Doch nach der Krönung verschlechterte sich die Lage der Königsfamilie rasch. Bald erfuhr man, dass der polnische König bereits vor Ofen stand und der Palatin, der höchste ungarische Amtsträger, nun die Seiten wechselte und ihm die Tore der Stadt öffnete. Ein Überraschungsmanöver der Parteigänger Elisabeths unter Graf Ulrich von Cilli kam nicht zustande, und als man sich fragte, wohin der kleine König nun in Sicherheit gebracht werden sollte, erwies sich auch der Bischof von Wesprim (ungar. Veszprém)[1] als Gegner.

Der letzte Teil des Berichts erzählt die Geschichte des Rückzugs nach Norden. Zunächst zog die Königsfamilie gemeinsam mit Herzog Albrecht nach Raab (ungar. Győr), dessen Bischof und Stadtherr auf ihrer Seite blieb. Diese Etappe war bereits eine Flucht. Königin Elisabeth und Helene entschieden, die Heilige Krone in der Wiege des Königskindes zu verbergen. Auf der langen Fahrt rechnete man trotz Geleitschutz ständig mit Überfällen, die Hofdamen schützten die Königsfamilie auf dem Wagen mit ihren Körpern. Zur Gefahr und der wechselnden Witterung, unter der das Kind besonders litt, kam, dass es auch diesmal immer wieder getragen werden musste, da es in der Wiege oder im Wagen zu weinen begann. Wieder kam man erst in der Dunkelheit an, und es gab angesichts des großen Gefolges Streit und lange Verhandlungen, wer wo Unterkunft nehmen konnte. Untertags hielt die Königin fast ununterbrochen Rat mit ihren Vertrauten, wie es weitergehen sollte. Als Helene träumte, dass die Heilige Krone in den Schmutz gefallen sei, sah das die Königin als ein unheilbringendes Zeichen, und kurz darauf beschloss man, die Mitglieder der Königsfamilie zur Sicherheit an unterschiedliche Orte zu schicken. Die kleine Elisabeth sollte in der Obhut von Helenes Mann Johann Kottanner, der hier erstmals erwähnt wird, in Raab bleiben, während ihre Erzieherin Helene selbst den kleinen König in das sichere Ödenburg begleiten sollte, das Ulrich von Cilli unterstand, und die Königin nach Pressburg fuhr. Der Entschluss zur Aufteilung der Familie fiel Elisabeth schwer, wie so oft fragte sie Helene um Rat. Diese war sich der großen Ehre der Aufgabe bewusst, die aber die Trennung von all ihren Lieben – der

Königin und ihrer Tochter, die sie erzogen hatte, wie auch von Helenes eigener Familie – bedeutete.

Der Abschied war für alle hart und emotional, die Heilige Krone ließ man in Raab zurück.[2] Die Weiterreise, auf der nun der österreichische Freiherr Ulrich von Eitzing (um 1398–1460) Ladislaus und Helene beschützte, war abermals von Widrigkeiten begleitet. Ulrich und Helene entschieden – so die Kottannerin – gemeinsam, wie den Gefahren am besten auszuweichen sei. Zwar wurde dem kleinen König auf der Reise durch die Dörfer gehuldigt, aber täglich kamen neue schlechte Nachrichten: In Raab habe es einen Aufstand gegeben, später wurden die wichtigsten Unterstützer der Königsfamilie, Ulrich von Cilli, Ladislaus Garai und der Erzbischof von Gran, gefangen genommen. Starker Regen und Überschwemmungen spiegelten und verstärkten die trostlose Lage. Die Gruppe traf zwar wohlbehalten in Ödenburg ein, dennoch gab es wenig Hoffnung, und schließlich bricht Helenes Erzählung aufgrund der Unvollständigkeit der Handschrift mitten im Satz über den zumindest für die Gegner unklaren Verbleib der Heiligen Krone ab.

Noch im selben Jahr (1440) musste Königin Elisabeth die Heilige Krone dem österreichischen Herzog und römisch-deutschen König Friedrich III. (1415–1493) überlassen, dem sie auch die Vormundschaft für ihren kleinen Sohn übertrug. Sie selbst starb zwei Jahre später während der anhaltenden Auseinandersetzungen um die Thronfolge in Ungarn, Władysław III. von Polen verlor sein Leben weitere zwei Jahre später in der berühmten Schlacht von Varna (1444) gegen die Osmanen. Helene sah ihre Herrin nicht wieder und konnte ihr daher ihre Sicht auf die Ereignisse auch nicht mehr schildern. Vielleicht war das einer der Gründe, warum Helene (oder ein Schreiber in ihrem Auftrag oder nach ihrem Diktat) diese später aufschrieb (siehe S. 139–142). Elisabeths Versprechen ihrer treuen Dienerin gegenüber wurde später eingelöst, als der damalige Statthalter Ungarns, der *gubernator* (Reichsverweser) Johannes Hunyadi (1407/09–1456), das Ehepaar Kottanner im Jahr 1452 für seine Verdienste um König Ladislaus mit königlichem Besitz bei Pressburg belohnte. Auch dieses Ereignis gibt einen Anhaltspunkt für die Motivation der Niederschrift dieser Geschichte aus der Perspektive der königlichen Kammerfrau.

Der politische und soziale Hintergrund der Geschichte

Dass es 1440 überhaupt mehrere Parteien gab, die Anspruch auf die ungarische Krone erheben konnten, hat mit den komplexen dynastischen Konstellationen jener Jahre und mit langfristigen strukturpolitischen Entwicklungen zu tun. Seit dem 14. Jahrhundert hatte sich im Königreich Ungarn im Zuge mehrerer Dynastiewechsel das Prinzip der Wahl bzw. der Approbation des Königs und der Königin durch die ungarischen Magnaten als maßgebliche Repräsentanten der Herrschaftselite durchgesetzt: König wurde, wer die Zustimmung dieser Elite für sich verbuchen konnte. Das bedeutete nicht, dass eine Nachfolge in familiärer Tradition nicht möglich war: Weiterhin folgten Kinder den Eltern auf den Thron (immerhin verhieß das politische Kontinuität) – allerdings nicht ohne die Billigung durch die ungarischen Adeligen, die ihr Mitsprache- oder auch Widerstandsrecht vor allem in politisch fragilen Situationen geltend zu machen wussten. Gerade dann wurde immer wieder darüber diskutiert, wer in welcher Weise und auf welcher Rechtsgrundlage König und Königin werden konnte, das wiederum bot Raum für die Festigung oder auch Ausweitung adeliger Partizipationsansprüche: Kontinuierlich wurden daher im 15. Jahrhundert dynastische Erbrechte und adelige Wahlrechte in Theorie und Praxis einander gegenübergestellt und abgewogen.

Noch komplexer wurde die Lage dadurch, dass es in Mitteleuropa mit den Dynastien der Luxemburger in Böhmen und Ungarn sowie der Habsburger in Österreich gleich zwei große Familienverbände gab, die Interesse an einer Wahrung und Ausweitung des eigenen Einflusses in dieser Region hatten. Drei Vertreter der Luxemburger waren zwischen 1346/47 und 1437 Könige sowohl des römisch-deutschen Reiches als auch Böhmens. König Sigismund hatte diese Herrschaft zuletzt auch mit der ungarischen Krone verbunden. Sigismunds Erbtochter Elisabeth wiederum – eine der Protagonistinnen unserer Geschichte – hatte den Habsburger Herzog Albrecht V. (den späteren König Albrecht II.) geheiratet, was diesem die Nachfolge in Sigismunds Herrschaft über Ungarn, Böhmen und das römisch-deutsche Reich ermöglichte. Diese Konstellation war spannungsgeladen; sie bedeutete aber nicht nur Konkurrenz, sondern barg auch großes Potenzial zur politischen Gestaltung in der Region – das zeigt die wechselvolle Geschichte im frühen 15. Jahrhundert, die auch in Helenes Bericht kommentiert wird, sehr eindrücklich.

In Ungarn herrschten bis 1437 Sigismund von Luxemburg und seine Ehefrau Barbara von Cilli (gest. 1451) als König und Königin. Die Ehe des »landesfremden« Luxemburgers mit der regional bestens vernetzten Grafentochter aus einem der mächtigsten Adelshäuser im heutigen Slowenien war an sich schon Ausdruck politischer Versöhnung: Sigismund, dessen Thronansprüche in Ungarn sich aus der Ehe mit seiner ersten Frau, der ungarischen Erbprinzessin und Königin Maria von Anjou (gest. 1395), ableiteten, war nach deren Tod mit wachsender Kritik seitens des ungarischen Adels konfrontiert und sogar kurz gefangen genommen worden. Um ihr eigenständiges Handeln zu rechtfertigen, entwickelten die ungarischen Adeligen eine abstrakte Idee: Sie verstanden sich fortan gemeinschaftlich als Repräsentanten der »Heiligen Krone Ungarns«. Damit war nicht die konkrete Goldkrone gemeint, sondern ein überpersonales Herrschaftskonstrukt. Diese Idee beförderte das Prinzip der Partizipation dieser Großen an der Herrschaft als wesentliche Vertreter des Landes maßgeblich. Schließlich gelang Sigismund ein Friedensschluss mit seinen Kritikern, und um seinen Willen zu lokalen Allianzen zu untermauern, heiratete er Barbara von Cilli.

Im Herbst 1409 wurde das einzige Kind des Königspaars geboren: Elisabeth, die Auftraggeberin des späteren »Kronenraubs«. Als erstgeborenes Kind und Alleinerbin hatte Elisabeth an sich schon beachtliches politisches Potenzial, das ihre Eltern geschickt zu nutzen wussten. Bei der Taufe des Kindes beispielsweise soll neben zwei namhaften Mitgliedern des Deutschen Ordens auch ein vormals verfeindeter bosnischer Magnat Pate gestanden haben – auf diese Weise wurde das dynastische Großereignis der Geburt mit außenpolitischen Versöhnungsmaßahmen verbunden. Bereits zwei Jahre später wurde Elisabeth mit dem österreichischen Herzog Albrecht V. von Habsburg verlobt. Das Alter der künftigen Brautleute zeigt, dass es hier zunächst um einen symbolischen Akt ging: Elisabeth war im Jahr 1411 etwa zwei Jahre alt, Albrecht 14 Jahre. Die Verlobung war somit nicht nur für die Zukunft, sondern auch für die Gegenwart ein starkes Signal: Etwa zur selben Zeit bemühte sich nämlich Sigismund – seit 1410/11 König des römisch-deutschen Reiches – um die Vermittlung bei innerhabsburgischen Streitigkeiten, die letztlich in die Teilung dreier Familienlinien mit unterschiedlichen territorialen Zuständigkeiten mündeten.

Solche Herrschaftsteilungen, die im 14. Jahrhundert ihren Anfang nahmen, waren nicht nur innerfamiliär bedeutsam, sondern auch darüber hinaus: für die politische und kulturelle Entwicklung der jeweiligen Territorien einerseits und andererseits auch im größeren außenpolitischen Kontext, wenn nämlich die Vertreter der jeweiligen Linien in Konflikten unterschiedliche Allianzen schlossen. Als 1411 der Streit über die Vormundschaft des noch unmündigen Herzogs Albrecht V. eskalierte, übernahm – neben konkurrierenden Familienmitgliedern – auch Sigismund von Luxemburg in seiner königlichen Funktion als Mediator temporär die Vormundschaft für den jungen Herzog und trug damit zur Sicherung von dessen später eigenständiger Herrschaft bei.

Bei der Anbahnung der Verlobung zwischen Elisabeth und Albrecht dominierten also offensichtlich die Interessen des Brautvaters, während die Brautmutter Barbara von Cilli lieber eine Verbindung mit dem polnischen Königshaus gesehen hätte, in das bereits ihre Verwandte Anna eingeheiratet hatte. Schon 1402 hatte Sigismund nämlich erste Erbvereinbarungen mit den Habsburgern getroffen, die auf frühere Abkommen aus dem 14. Jahrhundert Bezug nahmen. Durch die Verlobung seiner Tochter mit dem Habsburger Albrecht erhoffte sich Sigismund nun (also 1411) vor allem außenpolitische Unterstützung: Sein Königreich Ungarn grenzte an das Herzogtum Österreich, insofern war eine friedliche dynastische Bindung ein starkes Argument.

In den nächsten Jahren, insbesondere zwischen 1411 und 1421, traten noch weitere Argumente für gute und belastbare Bündnisse hinzu. Diese ergaben sich aus den kirchenpolitischen Entwicklungen der Zeit. Die Reformbewegung der böhmischen Hussiten mündete in mehrere Kriege des katholischen Königs Sigismund gegen die Reformer, die das von seinem Bruder Wenzel (1361–1419) und später ihm selbst beherrschte Königreich Böhmen für Jahrzehnte prägten.

Angesichts dieser Entwicklungen musste dem Luxemburger Sigismund eine Verbindung mit dem Habsburger Albrecht noch attraktiver erscheinen. 1421 ließ er seinen Vorhaben Taten folgen und wandelte die zehn Jahre zuvor geschlossene Heiratsabsprache für Albrecht und Elisabeth in einen formellen Ehe- und Erbvertrag um. Dabei berief sich Sigismund explizit auf väterliche Traditionen, namentlich einen unter Karl IV. (1316–1378) ausgehandelten luxemburgisch-habsburgischen Erbvertrag (1364) bzw. eine erneuerte Erbverbrüderung (1366).

Erbverbrüderungen waren ein besonderes politisches Mittel, mit dem regierende Adelshäuser im Spätmittelalter ihren Einfluss und vor allem ihre Landesherrschaft für die Zukunft absicherten. Die Vertragsbestimmungen sahen in der Regel vor, dass im Fall des erbenlosen Todes einer Vertragspartei die familiären Erbansprüche an die Vertragspartner übergingen. Die Erbverbrüderung der Habsburger und Luxemburger im 14. Jahrhundert bedeutete also, dass beide Familien für den Fall der Erbenlosigkeit einander gegenseitig zu Nachfolgern bestimmten – das sollte sich besonders für die recht kinderarmen Luxemburger als bedeutsam erweisen. Gleichzeitig bargen solche Abkommen eine gewisse Brisanz, denn sie negierten jegliches Mitspracherecht der Vertreter der maßgeblichen Herrschaftsträger in den jeweiligen Ländern. Das konnte im Erbfall zu Konflikten führen.

Ergänzend zu den Vereinbarungen im Ehevertrag sicherte Sigismund seiner Tochter Elisabeth und deren Erben die Nachfolge in Böhmen, Mähren und Ungarn zu – freilich unter der Bedingung, dass Sigismund selbst kein Sohn mehr geboren würde; im Falle der Geburt einer weiteren Tochter Sigismunds sollte Elisabeth sich zwischen der böhmischen und der ungarischen Krone entscheiden können. Gleichzeitig führte Sigismund damit ein Charakteristikum seines Königtums fort: den Doppelanspruch auf die Königreiche Ostmitteleuropas und die Herrschaftsform der zwei- bzw. dreifachen Personalunion.

Im Jahr 1422, mitten in den Wirren der Hussitenkriege, wurde die Eheschließung zwischen Elisabeth und Albrecht in Wien gefeiert. Wie wichtig Elisabeth für die luxemburgische Familientradition sein und bleiben sollte, wurde in den Jahren nach ihrer Heirat immer deutlicher. In mehreren Quellen wurde sie von ihrem Vater als »rechtmäßige Erbin« in Böhmen, Mähren und Ungarn bezeichnet.[3] Elisabeth selbst wiederum – damit auch in der politischen Programmatik ganz Erbin ihres Vaters – berief sich noch lange nach dem Tod Sigismunds auf seine Person. Gleichzeitig wurde ihr Mann Albrecht für Sigismund eine wichtige politische, militärische und finanzielle Stütze, besonders während der Hussitenkriege. Als dem Habsburger in Mähren, dem östlichen Landesteil der Krone Böhmens, militärische Erfolge gelangen, übertrug König Sigismund ihm und Elisabeth 1423 die Markgrafschaft, eine Position, die das Vertrauen des römisch-deutschen Königs ebenso wie den regionalen Einfluss des Habsburgers zum Ausdruck brachte.

In den folgenden Jahren trat Albrecht V. immer wieder im Umkreis seines Schwiegervaters Sigismund von Luxemburg auf. Seine Position als Markgraf von Mähren und die familiären Bindungen schienen den jungen Habsburger als königlichen Nachfolger zu prädestinieren. Das sah offenbar auch Sigismund von Luxemburg ähnlich – wenngleich er den Fokus stärker auf seine Tochter Elisabeth legte.

Im November 1437, geschwächt durch seine Gichterkrankung und eine Operation, reiste der betagte Monarch (der seit 1433 auch Kaiser war) in die mährische Stadt Znaim (tschech. Znojmo). In einer öffentlichen Zeremonie verkündete er, wer seine Erben und Nachfolger sein sollten. Wenig überraschend waren das seine einzige Tochter Elisabeth und deren Ehemann Albrecht. Bis zuletzt hatte der große kaiserliche »Macher« die Fäden in der Hand: Sigismund legte den Ablauf seiner Totenfeier fest, ließ sich mit dem kaiserlichen Ornat kleiden, die Krone aufsetzen und begab sich auf den Thron. Dort verstarb der Kaiser am 9. Dezember 1437 – sitzend, wie zeitgenössische Chroniken berichteten.

Das ist ein interessantes Sinnbild: Während man seinem Nach-Nachfolger im königlichen sowie kaiserlichen Rang, dem Habsburger Friedrich III., später vorwarf, er habe nur »herumgesessen« und die Welt faul »im Sitzen regiert«, fand Sigismund auf dem Thron sitzend den Tod – nach 50 Jahren als König in Ungarn, 27 Jahren im römisch-deutschen Reich, 18 Jahren in Böhmen und vier Jahren als Kaiser.

Sigismunds Leichnam wurde drei Tage lang in Znajm aufgebahrt, ehe man ihn nach Großwardein (rum. Oradea, ungar. Nagyvárad) überführte. Hier, am Grab eines der ungarischen »Nationalheiligen«, des legendären Königs Ladislaus, war bereits Sigismunds erste Frau Maria von Anjou begraben – und hier, fernab von den Herrschaftszentren seiner mitteleuropäischen Reiche, wurde auch der letzte männliche Luxemburger beigesetzt. Während die meisten Könige oder Kaiser im römisch-deutschen Reich bestattet waren, entschied sich der Luxemburger für eine Begräbnisstätte in seinem ersten Königreich Ungarn. Die Verehrung des Heiligen Ladislaus und die damit verbundene politische Programmatik wusste auch Sigismunds Tochter Elisabeth zu nutzen, wie die Namenswahl für ihren 1440 geborenen Sohn Ladislaus Postumus bezeugt.

Während noch vielerorts im römisch-deutschen Reich, in Böhmen und in Ungarn Totenmessen für den verstorbenen Monarchen gelesen, öffentliche Prozessionen abgehalten oder Gedenkveranstaltungen zelebriert wurden, warf Sigismunds Tod bereits neue politische Fragen auf – darunter besonders jene seiner Nachfolge und die damit verbundene Diskussion, wer über die Bestimmung des Königs zu befinden habe.

Als erstes Land fand das Königreich Ungarn zu einer Entscheidung, wo nur eine Woche nach Sigismunds Tod dessen Schwiegersohn Albrecht zum König gewählt wurde – dies entsprach ganz den Wünschen des Verstorbenen. Die Herrschaftsübernahme Albrechts und Elisabeths verlief dennoch nicht ohne Proteste, denn in vielen Städten Ungarns rebellierten Bürger und Adelige gegen die Erhebung des Habsburgers. Taktisch klug nahmen Albrecht und Elisabeth jedoch rasch Verhandlungen mit ungarischen Großen auf. Deutlich zeigte sich in dieser krisenhaften Situation, dass dynastische Ansprüche und das Wahlhandeln der Magnaten nun bereits zusammengedacht wurden. Ähnlich wie sein Schwiegervater Sigismund musste nämlich auch Albrecht in Wahlbedingungen einwilligen, unter denen sich allgemeine Zusagen zur Achtung der geltenden Rechte und Versprechen zum Schutz des Königreichs befanden.

Einige Bestimmungen jedoch waren neu – so etwa die Verpflichtung Albrechts, bei der Verheiratung seiner Töchter auch den Rat der ungarischen Adeligen zu konsultieren. Offenbar wollten diese verhindern, dass die Thronfolge auch in Zukunft über Erbverträge geregelt würde. Das erklärt auch zum Teil, wieso es nach dem Tod Albrechts (1439) zu einem so heftigen Konflikt um seine Nachfolge und zur Befürwortung eines polnischen Gegenkandidaten durch viele ungarische Adelige kam.

Wenig später glückte Albrechts Regierungsantritt auch im römisch-deutschen Reich: Er wurde im März 1438 in Frankfurt von sechs Kurfürsten gewählt (nicht vertreten war allein der König von Böhmen – denn diese Position beanspruchte Albrecht in der Nachfolge seines Schwiegervaters selbst). Weil weder Albrecht noch ein Stellvertreter in Frankfurt anwesend waren, begab sich eine Gesandtschaft der Kurfürsten nach Wien, um den gewählten König (*rex electus*) zur Annahme der Wahl zu bewegen. Dass es Albrecht bei dieser Position aber nicht bewenden lassen wollte, zeigen seine frühen Urkunden, in denen er sich bereits »römischer König«, »König von Ungarn« und »gewählter König in Böhmen« nannte.

In dem konfessionell zwischen Hussiten und Katholiken gespaltenen Böhmen gestalteten sich die Dinge jedoch etwas schwieriger. Anfangs sah noch alles nach einem problemlosen Übergang aus: Ende Dezember 1437 hatte eine Mehrheit der böhmischen Stände – der Vertretungen der wichtigsten politischen Gruppen des Landes – Albrecht und Elisabeth unter Berufung auf Sigismunds testamentarische Vorgaben zu König und Königin erhoben. Im Sommer 1438 wurde Albrecht im Prager Veitsdom gekrönt. Obwohl Albrecht nach seiner feierlichen Krönung das wichtigste Einigungsdokument zwischen Katholiken und reformerischen Hussiten – die sogenannten Basler Kompaktaten – anerkannt hatte, formierte sich in der Folgezeit eine hussitische Gegenpartei, die lieber einen anderen Kandidaten auf dem böhmischen Thron sehen wollte: den jüngeren Bruder des polnischen Königs.

Aus diesem Grund blieb Albrecht in den nächsten Monaten in Böhmen und Schlesien – und war offenbar mit den bald auch kriegerischen Auseinandersetzungen um die böhmische Nachfolge so beschäftigt, dass er den freundlichen Einladungen aus dem römisch-deutschen Reich, zur Königskrönung in Aachen zu erscheinen, nicht Folge leistete. 1439 schließlich gelangen der Abschluss eines Waffenstillstands und die Aufnahme von Friedensverhandlungen mit Polen. Den Anlass für die temporäre Befriedung des Konflikts hatte wiederum die bedrängte Lage Ungarns gegeben: An den Südgrenzen musste sich das Königreich bereits der vorrückenden Osmanen erwehren, und seine Verteidigung war Aufgabe des Königs.

Während Albrechts Aufenthalt in Böhmen regierte in Ungarn Elisabeth gemeinsam mit den Mitgliedern des königlichen Rates. Wie zahlreiche Urkunden belegen, entschied sie in Rechtsstreitigkeiten, erließ Steuerpflichten und nahm sich der Verteidigungsanlagen des Reiches an. Als Ressourcen dienten ihr dabei vor allem Städte und Befestigungsanlagen im Norden Ungarns, die Albrecht ihr überlassen hatte und aus denen sie ihre Einkünfte schöpfte. Entsprechend pflegte die Königin vor allem zu den finanzkräftigen deutschen Bürgern dieser Städte enge Beziehungen; überdies suchte sie die Kooperation mit politisch und ökonomisch vermögenden Adeligen sowie erfahrenen Kriegsherren, während viele der weniger vermögenden und prominenten Adelsvertreter sie für ihre Politik scharf kritisierten.

Als Albrecht im Frühjahr 1439 wieder nach Ungarn kam – hier setzt der Bericht der Helene Kottannerin ein –, bemühte er sich bei einem Reichstag um die militärische Unterstützung der ungarischen Adeligen gegen die Osmanen. Als diese ausblieb, zog Albrecht mit Elisabeth ins Feldlager an der ungarisch-serbischen Grenze, wo er weiterhin auf ungarische Truppen wartete. Im Herbst 1439 erkrankte er jedoch an der Ruhr und sah sich zur Rückkehr gezwungen; um die bestmögliche medizinische Versorgung zu erhalten, wollte er nach Wien reisen. Knapp 200 Kilometer vor Wien endete seine Reise im ungarischen Neszmély (dt. Nessmühl), wo der erst 42-jährige König am 27. Oktober seiner Erkrankung erlag. Er war zwar Herr über drei Reiche, wurde aber nur mit zwei Kronen gekrönt – die römisch-deutsche Königskrone blieb ihm wegen seines frühzeitigen Todes verwehrt. Nach knapp zwei Jahren waren das römisch-deutsche Reich, Ungarn und Böhmen damit wieder ohne König. In allen Ländern begannen erneut und umgehend Auseinandersetzungen um Throne und Kronen, und in Ungarn war diesmal die Initiative der verwitweten Königin Elisabeth entscheidend.

Die Objekte der Begierde: Die Heilige Krone und die ungarischen Krönungsinsignien

Kronen und weitere Krönungsinsignien, also sinnstiftende Herrschaftszeichen, waren in allen europäischen Monarchien zentraler symbolischer Ausdruck einer rechtmäßigen Herrschaft. Krönungen mussten an dem dafür vorgesehenen Ort, durch die dazu bestimmte (geistliche) Person und mit den »richtigen« Insignien erfolgen. Aus diesem Grund war es mittelalterlichen Traditionen zufolge für Thronprätendenten entscheidend, im Besitz dieser Insignien zu sein.

Die Heilige Krone Ungarns und die mit ihr aufs Engste verknüpften Herrschaftstraditionen Ungarns bieten ein herausragendes Beispiel für die im mittelalterlichen Europa weithin vertretenen Vorstellungen der symbolischen Bedeutung von Macht und Herrschaft. Wie auch in anderen Ländern stand ungarischen Monarchen ein ganzes Set an Ausdrucksformen zur Legitimierung ihrer Herrschaft zur Verfügung: die Salbung und Krönung als geistliche Bestätigung ihrer Stellung und exklusive Zeichen der Macht, königliche Residenzen, repräsentative Darstellungen von Herrschern und Herrscherinnen in Bild und Text oder aber die Kulte dynastischer Heiliger.

Zur Königskrönung gehörten verschiedene zeremonielle Handlungen: das Aufsetzen der Krone (*coronatio*), die Weihe mit der Salbung an Rücken, Brust und Armen (*consecratio* und *unctio*), die Thronsetzung sowie auch alle weiteren Feierlichkeiten, die rund um das Ereignis abgehalten wurden. In Ungarn übernahm seit der Krönung des ersten Königs Stephan I. im Jahr 1000 der Erzbischof von Gran, der wichtigste geistliche Würdenträger des Landes, die leitende Rolle in dieser Zeremonie: Er übergab dem künftigen König die Herrscherinsignien, salbte ihn und setzte ihn auf den Thron. Spätestens im 12. Jahrhundert gehörten die Krone, das Zepter und der Krönungsmantel zu den Insignien, die bei der Krönungszeremonie zum Einsatz kamen. Zudem fanden eine Lanze, ein Reichsapfel und ein Schwert bei Krönungen Verwendung.

Obwohl heute die Heilige Krone als berühmtestes Stück in dieser Gruppe gilt, ist sie nicht die älteste ungarische Herrschaftsinsignie: Das ist vermutlich das Zepter, das zu Beginn des 11. Jahrhundert hergestellt worden sein dürfte. Noch genauer lässt sich der Krönungsmantel datieren: Er wurde im Jahr 1031 im Auftrag von König Stephan I. und seiner Frau Gisela (gest. um 1065) als Messgewand angefertigt – möglicherweise anlässlich ihres 30-jährigen Krönungsjubiläums – und später zum Krönungsgewand umgewandelt. Das über vier Kilogramm schwere Messgewand ist aus blau-lilafarbener byzantinischer Seide gefertigt und in Gold mit verschiedenen Figuren und Szenen bestickt. Stephan I. und Gisela schenkten es, wie eine eingestickte Aufschrift auf dem Mantel verrät, der Frauenkirche in Stuhlweißenburg. In dieser nordöstlich des Plattensees gelegenen Stadt hatte Stephan I. eine Basilika errichten und der Heiligen Jungfrau Maria weihen lassen, einen dreischiffigen Kirchenbau mit vier Türmen, dessen Ausmaße und prachtvolle Ausstattung schon die Zeitgenossen zum Staunen brachten.

Mit der Privilegierung der Kirche folgte König Stephan einem Modell, das vor allem im karolingischen Europa bekannt geworden war: Er schuf ein sakrales Zentrum mit einer königlichen Kapelle, die nicht unter der Oberhoheit eines Bischofs stand – das wohl berühmteste Vorbild dieses Modells war die Gründung Karls des Großen (gest. 814) in Aachen. Etwa zeitgleich mit der Weihe der Basilika wurde eine Pilgerstraße eröffnet, die Stuhlweißenburg mit Westeuropa verband. Angesichts dieser engen Bindung der Stadt an die Personen von König und Königin erschien es nur folgerichtig, dass die Basilika in Stuhlweißenburg in der Zeit nach Stephan I. (der selbst vermutlich noch in Gran gekrönt worden war) zum zentralen Krönungsort ebenso wie zur Königsgrablege aufstieg: Zwischen 1038 (Krönung Peters Orseolo [gest. 1046], des Nachfolgers Stephans I.) und 1527 (Krönung des Habsburgers Ferdinand I. [1503–1564]) wurden alle ungarischen Könige in Stuhlweißenburg gekrönt.

Die Heilige Krone, die in Erinnerung an Stephan I. häufig auch Stephanskrone genannt wird, stammt dagegen gar nicht aus der Zeit Stephans I. Vermutlich ging die Krone, mit der Stephan selbst gekrönt worden war, nämlich in den Thronstreitigkeiten nach seinem Tod verloren. Die Heilige Krone, die heute im ungarischen Parlament in Budapest besichtigt werden kann, wurde dagegen gegen Ende des 11. Jahrhunderts angefertigt und bestand ursprünglich aus zwei Diademen: Den unteren Teil bildet eine goldene Reifenkrone, auch griechische Krone (*corona graeca*) genannt. Sie enthält zehn Bildplatten in byzantinischem Stil, verschiedenfarbige kostbare Edelsteine sowie griechische Inschriften. Die wichtigste bildliche Darstellung befindet sich vorn: Sie zeigt Christus als Weltenherrscher – man nennt dieses Motiv Christus Pantokrator. Die weiteren Bilder stellen byzantinische Kaiser, einen ungarischen König sowie verschiedene Heilige dar.

Auf dieser Reifenkrone wurden zwei goldene Bänder in Bügelform befestigt – dieses zweite Diadem wird lateinische Krone (*corona latina*)

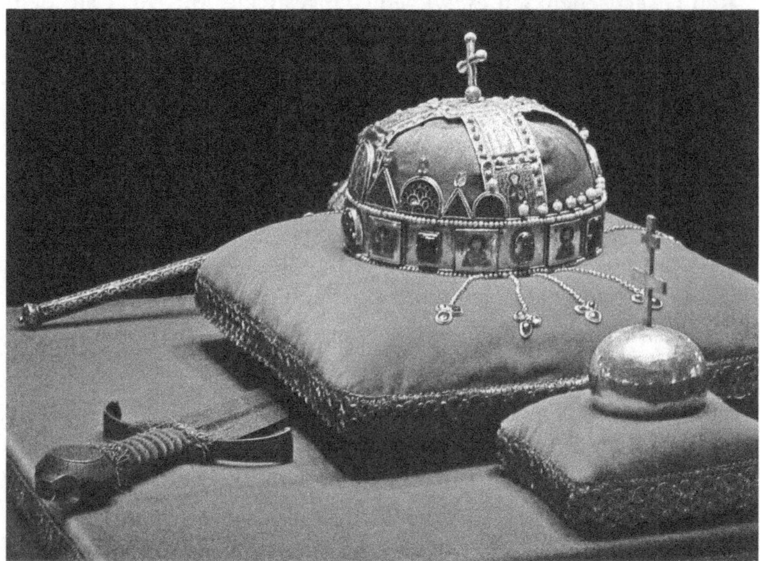

Abb. 12: Insignien für die ungarische Krönung: Heilige Krone, Zepter, Schwert und Reichsapfel, ausgestellt im ungarischen Parlament

genannt, weil es lateinische Inschriften aufweist. Diese Bezeichnung ist jedoch irreführend, denn vermutlich stammt auch dieser Teil aus der griechischen Ostkirche. Die Bügel sind ebenfalls mit verschiedenen Bildern geschmückt, die erneut Christus Pantokrator sowie acht Apostel zeigen. Christus zu erkennen ist allerdings schwierig: Sein ganz oben auf der Krone befindliches Bild wurde später (sicher vor der Mitte des 16. Jahrhunderts) durchbohrt, um ein Kreuz anzubringen. Wann genau und wie das Kreuz seine bis heute charakteristische schiefe Form erhielt, ist nicht geklärt; spätestens ab dem 17. Jahrhundert aber dürfte es verbogen gewesen sein.

Die Verbindung von lateinischen und griechischen Symbolen war Ausdruck der engen politischen Beziehungen zwischen Ungarn und Byzanz im 11. Jahrhundert: In den 1070er-Jahren hatte der byzantinische Kaiser Michael VII. Dukas (gest. 1090) dem ungarischen Thronanwärter Géza I. (gest. 1077) als Zeichen seiner Verbundenheit eine Krone geschickt – das war die untere Reifenkrone (*corona graeca*) der Heiligen Krone. Die Ausgestaltung der Krone sollte symbolisch zum Ausdruck bringen, dass Géza nun zur »Familie« der byzantinischen Kaiser gehörte: Auch deshalb findet sich neben Bildern von Michael VII. Dukas und seinem Sohn als Mitkaiser ein Bild von Géza selbst als ungarischem König auf der Krone.

Die Bezeichnung der Heiligen Krone als Stephanskrone ist also ahistorisch. Sie lud die Krone rückwirkend mit symbolischer Bedeutung auf. Wie wirkmächtig die Verbindung mit dem legendären ersten König aber war, zeigte sich in den folgenden Jahrhunderten: Schon im 13. Jahrhundert ging man fest davon aus, dass ungarische Könige mit den Krönungsinsignien Stephans I. gekrönt wurden, und entwickelte zudem die Idee, dass die Krone »heilig« sei. Auf dieser Grundlage konnte um 1400 auch das Verständnis der Krone als Sinnbild und Repräsentation des gesamten Königreichs entstehen, dessen sich später, im Streit um die Thronfolge des Ladislaus Postumus, beispielsweise die Befürworter des polnischen Thronkandidaten bedienten. Auch Helene Kottannerin verweist an gleich mehreren Stellen explizit auf die Tradition der Insignie: Mit der Heiligen Krone seien nicht nur Stephan I. selbst, sondern auch die folgenden Könige gekrönt worden – eine Reihe, in die sie ihren Schützling Ladislaus Postumus ebenfalls gestellt sehen möchte.

Die Traditionen der ungarischen Krönungszeremonie bildeten sich über Jahrhunderte aus. Helene Kottannerin dagegen formulierte in ihrem Text aus diesen Gepflogenheiten, mit denen sie im 15. Jahrhundert vertraut war, sogar eine programmatische Regel, um die Rechtmäßigkeit der Krönung von Ladislaus Postumus zu untermauern: »Denn sie haben drei Gesetze im Königreich Ungarn und meinen, dass man nicht rechtmäßiger König ist, wenn eines dieser Gesetze nicht erfüllt wird. Das erste Gesetz lautet, dass ein König von Ungarn mit der Heiligen Krone gekrönt werden soll; das zweite, dass ihn der Erzbischof von Gran krönen soll; das dritte, dass die Krönung in Stuhlweißenburg stattfinden soll. Die drei Gesetze sind beim edlen König Ladislaus vollkommen eingehalten worden, und an demselben Tag, als Seine Gnaden gekrönt wurde, ist er genau zwölf Wochen alt gewesen.«

Möglicherweise war die Formulierung dieser Regel aber auch einfach den Umständen von Ladislaus' Krönung geschuldet – immerhin stand 1440 allein die von Helene entwendete Heilige Krone zur Verfügung, nicht aber die übrigen Insignien. Die nahezu literarische Überhöhung der Heiligen Krone, die nach der Krönung sogar allen Schaulustigen zur Authentifizierung gezeigt wird, diente somit der Legitimation von Ladislaus' Krönung; vielleicht sollte sie aber auch den Makel der fehlenden Insignien wettmachen. Dennoch lässt es Helene nicht dabei bewenden: Zumindest am Rande berichtet sie nämlich, dass bei der Krönung auch ein Schwert, Zepter und Apfel eingesetzt worden seien – eine Behauptung, die, wie wir aus dem Verlauf ihrer Geschichte wissen, nicht korrekt sein kann, denn die übrigen Insignien befanden sich weiter in der Plintenburg. Einmal mehr zeigt sich hier, wie stark Helenes Text auf die Rechtfertigung und Absicherung des jungen Ladislaus Postumus abzielt: Ihm steht die Heilige Krone nicht nur aus dynastischen Gründen zu, er wird gemäß ihrer Darstellung auch »formkorrekt« unter Befolgung der von Helene formulierten Regeln gekrönt, und schließlich stehen für seine Krönung (wundersamerweise) auch weitere wichtige Insignien zur Verfügung.

Anders als es die auch bei Helene anklingende Überzeugung von einer unverrückbaren Tradition mit festen Regeln und Gewissheiten vermuten lässt, ging die Heilige Krone bereits im Mittelalter immer wieder auf Reisen – wenn auch nicht immer freiwillig: Im Zuge des »Interregnums« um 1300 etwa gelangte sie im Gepäck verschiedener Thronanwärter bis nach Böhmen, bevor sie wieder nach Ungarn zurückkam. Im 15. Jahrhundert gelangte sie dann durch Helene Kottannerin und Elisabeth nach Wiener Neustadt, wo sie für fast 25 Jahre blieb, bevor dem berühmten Renaissancekönig Matthias »Corvinus« (1443–1490) die Auslösung und Rückführung nach Ungarn gelang.[4]

Ursprünglich wurde die Krone in Stuhlweißenburg aufbewahrt und unterstand der Obhut des dortigen Dompropstes. Möglicherweise schon im 14. Jahrhundert, spätestens aber im 15. Jahrhundert wurde die Heilige Krone an neue Aufbewahrungsorte gebracht. So ließ König Sigismund sie zunächst noch in der königlichen Burg von Ofen verwahren, in die er auch seine Residenz verlegt hatte.[5] Zuständig für die Bewachung der Krone waren danach der Erzbischof von Gran, der von Helene Kottannerin ebenfalls erwähnte Georg Pálóci (gest. 1439) sowie der Landesrichter.

Die Verwahrung der Heiligen Krone auf der Plintenburg ging auf eine Entscheidung von Sigismunds Nachfolger Albrecht zurück, wie wir aus Helenes Bericht erfahren: Albrecht und Elisabeth überredeten die Brüder des bald nach der Krönung verstorbenen Erzbischofs Georg, ihnen die Königskrone auf die Plintenburg mitzugeben und überließen sie hier der Obhut des Grafen Georg Bazini; als auch Albrecht kurz danach starb, wurde die Krone dem Schutz der Königin übergeben, die den unbeschadeten (*sine defectu*) Empfang von Krone und Insignien im November 1439 urkundlich bestätigte.[6] Um sicherzugehen, dass sie noch an Ort und Stelle war, ließen die Königin und ungarische Große 1439 die Schatzkammer untersuchen und neu versiegeln, wie auch Helene berichtet. Königin Elisabeth beauftragte schließlich ihren Vetter und Vertrauten Ladislaus Garai mit der Bewachung der Krone und der Insignien auf der Plintenburg.

Was aber tun, wenn die Heilige Krone einmal nicht zur Verfügung stand – beispielsweise, weil sie sich im Besitz der politischen Gegner befand? Dann mussten kreative Lösungen gefunden werden: 1304 setzte der böhmisch-ungarische König Wenzel III. (1289–1306) vor allem auf den Bezug zu Stephan I. Weil er im Thronstreit des »Interregnum« in Legitimationsnöten war, verwendete er bei einer Festkrönung zusätzlich zur Heiligen Krone demonstrativ auch eine Stephansreliquie. Sein Konkurrent Karl I. von Anjou (1288–1342) musste sich wenig später sogar mit einer Ersatzkrone behelfen. Weil ihm das aber defizitär erschien, ließ er sich nach Durchsetzung seiner Herrschaft zur Sicherheit noch einmal (insgesamt zum dritten Mal!) krönen – diesmal mit der ersehnten Heiligen Krone, die die Rechtmäßigkeit seiner Herrschaft untermauern sollte.

Auch die ungarischen Großen, die im Sommer 1440 gegen Elisabeth und ihre Unterstützer schließlich doch noch die Königswahl des Polen Władysław III. durchsetzten, konnten die Heilige Krone nicht verwenden – weil sie ja Helene aus der Plintenburg entwendet hatte. Sie argumentierten deshalb kurzerhand, dass ihnen als Vertretern der Krone des Königreichs (*corona regni*) die Entscheidungsgewalt auch über die Auswahl und somit Legitimierung der Krone zustehe: »Die Krönung eines Königs hängt immer vom Willen der Landesbewohner ab, und die Kraft und Wirksamkeit der Krone erfordert ihre Zustimmung«.[7]

Das war ein bedeutender Schritt. Denn einerseits stellten die ungarischen Großen angesichts der damals aktuellen Bedrohung Ungarns durch das Osmanische Reich anstelle der dynastischen Tradition und des damit verbundenen Wertes der »richtigen« Krönungsinsignien ihren Konsens als Landesvertreter und ihre Fähigkeit, über die Eignung eines Kandidaten zu befinden, in den Vordergrund. Die legitimatorische Kraft der »abwesenden« Heiligen Krone konnten sie auf dieser Grundlage auch für eine Ersatzkrone geltend machen. Deren symbolische Notwendigkeit stand andererseits aber offenbar ebenfalls außer Frage: Ganz ohne Krone und Insignien konnten und wollten auch die ungarischen Magnaten keinen König anerkennen.

Die Personen im Umfeld der Königsfamilie

Wer aber waren die ungarischen Großen, die in Helenes Bericht sowohl in den Reihen von Elisabeths Partei als auch in denen ihrer Gegner auftauchen – so etwa Angehörige der Familien Pálóci, Rozgonyi, Garai, Tallóci (kroat. Talovac) oder Cilli? Diese und eine Reihe weiterer Namen lassen sich mit alteingesessenen Familien, umfassenden Besitzungen, wichtigen Ämtern und ansehnlichen politischen Traditionen assoziieren – kurzum: mit dem Ansehen und der Stellung ungarischer Adeliger.

Seit dem frühen 13. Jahrhundert lässt sich die Gruppe ungarischer Adeliger genauer beschreiben. Zunehmend fand in dieser Zeit nämlich die Bezeichnung *baro* (Pl. *barones*) Verwendung – sie kennzeichnete besonders vermögende Magnaten mit großen Besitzungen. Immer häufiger verwendeten solche Großen nun auch den Namen ihrer wichtigsten Besitzungen oder Burgen als Namenszusatz: Damit markierten sie neben ihrer Herkunft auch die Rechtmäßigkeit ihres Besitzes. Mit der so etablierten Bezeichnung eines Familiennamens waren häufig auch symbolische Maßnahmen wie die einer Familie gemeinsame Verehrung von Heiligen zusammen mit der Bindung an bestimmte Klöster oder die Verwendung von Herrschaftszeichen wie Wappen verknüpft. So entstanden allmählich einzelne Adelsfamilien, entwickelten eine gemeinsame Identität und stellten diese nach außen dar.

Auch wegweisende rechtliche Bestimmungen zu den Befugnissen der ungarischen Adeligen datieren ins 13. Jahrhundert: Im Jahr 1222 erließ König Andreas II. (gest. 1235) die sogenannte ungarische Goldene Bulle, ein königliches Gesetz, das in schriftlicher Form als Urkunde von der königlichen Kanzlei veröffentlicht und mit einem goldenen Siegel versehen wurde – daher der Name. Neben verschiedenen Bestimmungen zu Steuern, Gerichtsbarkeit, Kriegsdienst sowie Rechten und Pflichten formulierte Andreas II. darin auch ein allgemeines Widerspruchsrecht der Adeligen. Die Bestimmungen der Goldenen Bulle avancierten damit zu einer grundlegenden Verpflichtung, die von König und Adeligen gleichermaßen einzuhalten war. Und obwohl die Entstehung des Textes vor dem Hintergrund der internen Debatten um die Herrschaft von Andreas II. zu sehen ist, fügte er sich zugleich in einen europäischen Trend ein: Auch in anderen Ländern Europas mussten Könige seit dem 13. Jahrhundert den adeligen Eliten umfassende Privilegien über Rechte und Sonderbefugnisse zugestehen, um sich deren Unterstützung zu sichern.

In der Zeit Andreas' II. konnte die Goldene Bulle zunächst nur eine kurzzeitige Wirkung entfalten. Knapp zehn Jahre später (1231) jedoch wurde das Privileg bereits auf kirchlichen Druck hin erneuert und modifiziert. In den folgenden Jahrhunderten wurde das Dekret von 1222 von mehreren Königen Ungarns immer wieder bekräftigt und teilweise erweitert. Als König Ludwig I. (1326–1382) 1351 die Rechtskraft der Goldenen Bulle von 1222 bestätigte, ließ er überdies festhalten, dass allen Adeligen – unabhängig von der Größe ihres Besitzes oder ihrer Position in der Ämterhierarchie – *una et eadem libertas*, »ein und dieselbe Freiheit«, also dauerhaft bestimmte Sonderrechte zukommen sollten. Dazu gehörten die grundsätzliche Steuerfreiheit und das Erbrecht in männlicher Linie. In der Praxis kam es allerdings laufend zu sozialen Differenzierungen adeliger Gruppen, die sich grob in Magnaten sowie den mittleren und den einfachen Adel einteilen lassen.

Ungeachtet dessen kam es in der Herrschaftszeit Sigismunds von Luxemburg zu neuen Dynamiken: Waren vorher die vornehmsten, vermögendsten und alteingesessenen Familien des Landes als *barones* bezeichnet worden, so wurde der Titel eines *baro* zunehmend solchen Adeligen vorbehalten, die ein königliches Amt ausübten. Mit der Ernennung war somit auch die Möglichkeit eines sozial-funktionalen Aufstiegs verbunden – eine Maßnahme, der sich vor allem Sigismund von Luxemburg bediente. Um welche Ämter aber handelte es sich? Die zentralen Positionen waren die des Palatins, der in Abwesenheit des Königs als dessen Statthalter fungierte, des Wojewoden von Siebenbürgen, des Landrichters, der *bani* (Sg. *banus*/Ban) als militärische Statthalter, des Tarnack- bzw. Schatzmeisters sowie die traditionellen Hof- bzw. Ehrenämter des Marschalls, Truchsessen, Mundschenks oder Türhüters.

Die ungarischen Großen, die in Helenes Bericht Erwähnung finden, sind vornehmlich der zuletzt genannten Gruppe vermögender Adeliger zuzuordnen, deren Vertreter soziale Herkunft und herausragende Ämter verbanden. Viele von ihnen spielten bereits in der Zeit Sigismunds eine wichtige Rolle, und bei vielen von ihnen scheinen sich die Loyalitäten aus dieser Zeit erhalten zu haben: Mehrere Gefolgsleute Sigismunds stellten sich auch auf die Seite seiner Tochter Elisabeth. Zu ihnen gehörte Ladislaus Garai, der einer der mächtigsten und reichsten Adelsfamilien Ungarns entstammte. Der Besitz der Familie Garai umfasste große Ländereien im Königreich Ungarn, die von Waitzen (ungar. Vác) und Wesprim im Westen bis Temesch im Osten reichten. Beträchtliche Erträge wurden hier aus großen Waldgebieten, Weinanbau sowie Viehzucht erwirtschaftet. Wie wichtig die Familie auch im politischen Leben des Landes war, zeigen die Ämterbesetzungen des 14. und 15. Jahrhunderts: Mehr als fünf Jahrzehnte lang kam der Palatin, der Inhaber des höchsten Amtes im Reich, aus der Familie Garai.

Auch Ladislaus Garai – ein Cousin Königin Elisabeths über die Mütter der beiden – wurde später Palatin, allerdings erst während der Königsherrschaft des Ladislaus Postumus. Seine wechselvolle Karriere in den Jahrzehnten davor kündet von den Dynamiken im Verhältnis zur Königsfamilie um Elisabeth und Ladislaus Postumus, die auch Helene Kottannerin eindrücklich beschreibt. Ladislaus Garai war von 1431 bis 1442 (also dem Jahr, in dem Elisabeth starb) Vorsteher des Banats Macsó im heutigen Serbien. Während der auf Elisabeths Tod folgenden Königsherrschaft des Polen Władysław III. bis zur Schlacht von Varna (1444) hatte Ladislaus Garai keine höheren Ämter inne. Erst 1445 wurde er als Ban von Macsó restituiert und stieg 1447 sogar zum Palatin auf, also während der Regentschaft des *gubernators* Johannes Hunyadi für den minderjährigen Ladislaus Postumus. Helene Kottannerin charakterisiert Ladislaus Garai anfänglich als ihrer Herrin Elisabeth treu ergeben: Er war es, dem die Königin die Plintenburg anvertraute und später auch den Schutz ihres Kindes. Später jedoch wechselte er die Seiten und schloss sich der »polnischen« Partei an – ein Sinneswandel, der möglicherweise der pragmatischen Einsicht in Mehrheitsverhältnisse und politische Notwendigkeiten geschuldet war.

Damit war er freilich nicht der Einzige: Auch Laurenz Hédervári, der frühere Marschall Sigismunds von Luxemburg und amtierende ungarische Palatin, und Matko Tallóci (gest. 1445), der Ban von Slawonien, Dalmatien und Kroatien, zeigen im Lauf der Geschichte unterschiedliche Loyalitäten. Freilich erregen sie damit das Misstrauen von Elisabeth, die ihre abtrünnigen Parteigänger immer wieder auf die Probe stellt. Preist etwa Laurenz im direkten Gespräch mit Helene noch die Bedeutung des neugeborenen Ladislaus Postumus, so berichtet diese bald kritisch von seinen »schönen Worten« gegenüber der Königin und entlarvt ihn später als Anführer der »polnischen Partei«. Ladislaus Garai indes rückt in Helenes Bericht nach seinem Parteiwechsel erkennbar in den Hintergrund: Schenkt sie ihm vorher noch viel Aufmerksamkeit, so berichtet sie am Ende lediglich resigniert, der Ban sei trotz Geleitschutzes vom Polenkönig bei dessen Vorbereitungen auf seine eigene Krönung in Ungarn verhaftet worden.

Seit dem 15. Jahrhundert – und damit der Gruppe der »Aufsteiger« unter Sigismund zuzurechnen – etablierte außerdem die Familie der Pálóci, deren Besitzungen sich in Nordungarn befanden, eine wahre Ämterdynastie. Nachdem die Brüder Matthias (gest. 1436) und Emmerich (gest. 1433) unter Kaiser Sigismund zu Kanzlern (Geheimkanzler und Erzkanzler) aufgestiegen waren, beförderten sie die kirchliche Karriere ihres Bruders Georg: Er wurde zuerst Bischof von Siebenbürgen und schließlich sogar Erzbischof von Gran. Dieses beachtliche Familiennetzwerk registriert auch Helene, als sie die Brüder des im Mai 1439 verstorbenen königstreuen Georg nicht nur in ihrer Funktion als Kronenhüter (die ihnen dann entzogen wurde), sondern gleich zu Beginn ihrer Darstellung bereits als politische Gegner König Albrechts II. einführt.

Ganz anders dagegen beschreibt Helene vom Beginn bis zum Ende ihrer Geschichte Ulrich II. von Cilli als »getreuen Freund«[8] der Königin. Er war über seine Tante Barbara von Cilli ein Cousin von Königin Elisabeth. Da die familiären Besitzungen sich über weite Teile des heutigen Sloweniens erstreckten, avancierten die Grafen von Cilli (gest. 1456) im 15. Jahrhundert bald zu wichtigen Vermittlern im Konkurrenzverhältnis zwischen den Luxemburgern in Ungarn und den Habsburgern in Österreich. Die Ehe zwischen Sigismund von Luxemburg und Barbara, der Tochter des Grafen Hermann II. von Cilli (gest. 1435), wird zumeist als Festigung des luxemburgischen Einflusses in dieser Region gewertet. Allerdings pflegte Barbara von Cilli zeit ihres Lebens eine sehr eigenständige Politik und scheute mitunter auch nicht davor zurück, sich gegen den eigenen Ehemann (Sigismund) oder später gegen die eigene Tochter (Elisabeth) zu stellen.

Nach dem Tod von Barbaras Vater Hermann II. übernahmen Hermanns Bruder und Neffe – Friedrich (gest. 1454) und Ulrich von Cilli (gest. 1456) – die Herrschaft über die Grafschaft. Ulrich positionierte sich dabei konsequent zugunsten des Luxemburgers Sigismund und wurde dafür (genau wie sein Vater) 1436 mit der Erhebung zum Reichsfürsten belohnt. Neben strategischen Erwägungen mag es auch die verwandtschaftliche Nähe zur Herrscherfamilie gewesen sein, die Ulrichs Treue begründete – das ist jedenfalls das Bild, das Helene Kottannerin zeichnet: Ulrich von Cilli organisiert anlässlich der Geburt seines Großcousins Ladislaus Postumus ein Freudenfest, weicht Elisabeth während der folgenden schwierigen Wochen nicht von der Seite, agiert als Vermittler zu der polnischen Konkurrenzpartei und wird zu Elisabeths wichtigstem Ratgeber zusammen mit Helene selbst. Zum Dank erhält er bei der Krönungszeremonie eine prominente Rolle: Nicht nur stiftet er das Schwert, mit dem Ladislaus Postumus zum Ritter geschlagen wird, er darf dem jungen König während der Messe und dem folgenden Festzug sogar die Krone über den Kopf halten. Seine Königstreue bezahlt Ulrich von Cilli schließlich teuer. Wie bereits Helene berichtet, wird einer seiner Diener noch auf dem Rückzug der Königsfamilie in Raab erschlagen, er selbst gerät bald darauf in polnische Gefangenschaft.

In den folgenden Jahrzehnten wurde die Situation Ulrichs von Cilli politisch noch komplizierter: In Österreich agierte er als Statthalter für den jungen Ladislaus Postumus und verstrickte sich hier später in Auseinandersetzungen mit Ulrich von Eitzing; in Ungarn focht er mit dem *gubernator* Johannes Hunyadi einen Konflikt über Ansprüche auf Bosnien aus. Nach dem Tod Hunyadis im Herbst 1456 ernannte Ladislaus Postumus seinen treuen Verwandten und Gefährten zum neuen *gubernator* des ungarischen Königreichs; Ulrich wurde jedoch schon wenige Wochen später von Ladislaus Hunyadi (gest. 1457), dem erstgeborenen Sohn seines Amtsvorgängers, in Belgrad ermordet.

Vertreter der österreichischen Erbländer sind in Helenes Bericht deutlich weniger zu finden. Der prominenteste unter ihnen war sicherlich Herzog Albrecht VI., der jüngere Bruder König Friedrichs III. Herzog Albrecht VI. hatte Elisabeth seit dem Tod ihres Gatten (und seines Cousins) von Beginn an in den Bestrebungen für die Thronfolge ihres Sohnes Ladislaus unterstützt; sie hatte ihn ihrerseits zunächst zum Vormund für Ladislaus ernannt (10. April 1440). Später musste er die Vormundschaft zugunsten seines Bruders aufgeben. Die Opposition zwischen den beiden blieb ihr Leben lang aufrecht. So verbündete sich Albrecht VI. gegen seinen königlichen Bruder unter anderem mit Ulrich von Cilli.

Daneben spielt ein weiterer Protagonist der späteren Auseinandersetzungen um die habsburgische Erbfolge in Österreich bereits in Helenes Darstellung eine Rolle: Der aus einer Ritterfamilie im Innkreis stammende Ulrich von Eitzing hatte durch eine kluge Heiratsverbindung die Grundlage für seinen sozialen und politischen Aufstieg gelegt: Über seine Ehe mit Barbara Kraft gelangte er nicht nur an große Besitzungen (die er nach und nach um Ländereien in Nieder- und Oberösterreich erweiterte), sondern auch an gute Kontakte zum habsburgischen Herzogshof. Am Hof Albrechts II. fungierte Ulrich als Hubmeister, also als Leiter der fürstlichen Finanzen, und übernahm zudem wichtige militärische Funktionen; sichtbar markierte 1439 die Erhebung in den Freiherrenstand die steile Karriere Eitzingers. Nach dem Tod Albrechts II. stellte sich Ulrich auf die Seite Elisabeths und ihres Erben Ladislaus Postumus, wie uns Helene berichtet. Als zu Beginn der 1450er-Jahre die Kritik gegenüber Friedrich III. wuchs, wurde Ulrich zu einer führenden Stimme dieser Opposition. Maßgeblich auf seine Initiative hin bildete sich 1451 ein Bündnis von rund 250 ober- und niederösterreichischen Großen aus den Reihen der Landstände, der sogenannte Mailberger Bund (1451/52): Programmatisch forderten sie von Friedrich III. die Entlassung seines

Abb. 13: Darstellung von Ladislaus Postumus. Kunsthistorisches Museum Wien, Gemäldegalerie, Inv.-Nr. 2984

Mündels Ladislaus Postumus aus der Vormundschaft und setzten sich nach etlichen Auseinandersetzungen schließlich durch: Friedrich III., der Ladislaus Postumus 1452 noch zu seiner Kaiserkrönung nach Rom mitgenommen hatte, musste nach der Rückkehr in Österreich Ladislaus Postumus aus der Vormundschaft entlassen.

Helene Kottannerin und ihre Familie

Was aber wissen wir über Helene Kottannerin und ihre eigene Familie? So selbstbewusst Helene ihre Rolle als Vertraute der Königin und Erzieherin von deren Kindern in Szene setzt, so wenig erzählt sie über ihren persönlichen Hintergrund. Nur an zwei Stellen in ihrem Bericht erwähnt sie engste Familienangehörige: einmal zu Beginn, als Elisabeth sie mit der Aufgabe des »Kronenraubs« betraut, den Helene ein großes Wagnis für sich selbst und ihre kleinen Kinder nennt; und einmal am Ende, als sie durch die Trennung der Königsfamilie auf der Flucht ihren Mann, den »Kottanner«, und ihre Tochter Katharina bei der Königstochter in Raab zurücklassen muss. Als die Königin ihrer Vertrauten unmittelbar nach der Krönung ihres Sohnes eine Belohnung in Aussicht stellt, erstreckt sich deren Umfang auf Helene und ihre ganze Familie. Weitere Informationen zur Familie Kottanner lassen sich aus der guten urkundlichen Überlieferung zwischen etwa 1430 und 1490 gewinnen.

Helene wurde um 1400 wahrscheinlich im westungarischen Ödenburg als Tochter des Peter Wolfram geboren und war in erster Ehe mit Peter Gelusch (ungar. Székeles, gest. um 1430) verheiratet, mit dem sie einen Sohn namens Wilhelm hatte. Helenes erster Lebensmittelpunkt war also jene Stadt im Grenzgebiet zwischen dem Königreich Ungarn und den österreichischen Ländern, in der schließlich die letzte Etappe ihres Reiseberichts endete. Ihre Muttersprache war wohl Deutsch; dass sie als Erwachsene zwar ein wenig Ungarisch verstanden haben muss, aber offenbar kaum aktiv sprach, geht aus mehreren Passagen ihres Berichts hervor, in denen sie auf die Verständnisschwierigkeiten mit ihrem Gefährten beim »Kronenraub« eingeht, der seinerseits nur Ungarisch sprach.

Helenes deutlich älterer erster Ehemann ist bereits 1402 als Ratsherr im Ödenburger Stadtrat und ab 1408 viele Jahre hindurch als Bürgermeister von Ödenburg bezeugt. Helenes Vater überlebte seinen Schwiegersohn um mindestens vier Jahre, wie aus einer Urkunde über einen Rechtsstreit 1435 hervorgeht. Ihre Mutter ist nach dem Tod des

Schwiegersohns 1431 als in dessen Haus wohnhaft bezeugt und blieb auch in Ödenburg, als Helene aufgrund ihrer zweiten Eheschließung nach Wien zog. Sie ist zuletzt im Jahr 1442 nachweisbar, jenem Jahr, in dem auch Königin Elisabeth starb.

Helenes zweite Eheschließung mit dem deutlich jüngeren Wiener Bürger Johann Kottanner[9] ist durch zwei Urkunden aus dem Jahr 1432 belegt. Johann war Kammerherr des Wiener Dompropstes, der sich ebenso wie der Wiener Stadtrat beim Ödenburger Stadtrat für die Heirat des Paares einsetzte; die Dokumente erwähnen ausdrücklich die Zustimmung der Verwandten beider Partner. Das Paar bekam mehrere Kinder, und Johann vertrat 1435 gemeinsam mit seinem Schwiegervater auch Helenes Sohn Wilhelm aus erster Ehe in einem Rechtsstreit um eine Liegenschaft in Ödenburg. Zwei Jahre später wurde ihre Verbindung in einer weiteren Geldangelegenheit abermals aktenkundig.[10]

Johann ist in den 1430er-Jahren mehrfach in weiteren Wiener Urkunden dokumentiert, was auf eine solide wirtschaftliche und soziale Position der Familie in der Stadt verweist. Helene ist ihrerseits am Hof des späteren Königs Albrechts II. und seiner Frau Elisabeth von Luxemburg seit 1436 – dem Geburtsjahr von deren gleichnamiger Tochter – bezeugt. Sie dürfte rund zehn Jahre älter als ihre Herrin gewesen sein und wohl schon vor der Fahrt nach Ungarn 1439 als Erzieherin der damals dreijährigen Königstochter fungiert haben – jener Reise, auf die sie auch Ehemann und Kinder mitnahm. Wann genau Helene schließlich aus Ödenburg nach Wien zurückkehrte und wo und wie sie wieder mit ihrer eigenen Familie zusammentraf, lässt sich nicht rekonstruieren.

In Wien jedenfalls lebte sie in einem gut ausgestatteten Haus; zu ihrem offenbar stattlichen Besitz gehörte mindestens ein Weingarten. Um diesen Besitz zu schützen, aktivierte Helene ihre Beziehungen zum Vormund ihres Schützlings Ladislaus Postumus, dem Habsburger Herzog und römisch-deutschen König Friedrich III. 1451 antwortete dieser auf Helenes Beschwerde über einen säumigen Schuldner namens Peter Engelhartstetter; dieser war Friedrichs Hubschreiber, besetzte also ein wichtiges Amt für Finanzen. Friedrich III. verkündete daraufhin in einer Mitteilung an die Stadt Wien, dass Helene Kottannerin in dieser Angelegenheit recht habe und sämtliche Forderungen an sie zu zahlen seien.[11] Auch die Kontakte zu ungarischen Regierungsverantwortlichen – Regenten wie Königen – hielt Helene noch Jahre nach dem »Kronenraub« aufrecht: Am 17. März 1452 erhielt das Ehepaar Helene und Johann Kottanner von Johannes Hunyadi, der damals als *gubernator* und Regent für den noch unmündigen Ladislaus Postumus die Herrschaft über Ungarn ausübte, für seine Verdienste um König Ladislaus

Abb. 14: Urkunde vom 7. Februar 1490, in der die Besitzangelegenheiten von Hans und Helene Kottanner nach deren beider Tod zusammenfassend erläutert werden. Wiener Stadt- und Landesarchiv, Hauptarchiv – Urkunden (1177–1526), n. 5340, vgl. www.monasterium.net (WStLA, Bestand Hautparchiv-Urkunden 5340)

einen zuvor königlichen Besitz namens Kisfalud (dt. »kleines Dorf«) auf der Pressburger Schüttinsel (siehe S. 141). Diese Schenkung wurde 1466 und 1470 von Johannes' Sohn, dem ungarischen König Matthias »Corvinus« Hunyadi, bestätigt. In Matthias' Urkunde vom 28. Februar 1470 wird zudem – wie in solchen Urkunden üblich – den zu diesen Besitzungen gehörenden Personen angeordnet, Johann Kottanner und seiner Ehefrau gehorsam zu sein und die ihnen zustehenden Abgaben zu leisten.

In diesen Jahren war das Ehepaar Kottanner offenbar also noch am Leben; 1477 erwähnt eine Wiener Urkunde in anderem Zusammenhang Helene als bereits verstorben. Weitere 13 Jahre später (1490) übergaben zwei Verwandte als Testamentsvollstrecker Johann Kottanners dem Wiener Stadtrat eine Zusammenstellung aller Urkunden und Besitzbestätigungen für ihn und Helene in dieser Angelegenheit, aus der die Umstände der Besitzerwerbung zusammen mit anderen Dokumenten nochmals nachvollziehbar hervorgehen (siehe Abb. 14, S. 89).

Wer erzählt die Geschichte noch? Weitere Quellen

Die Familien- und vor allem die Besitzgeschichte des Ehepaars Helene und Johann Kottanner gibt einen von mehreren Hinweisen auf die möglichen Gründe, warum Helene die Geschichte der Jahre 1439 und 1440 dokumentierte und niederschreiben ließ. Gleichzeitig belegen die urkundlichen Quellen aus dem Umfeld des Ehepaars, dass Helene und Johann Kottanner über enge Kontakte zum ungarischen Königshof verfügten – dieser Befund ist auch deshalb wichtig, weil immer wieder Zweifel geäußert wurden, ob sich die abenteuerliche Geschichte des »Kronenraubs«, die allein Helene so ausführlich beschrieb, wirklich so zugetragen haben kann und ob es sich bei den Hauptpersonen des Geschehens um reale historische Personen handelte.

Zwar sind Umstände und Details der Entwendung der Krone aus der Plintenburg nur in Helenes Bericht genau belegt. Doch auch andere zeitgenössische Chronisten berichten ausführlich über die Wirrungen der ungarischen Thronstreitigkeiten zwischen 1439 und 1442, über Positionen und Rollen der beteiligten Akteurinnen und Akteure sowie die Bedeutung und »Wanderschaft« der Krone. Sie alle gestalteten die Geschichte erzählerisch nach ihren Perspektiven und Vorstellungen ebenso wie nach den Vorlagen anderer Berichterstatter aus.

Zu den berühmtesten Stimmen gehörte der polnische Chronist Johannes Długosz (1415–1480), der in der zweiten Hälfte des 15. Jahrhunderts mit seinen »Annalen oder Chroniken des ruhmreichen Königreichs Polen« eines der wichtigsten Werke zur polnischen Geschichte verfasste. Długosz, der an der renommierten Universität Krakau ausgebildet worden war, lebte am Hof des polnischen Königs Kasimir IV. (1427–1492) und dessen Ehefrau Elisabeth von Habsburg als Erzieher und Diplomat. Seine Perspektive ist aus zwei Gründen besonders interessant: Zum einen war zum Zeitpunkt der Niederschrift seines Werkes genau jene Elisabeth polnische Königin, die in Helenes Bericht als Tochter von deren »Heldin« Königin Elisabeth und ältere Schwester des Ladislaus Postumus eines der ihr als Kammerfrau anvertrauten Königskinder war und regelmäßig Erwähnung findet. Sie war als Mutter von dreizehn Kindern dynastisch überaus erfolgreich und wurde bereits von ihren Zeitgenossen als »Mutter der Jagiellonen und Mutter von Königen« bezeichnet.[12]

Zum anderen war Długosz darum bemüht, die Besonderheiten der polnischen Monarchie und ihrer Königsfamilie, aber eben auch die Rolle ihrer Adeligen vor dem Hintergrund europäischer Entwicklungen zu betonen. In seiner Beschreibung der Auseinandersetzungen um die ungarische Thronfolge 1439/40 aus polnischer Perspektive billigt er der Wahlstimme ungarischer Adeliger zugunsten des polnischen Kandidaten Władysław III. mehr Gewicht zu als dynastischen Kriterien. Erzählerisch fächert der Chronist die Akteurskonstellationen immer wieder auf, indem er drei zentrale, miteinander konkurrierende Parteiungen rund um Władysław III., Elisabeth und Ladislaus beschreibt. Angesichts der Bedrohung durch das Osmanische Reich stellt der Chronist mehrfach die Wahl eines »fähigen« Kandidaten der Hilflosigkeit des Kindes Ladislaus und seiner Mutter gegenüber – dieses Kernargument der »polnischen Partei« unter den ungarischen Adeligen erwähnt übrigens auch Helene, als sie von der Rückkehr von deren Gesandtschaft aus Polen berichtet.

Königin Elisabeth nimmt bei Długosz eine prominente Stellung ein – wenn auch ganz anders als in Helenes Darstellung: Długosz stellt Elisabeth als eine Herrscherin dar, die angesichts der militärischen Bedrohung durch die Osmanen schon früh (nämlich vor der Geburt des Ladislaus) und strategisch weitsichtig auf die Thronansprüche ihres Kindes verzichtet und die Wahl des polnischen Kandidaten akzeptiert. Ausführlich behandelt der Chronist die Verhandlungen zwischen polnischen und ungarischen Delegierten und bietet interessante Einblicke in zeitgenössische Hoffnungen und Bedenken. Die Nachricht von der Geburt des Ladislaus Postumus verändert schließlich alle Verhandlungsdynamiken, wobei Długosz seinerseits zu einem klugen erzählerischen Trick greift: Während der polnische König angesichts der Erbansprüche des Ladislaus auf seine Kandidatur verzichten will, sind es nun die ungarischen Adeligen, die auf seiner Kandidatur beharren und Władysław III. schließlich überzeugen. Auf diese Weise steht der »fremde« König nicht als Usurpator da, sondern als besonnener Herrscher mit Maß, den nur die politische Dringlichkeit und die Bitten der Betroffenen zum Handeln veranlassen und der zudem in den Verhandlungen auch die Erbansprüche von Elisabeths Familie wahren will.

Auch in Długosz' Darstellung wird Elisabeth beraten, doch anders als in den Verhandlungen der ungarischen Großen mit Władysław III. werden diese Gespräche als negative »Einflüsterungen« inszeniert: Die Königin wendet sich schließlich von einer Einigung ab und provoziert damit den kriegerischen Konflikt – nicht zuletzt durch die Gefangennahme von Gesandten der Gegenpartei in Komorn, über die auch Helene ausführlich schreibt. Elisabeth bleibt auch bei Długosz im Zentrum des Geschehens, bis hin zur Entwendung der Heiligen Krone aus der Plintenburg, die der Autor ebenfalls als geplanten Akt charakterisiert. Detailreich erläutert Długosz die Entwicklung des nun folgenden kriegerischen Konflikts, geht auf Parteiwechsel und vor allem die diplomatische Stärke »seines« polnischen Kandidaten ein, der mit Beharrlichkeit und rhetorischem Geschick die ungarischen Adeligen von sich überzeugt.

Zum Triumph wird schließlich Władysławs III. Krönung in Stuhlweißenburg: Obwohl ihm die Heilige Krone fehlt, werden bei Długosz alle anderen »originalen« Krönungsinsignien aus der Zeit König Stephans I. verwendet, die der Chronist in zwar anachronistischer, aber programmatischer Weise als »viel wertvoller« als neue Insignien bewertet. Auch die folgenden Jahre sind in seiner Chronik durch den Wechsel von Krieg und permanenten Verhandlungen geprägt, und immer wieder ziehen Königin Elisabeth und ihr Konkurrent Władysław III. durch Ungarn, Österreich, Böhmen und Schlesien, um Unterstützung zu finden.

Großen Raum nimmt schließlich die Einigung der beiden Parteien im Winter 1442 ein, in der Königin Elisabeth laut Długosz einmal mehr die Seiten wechselt und sich ihrem polnischen Konkurrenten zuwendet. Ihr Tod, den Długosz sinnbildlich als schamvolles und schmerzgeplagtes Ableben nach einer Diarrhoe darstellt, erscheint in seiner Chronik als Zäsur – endlich kehrt wieder Frieden in Ungarn ein.

Eine ähnliche Darstellung, wenn auch mit anderer Interpretation, findet sich in der lateinischen »Chronik der Ungarn« des ungarischen Chronisten Johannes Thuróczy (ca. 1435–1490). Wie Długosz beschreibt er die Aushandlungsprozesse zwischen der ungarischen und der polnischen Partei im Detail und nimmt dabei immer wieder auf wechselnde Loyalitäten Bezug, von denen auch Helene Kottannerin so plastisch erzählt. Auch Thuróczy geht auf bedeutende Städte und Burgen sowie deren Bedeutung für die einzelnen Parteien ein. Weniger Beachtung schenkt der Chronist dagegen der Krone, berichtet aber doch immerhin von ihrem Weg in den luxemburgischen Besitz: Sie gelangte nach Elisabeths Täuschungsmanöver und durch deren »weibliche Verschlagenheit« in ihre Hände.[13]

Andere Berichte aus dem 15. Jahrhundert konzentrieren sich dagegen stärker auf die dem Thronstreit zugrunde liegenden Konfliktachsen, insbesondere die Abwägung von Erb- und Wahlrecht sowie die später relevante Frage nach dem Zeitpunkt der Mündigkeit des kleinen Ladislaus Postumus. Enea Silvio Piccolomini (1405–1464) etwa, der in den 1440er-Jahren im Dienst Kaiser Friedrichs III. – also von Ladislaus' Onkel und Vormund – stand und ab 1447 eine kirchliche Karriere verfolgte, die ihn als Pius II. bis auf den Papststuhl führen sollte, konzentrierte sich in seiner »Österreichischen Geschichte« (*Historia Friderici III. sive Historia Austrialis*) zunächst auf die Argumente der kaiserlich-habsburgischen Partei: Gegen den in seinem Testament geäußerten Willen ihres Mannes Albrecht II. habe Elisabeth ihr Kind und die Krone an Friedrich III. übergeben, der als nächster Verwandter und Vorsteher des Hauses Österreich der einzig geeignete Vormund sei.

Auf dieser Grundlage stilisiert Piccolomini die Ereignisse zwischen 1439 und 1440 aus habsburgischer Perspektive zum Konflikt zwischen Friedrich III. und den österreichischen Großen. Diese Deutung erklärt sich aus den vor allem innerhalb der österreichischen Erbländer geführten Auseinandersetzungen um Ladislaus Postumus' Entlassung aus Friedrichs

Vormundschaft (1452) und den – analog zu den ungarischen Großen artikulierten – Ansprüchen der Vertreter dieser Länder auf Mitsprache. In einer emotionalen Rede, die Friedrich III. im Vorfeld seiner Kaiserkrönung vor Papst Nikolaus V. (gest. 1455) gehalten haben soll, lässt Piccolomini den angehenden Kaiser detailliert über den Konflikt reflektieren und sich als aufrechten Schutzherrn wider Willen über die hilflose Witwe Elisabeth und ihren Sohn Ladislaus inszenieren.

Ganz anders dagegen Piccolominis Deutung des Konflikts in seinem Werk *Europa*: Hier findet sich eine Darstellung der Ereignisse aus ungarischer Perspektive, und Elisabeth erscheint einmal mehr als strategische Politikerin, die die Heilige Krone heimlich entwendet und einer namenlosen alten Frau anvertraut – eine markante, wenn auch personell veränderte Parallele zu Helenes Bericht, die Piccolomini übrigens fast genauso in seiner »Geschichte Böhmens« (*Historia Bohemica*) verarbeitet.

Das Motiv der alten Frau – hier: eines alten Mütterchens, einer *anicula* (die in einigen modernen Ausgaben gar mit Helene identifiziert wird)[14] – findet sich auch in den »Dekaden der Ungarischen Geschichte« (*Rerum Hungaricarum decades*) des italienischen Geschichtsschreibers Antonio Bonfini (gest. ca. 1502/05). In seiner monumentalen mehrbändigen Geschichte Ungarns schilderte der Humanist Bonfini auch die Ereignisse von 1439 bis 1440 ausführlich.[15] Die Initiative zum Transfer der Heiligen Krone von Gran in die Zuständigkeit Elisabeths und ihrer Dienerin geht bei ihm auf die Königin zurück, die in der Chronik durchwegs als planvolle Strategin auftritt: Elisabeth lässt ihren verstorbenen Mann prunkvoll in Stuhlweißenburg bestatten und inszeniert dabei symbolisch mittels Kleidung, Insignien und Zeremoniell dessen königliche Bedeutung. Auch in seiner Schilderung der folgenden Ereignisse schreibt Bonfini Elisabeth die Entscheidungsgewalt und Initiative zu: Sie legt in öffentlichen Reden vor Gesandten ihre familiären Ansprüche dar und verhandelt über eine Einigung mit der polnischen Partei. Bei der Krönung ihres Sohnes lässt Bonfini Elisabeth schließlich als Sinnbild für die Mühen, welche die Bewahrung der Krone bedeutet, öffentlich laut weinen und damit auch das Publikum zu Tränen rühren.

Darüber hinaus trägt Elisabeth auch bei Bonfini die Verantwortung dafür, dass die Heilige Krone »heimlich« in ihren Besitz gelangt; ebenso täuscht sie die ungarischen Großen mit einer List über ihr Tun. Auch im weiteren Verlauf der Darstellung stellt die Königin unter Beweis, dass sie im Bewusstsein um die Erbrechte ihrer Familie handelt und sich bedingungslos für ihren Sohn einsetzt.

Dass die Idee der rechtmäßigen Erbansprüche der luxemburgischen und habsburgischen Partei Eingang in die zeitgenössischen Diskussionen gefunden hatte, belegen auch Quellen, die außerhalb der Konfliktkonstellationen entstanden: Als Lorenzo Roverella (gest. 1474), Bischof von Ferrara, 1472 ein Memorandum für einen Kardinallegaten ins römisch-deutsche Reich ausfertigen ließ, erläuterte er die politisch-sozialen Strukturen der Region und setzte dafür in der Zeit Sigismunds von Luxemburg an: Dieser habe die ungarische Krone durch Heiratspolitik und adeligen Konsens erworben, die Ansprüche von Albrecht II. und Elisabeth dagegen speisten sich allein aus ihrer Stellung als »wahre Königin und Erbin der Königreiche« (*vera regina et heres regnorum*).

Auch der französische Chronist Jean de Wavrin (gest. 1472/75) behandelte diese Frage, als er um 1450 in seinen *Croniques et anciennes istoires de la Grant Bretaigne* die Expansion der Osmanen und ihre Relevanz für die innenpolitische Situation in Ungarn behandelte. Jean de Wavrin begründete die Erhebung Władysławs III. zum ungarischen König mit einem Beschluss der »drei Stände« Ungarns, die mit Blick auf Ladislaus Postumus' mangelnde Eignung gehandelt hätten. Ähnlich wie schon Długosz führte auch de Wavrin die Initiative auf ungarische Adelige und ihre Orientierung am Gemeinwohl zurück.

Die aufregenden Umstände um die Krönung des Ladislaus Postumus wurden auch in der volkssprachlichen Dichtung der Zeit literarisch verarbeitet. So verfasste beispielsweise der Dichter Michel Beheim (gest. um 1474) ein langes Gedicht über Ladislaus Postumus und die Auseinandersetzung mit den Osmanen, in dem er auch den »Zorn« der Zeitgenossen über den Thronstreit des Jahres 1440 sowie den Einfluss der Königin Elisabeth skizzierte.

Der sogenannte Chiphenwerger, laut eigenem Bekunden ein Dichter in den Diensten Albrechts II., widmete dagegen den Anfängen der ungarischen Königsherrschaft seines Dienstherrn und insbesondere den 1439 zwischen deutschen und ungarischen Bürgergruppen in Ofen ausgebrochenen (und von Helene gleichfalls erwähnten) Unruhen ein ganzes Lied. Darin erscheinen Elisabeth und Albrecht als ungeliebtes Herrscherpaar, das sich vehementer Opposition erwehren muss; Albrecht scheitert schließlich aufgrund der mangelnden Treue seiner ungarischen Untertanen.

Verschiedene weitere Geschichtsschreiber im höfischen Umfeld des jungen Königs wie der Wiener Theologe Thomas Ebendorfer (1388–1464) in seiner *Chronica Austriae* ebenso wie volkssprachliche Liedgedichte thematisieren die späteren Konflikte um die Entlassung Ladislaus Postumus' aus der Vormundschaft (1452) und die für die Zeitgenossen mysteriösen Umstände seines frühen Todes im Jahr 1457. Obgleich über die Präsentation und Darbietung jener Texte, die nicht aus einem höfischen oder gelehrten Umfeld stammten, noch wenig bekannt ist und wir noch weniger über zeitgenössische Reaktionen darauf wissen, zeigen Umfang und unterschiedliche Perspektiven der Darstellungen doch ohne Zweifel: Die außergewöhnliche Geschichte des Ladislaus Postumus, seine komplexe Familienkonstellation mit den politisch versierten Eltern Albrecht II. und Elisabeth sowie dem ehrgeizigen Vormund Friedrich III. und dessen Bruder und Gegenspieler Herzog Albrecht VI., die zunehmende Bedeutung weiterer adeliger und städtischer politischer Akteure und schließlich die besonderen Umstände seiner Krönung und seines Todes faszinierten nicht nur Helene, sondern auch andere Zeitgenossen und boten Anlass für Spekulationen und Diskussionen.

Wo spielt die Geschichte? Raum und Topografie

Mit Ausnahme der drei ausführlich gestalteten Schlüsselszenen des »Kronenraubs« auf der Plintenburg, der Geburt des Ladislaus Postumus in Komorn und seiner Krönung drei Monate später in Stuhlweißenburg erzählt Helene vor allem eine Geschichte von Reisebewegungen der wichtigsten Mitglieder der Königsfamilie, als Teil deren Gefolges sie selbst mit unterschiedlichen Aufgaben betraut unterwegs war. Ihr innerhalb der gesamten Reisedauer von Frühjahr 1439 bis Sommer 1440 längster Aufenthalt auf der Plintenburg, wo Helene knapp acht Monate von Anfang Juli bis Februar an der Seite der kleinen Königstochter blieb, findet hingegen kaum Erwähnung. Helenes Reiseroute führt als roter Faden durch die Geschichte. König Albrecht II. und Königin Elisabeth gehen ihren Aufgaben als Herrscher und Herrscherin entsprechend sowohl gemeinsame als auch getrennte Wege: Albrecht vor allem bedingt durch das Kriegsgeschehen im Süden Ungarns gegen die Osmanen, Elisabeth – besonders nach dem frühen Tod ihres Gemahls – zwischen

Abb. 15: Ulrich Richental, Chronik des Konstanzer Konzils. Feierlicher Einzug von Königin Barbara und König Sigismund nach Konstanz 1414, Ochsenhausen bzw. Lambach 1465–1475, Wien, Österreichische Nationalbibliothek, Cod. 3044, fol. 44v

Ofen, das seit König Sigismund königliche Residenz und zudem Versammlungsort der ungarischen Magnaten war, und der traditionsreichen alten Residenz in Plintenburg.

Die Aufenthaltsorte der Königsfamilie waren außerdem Ziel zahlreicher weiterer Reisender. Täglich trafen Boten und Gesandte, Vertreter von Interessengruppen und Personal ein, die mit unterschiedlichen Nachrichten und Aufträgen vom und zum Königshof unterwegs waren, wie auch Helene selbst, als sie auf die Plintenburg geschickt wurde, um die Heilige Krone zu beschaffen. Spätmittelalterliche Königshöfe in Europa waren mobile Kommunikationszentren, denn Herrschaft beruhte wesentlich auf physisch nachvollziehbarer Autorität sowie persönlichem Austausch. Sie erforderte regelmäßige Präsenz und Verhandlungsmöglichkeiten. Weltliche und geistliche Eliten waren ständig unterwegs.

Herrscherpaare wie Albrecht und Elisabeth, aber auch weitere erwachsene Mitglieder von Königsfamilien übernahmen angesichts der Größe der geografischen Räume, in denen es sich durchzusetzen galt, oft verteilte Rollen der Herrschaftsausübung. Dies beschreibt Helene zu Beginn ihres Berichts, als sich die Wege der Königsfamilie gleich nach ihrer ersten Reiseetappe zwischen Pressburg und Ofen zum ersten Mal trennen.

Auch Elisabeths Eltern, Sigismund von Luxemburg und seine Gattin Barbara von Cilli, hielten es ähnlich: Als der König jahrelang mit dem Konstanzer Konzil (1414–1418) und den Konflikten gegen die Hussiten in Böhmen beschäftigt war, kümmerte sich Barbara seit 1415 – nicht zuletzt aufgrund ihres Wissens um die regionalen Verhältnisse – gemeinsam mit einem Rat um die ungarischen Angelegenheiten der Königsherrschaft. In vergleichbarer Weise regierte Elisabeth als Stellvertreterin ihres Mannes in Ungarn, als dieser aufgrund der Konfliktlage in Böhmen nicht selbst vor Ort sein konnte.

Politische Kommunikation und Reisen waren also untrennbar miteinander verbunden, und die Mobilität des königlichen Hofes betraf weit über seinen engeren Rahmen hinaus vernetzte Personen und Gruppen. Wie reiste man um 1440? Welche Fortbewegungsmittel wurden verwendet? Welche Witterungsverhältnisse steckten dafür die Bedingungen ab, und welche Wege konnten genutzt werden? Überblickt man die verschiedenen von Helene geschilderten Reiseetappen, die sie mit Gruppen ganz unterschiedlicher Größe – von wenigen Gefährten bis hin zu großem repräsentativen ebenso wie kriegerischen Gefolge – zurücklegte, so bietet ihr Bericht eine Fülle detaillierter Informationen zu Reisetätigkeiten im Hofmilieu, gleichzeitig aber auch zu den regulären Abläufen politischer Kommunikation.

Die Reiserouten Helenes und der Königsfamilie führten vorwiegend durch den nordwestlichen Teil der pannonischen Tiefebene, während sich deren größerer östlicher Teil vom ungarischen Mittelgebirge nach Osten erstreckt. Das beschriebene Reisegebiet reicht von Wien aus in östlicher Richtung bis Pressburg im Norden, dann die Donau entlang über Plintenburg an der scharfen Wendung der Donau nach Süden bis nach Ofen. Von dort erstreckt es sich weiter nach Südwesten bis zum Krönungsort Stuhlweißenburg und schließlich nordöstlich des Plattensees nach Raab im Norden und weiter nach Nordwesten bis in die Region um den Neusiedlersee und über Eisenstadt in seinem Westen nach Ödenburg im Süden. Dazu kamen die Reisebewegungen der Königin und Helenes zwischen der Plintenburg und Komorn an der Donau sowie der Krönungszug von Komorn nach Stuhlweißenburg.

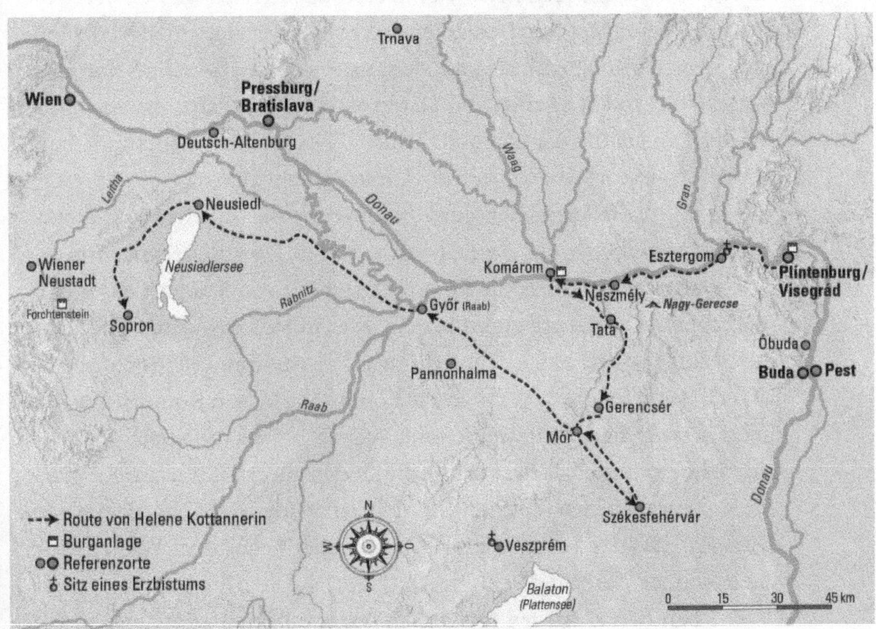

Abb. 16: Wichtigste Reisewege der Helene Kottannerin (Karte: Peter Palm nach Vorlage von Herbert Krammer)

Das pannonische Klima ist gemäßigt und vergleichsweise trocken mit kalten Wintern – die Donau war während des gesamten Mittelalters im Winter regelmäßig zugefroren und konnte so überquert werden –, aber auch gekennzeichnet von heftigen Regenfällen und Überschwemmungen in der warmen Jahreszeit. Helene geht in ihrer detaillierten Darstellung auf all diese Aspekte immer wieder ein: Der letzte dramatische Höhepunkt des »Kronenraubs« besteht darin, dass auf der Rückfahrt nach Komorn bei der Donauüberquerung der Wagen mit den Hofdamen durch das Eis bricht und zu versinken droht. Die langen Rückzugsetappen von Stuhlweißenburg nach Raab und von dort nach Ödenburg im Frühsommer sind wiederum vom jahreszeitlich charakteristischen raschen Wechsel von Regen, Wind und Hitze geprägt. Zuletzt regnet es dauerhaft, Überschwemmungen sind die Folge. Unbefestigte Straßen und Wege beschreibt Helene generell und auch außerhalb der als Sumpfgebiete bekannten Gegenden wie jener vor Totis (ungar. Tata) südlich von Komorn als mühselig zu bereisen, da man nach Regengüssen durch oft knietiefe Lacken, also große Pfützen, waten musste.

Selbst in diesem vergleichsweise überschaubaren Reisegebiet waren die zurückgelegten Strecken bemerkenswert lang, zumal sie mangels technischer Antriebsmöglichkeiten auf dem Landweg ausschließlich durch die Muskelkraft von Menschen und Tieren bewältigt werden mussten. Reisen auf der Donau, die vor allem für längere Fahrten und insbesondere für Materialtransporte die flussabwärts unerlässliche Alternative zu Straßen war, erwähnt Helene neben der Überquerung der zugefrorenen Donau im Februar explizit nur im Fall von weiteren Donauquerungen in der guten Jahreszeit: einmal, als Königin Elisabeth von Komorn aus größere Truppenkontingente gegen ihre Gegner in Stellung bringt und dabei durch eine List drei ungarische Adelige gefangen nimmt; ein weiteres Mal, als sich das wohl große Gefolge der Königsfamilie von Komorn aus zum Krönungszug nach Stuhlweißenburg aufmacht und mit einer »Plätte« – einem hölzernen kiellosen Schiff – die Donau quert. Die Gefahr für große Menschenmengen bei solchen Überfahrten verdeutlicht Helene mit dem Hinweis, dass das Schiff »kaum eine Handbreit« aus dem Wasser ragte; dazu kam starker Wind.

Die Landwege wurden mit Pferd, Wagen und teilweise auch zu Fuß bewältigt. Die längste Strecke von Pressburg nach Ofen machte rund 200 Kilometer aus, die zwischen dem 12. und dem 15. Mai 1439 in nur drei Tagen zurückgelegt wurden.[16] Aus Helenes Bericht geht nicht hervor, ob die Königsfamilie für diese Etappe teilweise auch ein Schiff benutzte, ebenso wenig ist von der Größe des Gefolges die Rede. Angesichts der Anwesenheit von König und Königin wird man allerdings von einer großen Gruppe ausgehen können. Alternativen zum Donauweg waren von Wien aus der sogenannte Fleischhauerweg, benannt nach den für den Fernhandel wesentlichen Transporten ungarischer Rinder nach Westen, über Altenburg und Raab bzw. von Pressburg aus über Komorn und Totis, wo die beiden Wege zusammentrafen.

Die Strecke zwischen Plintenburg und Komorn machte hingegen lediglich 75 Kilometer aus und wurde von Helene, ihrem Begleiter und einer kleineren Gruppe von Hofdamen mit Wagen, Schlitten und wenigen Berittenen in nur einem Tag und mit nur einer Pause in einer Herberge ohne Übernachtung bewältigt. Zu diesen Anstrengungen kam die Abhängigkeit von den Tageszeiten. Allerdings wurde, wenn nötig, offenbar auch das Risiko des Reisens in der Dunkelheit in Kauf genommen: Der Unfall auf der Donau geschah angesichts der Länge der Strecke bereits im Dunkeln, und die Ankunft erfolgte wohl spät in der Nacht kurz vor der Geburt des kleinen Ladislaus.

Die beiden Wegstrecken über die Handelsstraße zwischen Komorn über Totis und von Gerencsér (Dorfneustadt) nach Stuhlweißenburg zur Krönung des kleinen Königs sowie von dort zurück nach Raab, um diesen wieder aus der Gefahrenzone zu bringen, wurden hingegen sicher mit sehr großen Menschenmengen (wohl mehreren hundert Personen) bestritten, da zahlreiche ungarische Adelige den Krönungszug mit ihrem eigenen berittenen Gefolge begleiteten. Dazu kamen böhmische Söldner, die Königin Elisabeth gegen die ungarische Opposition unterstützten. Obwohl der Krönungszug nach Totis und über Gerencsér hinaus eine Nebenstraße und erst später die wichtige Pilgerstraße benutzte, die über Raab und Gerencsér nach Süden führte, konnte die Strecke von etwa 100 Kilometern in drei Tagen mit zwei Übernachtungen bewältigt werden; für die Flucht zurück nach Raab wurden die abermals etwa 100 Kilometer in sogar nur zwei Tagen zurückgelegt.

Die logistischen Herausforderungen bei Reisen mit so großem Gefolge werden anhand der langwierigen Verhandlungen um geeignete Unterkünfte für alle Beteiligten vor der Stadt Raab und die damit einhergehenden Konflikte zwischen den mitreisenden Gruppen besonders deutlich. Immer wieder berichtet Helene auch, dass die Verpflegung in den Herbergen zu wünschen übrig ließ. Auf der letzten Etappe nach Ödenburg konnte Freiherr Ulrich von Eitzing auf Bitten Helenes einige Hofleute nur unter deren Protest davon abhalten, ihrer Gewohnheit nachzugehen und den armen Leuten in der Umgebung der königlichen Unterkunft das Vieh wegzutreiben.

Die Mühsal des Reisens unter schwierigen Witterungsbedingungen wurde durch die Beförderung eines königlichen Säuglings noch verstärkt: Der kleine Ladislaus, der auf dem Krönungszug im Mittelpunkt der zeremoniellen Aufmerksamkeit, aber auch der nötigen Sicherheitsvorkehrungen steht, benimmt sich, wie es kleine Kinder eben tun. Er will weder im Wagen noch in der Wiege bleiben; Helene, die neben der Wiege reitet, muss vom Pferd steigen und den kleinen König über weite Strecken über die sumpfigen Wege tragen. Auf dem Rückweg von Stuhlweißenburg leidet das Kind zudem unter den widrigen, sich ständig ändernden Wetterverhältnissen. Heftiger Wind fährt ihm in die Augen, es bekommt Hitzeausschläge, dann wieder muss es Helene mit ihrem eigenen Pelzrock gegen starke Regengüsse schützen.
Zudem verschärfte sich die Lage aufgrund befürchteter Überfälle der politischen Gegner. Die Hofdamen schützen die Königin und ihre Kinder mit den eigenen Körpern, Fußsoldaten suchen das Gelände ringsum nach Gefahren ab, besonders als der königliche Zug das bewaldete Schildgebirge (ein Teil des ungarischen Mittelgebirges) queren muss. Unwegsames Gelände und Wälder bedeuteten besonders gefährliche Etappen, wie viele spätmittelalterliche Reiseberichte dokumentieren. Überfälle waren häufig, und manche Reisende verloren ihr Gepäck oder gar ihr Leben. In Zeiten von politischen Unruhen und Krieg, wie hier geschildert, und mit so kostbarem Gut wie dem Thronfolger und der Heiligen Krone waren umso mehr Sicherheitsvorkehrungen und auch Umwege nötig.

Die letzte Etappe der Reise nach Ödenburg, wohin Helene den kleinen König nun schon ohne die Königin, die Königstochter und ihre eigene Familie, mit dem Geleit Ulrichs von Eitzing und einem Gefolge von 30 bis 40 Personen bringen sollte, erforderte aufgrund der Gefahrenlage mehrere Planänderungen. Helene und der Eitzinger entscheiden gemeinsam, auf eine Übernachtung an einem nicht mehr sicheren Ort zu verzichten und so lange weiterzureisen, wie es dem kleinen Ladislaus möglich ist. Später muss ein Umweg über das Nordufer des Neusiedlersees gemacht werden, weil die ursprünglich geplante Route zu unsicher erscheint. Ob die Gruppe für diese Strecke nach der Trennung von der restlichen Königsfamilie noch Wagen zur Verfügung hatte oder ob sie die rund 130 Kilometer mit zwei Übernachtungen ausschließlich zu Pferd und zu Fuß bestritt, bleibt offen. Der Umstand, dass Helene bei ihrer Beschreibung der Vorbereitung zur letzten Etappe weiteres »Weibsvolk« neben ihr selbst und der Amme erwähnt, spricht für das Vorhandensein eines Wagens, da die Hofdamen meist mit dem Wagen unterwegs waren.

Auffällig ist, dass Helene in ihrer Darstellung die einzige Frau ist, die immer wieder auch zu Pferd unterwegs ist; alle anderen Berittenen sind Männer. Bei der bereits im Dunkeln erfolgten Ankunft in Raab bewahrt Herzog Albrecht Helene davor, mit ihrem Pferd in einen Brunnen zu fallen, der in der Finsternis nicht zu sehen ist. Zwar bringt Helene auch an dieser Stelle ihr Bewusstsein für Standesunterschiede klar zum Ausdruck. Dennoch nutzt sie die Darstellung jener Gefahrensituationen, die viele Begebenheiten ihrer Erzählung und gerade auch das Reisen unter besonderen Umständen mit sich brachten, dafür, ihre persönliche Rolle bei deren Bewältigung ungeachtet von Rang und Geschlecht auf Augenhöhe mit den maßgeblichen Personen ihrer Umgebung zu unterstreichen.

Zentrale Orte: Burgen und Städte

Die wichtigsten Orte in Helenes Bericht sind die großen politischen und religiösen Zentren des mittelalterlichen Ungarns: Sie nimmt ihre Leserinnen und Leser mit auf eine Reise von Pressburg im Norden über Komorn, Gran, Plintenburg und Ofen die Donau entlang bis nach Stuhlweißenburg nahe dem Plattensee. Dass der Weg der Königsfamilie durch eine solche Vielzahl von Orten führt und das Geschehen sich nicht auf eine Stadt konzentriert, hat auch mit der Geschichte Ungarns und seiner Königinnen und Könige zu tun.

Wie in vielen anderen europäischen Ländern gab es bis zum 15. Jahrhundert keine zentrale Hauptstadt, an der Königshof *und* zentrale Verwaltungsorgane dauerhaft angesiedelt gewesen wären. Stattdessen war für die politische, religiöse und wirtschaftliche Entwicklung Ungarns eine ganze Städtelandschaft prägend: die »Mitte des Reiches« oder das *medium regni*. Dieses umfasste im Norden Gran, wo sich seit der Zeit König Stephans I. das Erzbistum und der Sitz des Primas von Ungarn befanden; flussabwärts folgten Richtung Süden zuerst Plintenburg, das die Könige aus der Anjou-Dynastie im 14. Jahrhundert zu ihrem Hauptsitz erwählten, dann die Städte Ofen und Altofen, das seit dem 14. Jahrhundert im Besitz der ungarischen Königinnen war; schließlich gehörte auch das östlich des Plattensees gelegene Stuhlweißenburg dazu.

Bezeichnenderweise befanden sich diese Städte alle entweder direkt an der Donau, in der Nähe der Donau oder an Donaumündungen von Nebenflüssen. Diese Lage war strategisch günstig, sicherte die Flussnähe doch die Versorgung der Städte. Aber auch verteidigungspolitische Gründe spielten eine Rolle: Fast alle ungarischen Zentralstädte befanden sich auf einem Hügel oder – im Falle Plintenburgs – sogar auf einem Felsvorsprung, was eine gute Übersicht über die Region sowie eine effiziente Verteidigung gegen Angreifer garantierte.

Um die zentrale Rolle zu verstehen, die Plintenburg in Helenes Bericht für das Königtum und die königlichen Insignien einnimmt, muss man zurück ins 14. Jahrhundert blicken. Nach dem Aussterben der traditionsreichen Arpadendynastie in männlicher Linie etablierten sich in Ungarn ab 1308 Könige aus der französisch-italienischen Dynastie der Anjou. Karl I., der erste Anjou-König, musste für die Durchsetzung seiner Herrschaft lange Kämpfe ausfechten. Als seine Position konsolidiert war, verlegte er in den 1320er-Jahren programmatisch seine Residenz von Temeswar im Banat (ungar. Temesvár, rumän. Timişoara) in die »Mitte des Reiches«: nach Plintenburg.

Abb. 17: Rekonstruktion der Plintenburg von Gergely Buzás, 2018

Auch Ofen wäre eine Option gewesen, doch die Stadt hatte sich in der Phase des Herrschaftswechsels (1301–1308) gegen Karl I. und seine Unterstützer gestellt. Ebenso dürfte die Lage von Plintenburg bei der Entscheidung eine nicht unerhebliche Rolle gespielt haben: Seit dem 13. Jahrhundert befand sich am Donauufer die untere Burg mit einem über 30 Meter hohen Wohnturm (dem sogenannten Salomonturm) sowie auf einem steilen Plateau eine weitere Burg, die »obere Burg«. Die auf dreieckigem Grundriss angelegte obere Burg hatte drei Türme und eine Schlossanlage innerhalb der Mauern. Sie bot militärischen Schutz,

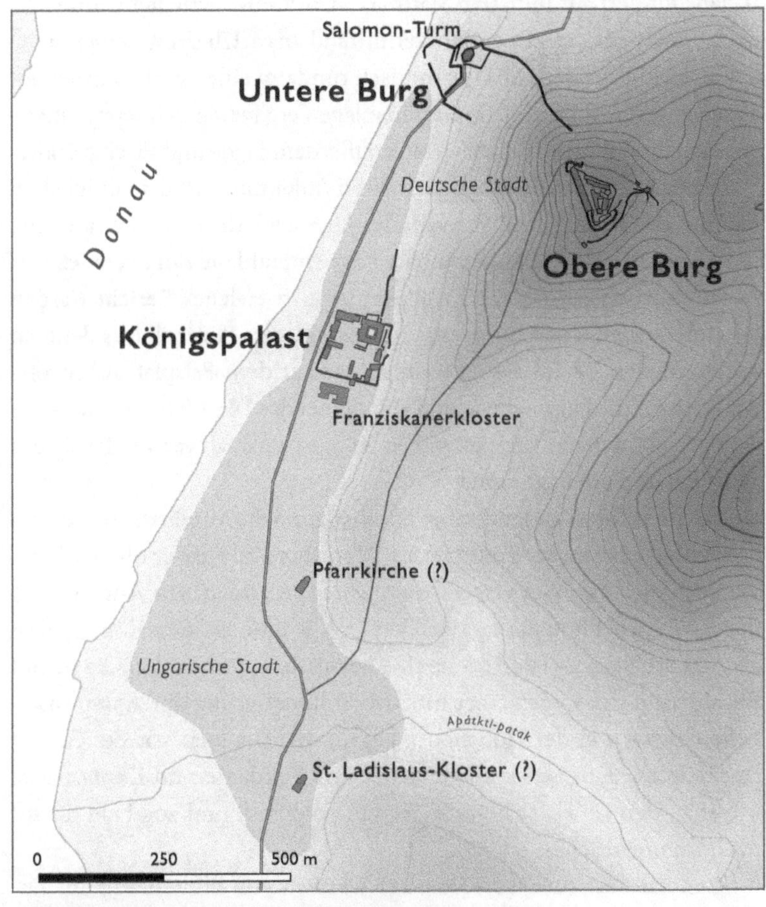

Abb. 18: Stadt und Burg von Visegrád im 15. Jahrhundert (Karte: Herbert Krammer)

die Lage an der Donaubiegung gute Bedingungen für den neuen Königspalast und die darum entstehende Stadt.

Binnen weniger Jahre machten die Anjoukönige aus einer einfachen Donausiedlung eine auf königliche Bedürfnisse ausgerichtete Stadt. Wie neuere archäologische Forschungen gezeigt haben,[17] wurden am Donauufer unterhalb des Felsplateaus auf einer ummauerten Terrasse eine Fachwerkhalle sowie verschiedene größere Steinhäuser errichtet. Auch eine Kapelle zu Ehren des Heiligen Georg könnte in dieser Zeit entstanden sein. Aus Holz errichtete Häuser dienten der Unterbringung der Stadtbewohner. Auf dem Areal des Renaissancepalasts, der im 15. Jahrhundert auf Initiative Matthias' »Corvinus« errichtet wurde und heute noch besichtigt werden kann, fand man Überreste einer stattlichen Königsresidenz, die quadratisch rund um einen großen Innenhof angelegt war. Umfangreiche Gartenanlagen ergänzten den repräsentativen Bau, in der Nähe befanden sich außerdem Jagd- und Fischgründe.

Die Residenz wurde zum dauerhaften Aufenthaltsort der königlichen Familie, der Kanzlei und Verwaltung. Aber auch die Höhenburg wurde weiter genutzt: Ihre uneinnehmbare Lage empfahl die Burg geradezu als Aufbewahrungsort für die Kroninsignien. In Helenes Bericht werden die unterschiedlichen Burg- und Schlossanlagen Plintenburgs deutlich unterschieden: Meint sie die Burganlage auf dem Felsplateau, so verweist sie auf die Lage »oben« und verwendet das Wort *haws*; verweist sie dagegen auf den am Ufer gelegenen Königspalast, so verwendet sie das Wort *hof* und die Lage »unten«.

Helene zufolge übernachteten Elisabeth und die Mitglieder des königlichen Rates bei ihrem Treffen nach Albrechts Tod auf der oberen Burg, wo auch die Insignien verschlossen waren. Als Elisabeth Anfang 1440 dagegen nach Plintenburg zurückkehrte, wählte sie den Königspalast als Aufenthaltsort – laut Helene eine bewusste Entscheidung, die sie mit Elisabeths Sorge wegen einer möglichen Inhaftierung durch oppositionelle Gruppen in der Höhenburg begründet. Die kurz vor der Geburt stehende Königin versammelte lieber ihre Hofdamen im Königspalast um sich, den sie als sichereres Terrain empfand, und zog bald darauf nach Komorn weiter.

Komorn liegt rund 80 Kilometer westlich von Plintenburg am Zusammenfluss von Donau und Waag in der heutigen Slowakei. Über die frühe Geschichte der Stadt und der dazugehörigen Burganlage ranken sich mythische Erzählungen, die von mittelalterlichen Geschichtsschreibern gern weitergetragen wurden. Das an der äußersten Westgrenze des Königreichs Ungarn gelegene Komorn wurde vermutlich im frühen Mittelalter gegründet. 1265 erhielt die Siedlung ein Stadtprivileg und entwickelte sich in der Folgezeit zu einem Marktflecken (*oppidum*) mittlerer Größe; die Burg scheint im 13. Jahrhundert errichtet worden zu sein. Obgleich es verschiedene Erwähnungen der Burg gibt, ist über ihre Geschichte oder ihre Anlage im Mittelalter nicht viel bekannt. Aus erzählenden Quellen – darunter auch Helenes Bericht – wissen wir jedoch, dass Komorn im 15. Jahrhundert ein beliebter Aufenthaltsort ungarischer Königinnen und Könige war.

Helene beschreibt Komorn als besonders sicheren Ort, in den sich die von allen Seiten bedrängte Elisabeth zur Geburt zurückzieht. Wir erfahren von einer Burganlage in erhöhter Lage, in der der königliche Hof wohnt und in dem es neben einer Kapelle für Gottesdienste auch ein Frauenzimmer, also einen eigenen Wohnbereich für die Herrscherin und ihr Gefolge gibt. Die von Helene immer wieder akzentuierte Schutzfunktion Komorns kommt schließlich auch militärisch zum Ausdruck: Helene beschreibt ein Dorf auf der anderen Seite der Donau, in das Elisabeth eine große Truppe von Kriegsleuten schickt, um ihre Gegner zu bekämpfen. Von der erhöhten Burganlage aus beobachten die Königin und ihre Kammerfrau das Kampfgeschehen, die Inhaftierung von Elisabeths Gegnern und ihre Überführung in die Burg von Komorn.

Neben Plintenburg und Komorn nimmt auch Ofen in Helenes Bericht eine Sonderstellung ein. Sie beschreibt nicht nur Reisen des Königspaars Albrecht und Elisabeth von und nach Ofen als wichtigem Residenzort, sondern charakterisiert die Stadt immer wieder als Referenzort für alle Beteiligten in ihrer Geschichte: Nach Ofen reisen ungarische Adelige, um sich zu beraten, aus Ofen stammen Hofdamen und Dienerinnen in Elisabeths Gefolge oder aber Geistliche am königlichen Hof. Damit erscheint Ofen als ein Zentralort politischer, wirtschaftlicher und personeller Ressourcen – und zwar sowohl für die königliche Herrschaft als auch für die Adeligen Ungarns. Kurzum: Für Helene ist Ofen die »Hauptstadt« des Landes.

Dieser Eindruck deckt sich mit heutigen Assoziationen von Budapest als dem ungarischen Zentralort. Im 15. Jahrhundert hatte die Wahrnehmung Ofens als »Hauptstadt« allerdings noch keine lange Tradition:

Abb. 19: Ansicht des spätmittelalterlichen Buda (Ofen). Aus: Hartmann Schedel, »Weltchronik« (lat. Fassung), Nürnberg (A. Koberger) 1493, CXXXVIIIv–CXXXIXr

Die auf einem Hügel gelegene Stadt wurde im 13. Jahrhundert neu gegründet, nachdem das am gegenüberliegenden Donauufer gelegene Pest von den Mongolen zerstört worden war. Ofen erhielt alle Rechte und Privilegien, die bis dahin Pest besessen hatte, sowie das wirtschaftlich so einträgliche Stapelrecht – Händler mussten ihre Waren auf der Durchreise in Ofen zwischenlagern und der dortigen Bevölkerung zum Kauf anbieten, und sie mussten dafür Abgaben zahlen. Auf dieser Grundlage avancierte die Stadt bis ins 15. Jahrhundert zu einer Handelsmetropole mit Verbindungen nach Norden (Böhmen und Polen), Westen (dem römisch-deutschen Reich einschließlich der österreichischen Länder) sowie Süden (über Dalmatien und Italien bis zur Landroute über den Balkan als Schlüssel zum Levante-Handel).

Eine Residenzstadt – also ein Ort, an dem sich der König mit seiner Familie dauerhaft aufhielt und sich daher Hof- und Verwaltungsstrukturen etablierten sowie eine Hofkapelle angesiedelt war – wurde Ofen jedoch erst in der Zeit von Elisabeths Vater Sigismund von Luxemburg: Er verlegte um 1410 sowohl die königliche Residenz als auch die gesamte Verwaltung von Plintenburg nach Ofen. Vermutlich regierte Sigismund zunächst in einer flexiblen Übergangsphase aus beiden Städten. Das bestätigt auch Helenes Bericht: Ihr zufolge hielten sich die ungarischen Großen mit ihren Familien regelmäßig in Ofen auf, pendelten aber immer wieder nach Plintenburg.

Während Besitzungen von adeligen Familien in Ofen architektonisch schwer nachzuweisen sind, informieren verschiedene Schriftquellen darüber, dass die ungarischen Großen in Ofen »Stadtpaläste« mit großen Sälen und mehreren Zimmern bewohnten. Näheres ist dagegen über den Königspalast bekannt: Ab 1410 wurden hier erhebliche bauliche Veränderungen eingeleitet, die Ofen in den Rang der großen europäischen Residenzen jener Zeit erheben sollten, bis zu Sigismunds Tod aber immer noch nicht fertiggestellt waren.[18]

Das ist auch auf die Bedürfnisse von König Sigismund als König von drei Königreichen zurückzuführen: Er hielt sich während seiner ohnehin seltenen Aufenthalte in Ungarn zumeist in Pressburg auf, der im Norden Ungarns beidseits der Donau gelegenen Stadt. Wie eng die Verbindungen zwischen Sigismund und Pressburg waren, lässt sich am rechtlichen Status der Stadt ablesen: Pressburg, das bereits seit dem ausgehenden 13. Jahrhundert ein Stadtrecht besaß, erhielt von

Sigismund den Rang einer königlichen Freistadt sowie das Recht, ein eigenes Wappen zu führen. In den 1430er-Jahren, also mitten in den bewegten Hussitenkriegen in Böhmen, ließ Sigismund sowohl die Stadt als auch die königliche Burg befestigen und innerhalb der Mauern einen Palast errichten, den er als Residenz nutzte.

Auch Helene skizziert Pressburg gleich zu Beginn ihres Berichts als beliebten Aufenthaltsort der königlichen Familie, an den sie noch zu Lebzeiten Albrechts II. auf dessen Geheiß sogar die Tochter des Königspaars, Elisabeth, mit ihrem Gefolge bringen soll. Pressburg ist schließlich auch der Ort, den Königin Elisabeth eigentlich für die Geburt des Sohnes ausgewählt hatte, bevor die Wehen einsetzten und Helene angesichts der Dringlichkeit der Lage für einen Verbleib in Komorn plädierte. Zwar beschreibt Helene auch Aufenthalte Elisabeths in Ofen häufig, geht aber nicht näher auf die räumlichen Gegebenheiten der Residenz ein. Stattdessen betont sie immer wieder die symbolische und strategische Bedeutung der Stadt im Konflikt zwischen Elisabeth und ihren Unterstützern sowie dem polnischen König und dessen Befürwortern: Ofen wird im Krieg gegen die aus Pest nahende polnische Partei zur umkämpften Trophäe.

Ein weiterer wichtiger Ort in der Erzählung Helenes ist schließlich das Kloster St. Martinsberg (ungar. Pannonhalma), das rund 20 Kilometer südlich von Raab liegt und eines der wichtigsten religiösen Zentren des Landes war. Seit dem 10. Jahrhundert verehrte man hier den Heiligen Martin, den Bischof der französischen Stadt Tours, dessen berühmteste Tat – die Teilung seines Mantels zugunsten eines armen Mannes im Winter – noch heute viele Menschen als Legende kennen. Die Entstehung des Martinskults und die Gründung des ungarischen Klosters geht in die Zeit der Christianisierung Ungarns zurück: Im Auftrag des römischen Kaisers Otto I. (912–973) und des ungarischen Großfürsten Géza (gest. 997) reiste 972 der Mönch Bruno von St. Gallen (in der heutigen Schweiz) nach Ungarn, predigte den christlichen Glauben und taufte etliche Personen – allen voran den Großfürsten und mehrere Adelige. Mit der Bewerbung des Martinskults schufen Bruno und seine Missionare eine Legende mit Ortsbezug: Martin war im 4. Jahrhundert in Savaria in der antiken Provinz Pannonien geboren, und eine Siedlung mit diesem Namen ließ sich auch in Steinamanger (ungar. Szombathely) in Westungarn nachweisen.

Um das Christentum mit seinen Kulten und Märtyrern in Ungarn zu verankern, bot sich Martin von Tours also gewissermaßen als Lokalheiliger an. Als Großfürst Géza, der Vater Stephans I., im Jahr 996 ein Benediktinerkloster im Westen Ungarns, der ehemaligen römischen Provinz Pannonien, stiftete, widmete er es deshalb dem Patrozinium des Heiligen Martin. Die ersten Benediktinermönche, die auf den Martinsberg kamen, stammten aus Bayern und Böhmen. Die Grundlage für die Blütezeit des Klosters auf dem Martinsberg legte jedoch Gézas Sohn Stephan I. Er gab dem Kloster 1002 mit der Exemtion einen besonderen Rechtsstatus: Fortan war das Kloster dank päpstlicher Privilegien von der Rechtsprechung eines Bischofs ausgenommen. Die einzige Instanz, die über den Abt und seine Mönche urteilen konnte, war der Papst. Überdies verlieh Stephan I. dem Abt des Martinsbergs die bischöflichen Rechte über ein ganzes Territorium und verschiedene Güter.

In den folgenden Jahrhunderten wurde das Kloster zu einem der wichtigsten Zentralorte Ungarns – als religiöses Zentrum, aber auch als politischer, wirtschaftlicher und kultureller Knotenpunkt. In Helenes Bericht zeigt sich das an der Person von Ladislaus Hédervári, der als Abt des Klosters und Bruder des mächtigen Palatins Laurenz zu einem wichtigen Verhandlungspartner im Streit zwischen den beiden Parteien wurde. Aber auch das Kloster erhält eine besondere Zuschreibung: Helene zufolge bittet Elisabeth darum, die Klosteranlage auf dem Hügel zur Verfügung gestellt zu bekommen, da sie in Kriegszeiten »wie eine Bastei vor Ofen« sei: Das Kloster wird hier zum sicheren Ort und zur Verteidigungsanlage.

Politik machen: Herrschaftshandeln im späten Mittelalter

An all diesen Orten und auf den Wegen zwischen ihnen fand herrschaftliches Handeln statt, wurde Politik gemacht. Leitet das Motiv der Herrschaftsnachfolge im Königreich Ungarn die Darstellung Helenes, so gibt die Autorin ebenso viele Hinweise auf die konkrete Praxis des politischen Handelns insbesondere der Königin Elisabeth, die diesem Ziel verpflichtet war.

Neben der spektakulären Geschichte des »Kronenraubs« erfahren wir auf diese Weise, wo und wie spätmittelalterliche Politik gemacht wurde, wer Entscheidungen traf, welche Personen in deren Vorbereitung und Verhandlung involviert waren und an welchen Orten diese stattfanden.

Wir hören aber ebenso von Unsicherheiten und Ambivalenzen bei der Bewertung politischer Lagen, von Strategien der Täuschung und Verschleierung und von den fließenden Übergängen zwischen latenten und offenen Konflikten, die schließlich in kriegerische Auseinandersetzungen münden konnten.

Beraten, Verhandeln und Entscheiden fand einerseits an jenen Zentralorten statt, die das Itinerar – den Reiseweg von König und Königin – absteckten, andererseits, wenn nötig, auch auf den Strecken dazwischen, sei es in kleineren Ortschaften, wo man zur Übernachtung blieb, sei es während der Reisebewegung selbst. Helenes Reisebeschreibung ist somit auch das topografische Protokoll eines politischen Verhandlungs- und Konfliktverlaufs, der sich innerhalb eines Jahres zwischen den Frühsommern 1439 und 1440 entfaltete und von dessen Höhepunkten sich einige an den genannten Orten zutrugen.

Den ersten Teil der Fahrt nach Ungarn unternahmen König Albrecht und Königin Elisabeth gemeinsam. Die Reise von Pressburg über Ofen

Abb. 20: Königreich Ungarn in der zweiten Hälfte des 15. Jahrhunderts (Karte: Herbert Krammer)

nach Gran führte das Königspaar durch drei Zentralorte im nördlichen Königreich Ungarn und konfrontierte es mit aktuellen politischen Herausforderungen, die lange Traditionen hatten. Bald nach der Ankunft in der Hauptstadt Ofen erhob sich ein großer Aufstand ungarischer Bürger mit Plünderungen gegen die dortigen mehrheitlich wohlhabenden deutschsprachigen Stadteliten. Aber Konflikte zwischen unterschiedlichen sozialen und Sprachgruppen prägten nicht nur den städtischen Raum; auch die Herrschaftsübernahme des als landfremd wahrgenommenen Habsburger Herzogs selbst war nur mit Zugeständnissen gegenüber den ungarischen Großen möglich gewesen, wie das darauffolgende Treffen des Königspaars mit den Brüdern des gerade verstorbenen Erzbischofs von Gran, Georg Pálóci, zeigte.

In Gran war bereits 1001 das erste ungarische Erzbistum eingerichtet worden; dort wurde der erste, 1083 heiliggesprochene König Stephan gekrönt, und Gran fungierte bis 1241 als erster Zentralort des Königreichs. Hier befand sich im Jahr 1439 auch die Heilige Krone, mit der Albrecht bereits 1438 durch den Erzbischof Georg Pálóci gekrönt worden war. Nun mussten er und Elisabeth, nach dem Tod des ihnen verpflichteten Erzbischofs mit dessen Verwandten, den Herren von Pálóci, sowie dem Domkapitel von Gran um die Herausgabe der Heiligen Krone verhandeln. Helene erwähnt an dieser Stelle zum ersten Mal die Schwangerschaft der Königin mit dem späteren Thronfolger Ladislaus; Elisabeth war es auch, die während der Abwesenheit ihres Gatten in den böhmischen Ländern gemeinsam mit dem königlichen Rat in Ungarn regiert hatte. Laut Helenes Bericht ergaben die Verhandlungen in Gran einen Kompromiss: Man sei zwar gegen den König, wolle ihm aber die Krone nicht vorenthalten, worauf das Königspaar diese wichtigste Insignie seiner Legitimation an den sichersten Ort seiner Herrschaft, auf die Plintenburg, brachte und dort, wieder im Beisein von zahlreichen ungarischen Adeligen, ihrer Verwahrung beiwohnte.

Das gemeinsame Handeln Albrechts und Elisabeths als Herrscherpaar beschränkte sich jedoch nicht auf politisch heikle Verhandlungen und zeremonielle Akte: Als der König nun – wieder über Ofen – weiter zu seinem ungarischen Heer gegen die Osmanen in das Gebiet um Szegedin (ungar. Szeged) im Süden des Landes aufbrach, war Elisabeth ebenfalls dabei, was nicht nur Helene erzählt, sondern auch mehrfach urkundlich belegt ist.[19] Als Albrecht dort erkrankte und zur Genesung zunächst zurück auf die Plintenburg fuhr und später auf dem Weg nach Wien in dem kleinen westungarischen Ort Neszmély verstarb, konnte die Königin bald nicht mehr bei ihm sein. Sie begab sich damals auf die Güter ihres Cousins Ladislaus Garai, des Bans von Macsó, den Elisabeth nach Albrechts Tod zum Hauptmann der Plintenburg machte – wohl um die Burg in den Händen eines Vertrauten zu wissen.

Beide Ehepartner, so betont Helene, waren sehr betrübt, dass sie einander während Albrechts Krankheit nicht mehr sehen konnten; noch auf der Plintenburg schrieb der König seiner Gattin, sie möge doch noch einmal kommen, bevor er abreise; dann starb er unmittelbar nach seinem Aufbruch Richtung Wien. Die emotionale Darstellung an dieser Stelle von Helenes Bericht wird verstärkt durch ihre Schilderung der persönlichen Geschenke, welche die kleine Tochter des Paares ihrem kranken Vater vor seinem Tod schickte. Dieses Motiv des emotionsgeladenen Abschiednehmens als Preis für politisch notwendige Handlungen – ohne dass man wusste, ob man einander je wiedersehen würde – wird am Ende der Geschichte bei der Trennung der Königsfamilie auf der Flucht angesichts der wachsenden Zahl ihrer Feinde nochmals aufgenommen und verstärkt.

Nach Albrechts Tod und Beisetzung in Stuhlweißenburg richtete sich das Herrschaftshandeln der Königin umgehend auf die Nachfolgefrage, das heißt konkret auf die Sorge um den Verbleib der Heiligen Krone. Als ihr Gerüchte hinterbracht werden, die Krone sei noch von ihrem Mann wieder aus der Plintenburg entfernt worden, tut sie, was für erfolgreiches politisches Handeln unabdingbar nötig ist: Sie handelt rasch und begibt sich aus Ofen persönlich auf die Plintenburg, um sich vor Publikum vom Verbleib der Heiligen Krone ebenso wie ihrer eigenen Krone und ihres Schmuckes zu überzeugen. Sobald dies geschehen ist, trifft Elisabeth umgehend weitere Vorkehrungen zur Sicherung der Herrschaftsinsignien ebenso wie ihrer politischen Position. Vor ihrer Abreise nach Ofen gemeinsam mit Ladislaus Garai, nunmehr Burgherr der Plintenburg und Hüter der Heiligen Krone, setzt dieser einen Burggrafen ein, und die Königin instruiert Helene ausdrücklich, während ihrer Abwesenheit nur den Burgherrn und seinen Burggrafen in die Nähe der Insignien zu lassen.

Bereits hier, besonders aber anlässlich der folgenden Schilderung der Verhandlungen Elisabeths mit den ungarischen Großen in Ofen und später bei Geburt, Taufe und Huldigung des Königskindes Ladislaus entfaltet Helenes Erzählung sukzessive das Beziehungsgeflecht der Königin, das aus Vertrauten beiderlei Geschlechts ebenso wie aus Verhandlungspartnern auf unterschiedlichen politischen Ebenen bestand. Neben ihrer Kammerfrau Helene war dies zunächst ihr Vetter und Vertrauter Ladislaus Garai, der eine wichtige vermittelnde Position zwischen Elisabeth und jenen ungarischen Herren einnahm, die bereits auf einer Versammlung in Ofen im Januar 1440 die Königin bedrängten, angesichts der politischen Lage umgehend einen neuen Ehemann zu nehmen. Unter den genannten Kandidaten wurde bald der 15-jährige polnische König Władysław III. favorisiert, so auch von Ladislaus Garai.

Die rund 30-jährige Elisabeth, die auf eine Thronfolge ihres noch ungeborenen Kindes hoffte, zeigt sich hier erstmals in Helenes Bericht in der Kunst des strategischen Verschleierns ihrer Interessen bewandert. Um Zeit zu gewinnen, gab sie zunächst höflich hinhaltende Antworten und formulierte Argumente gegen die Verbindung, nannte Bedingungen im Hinblick auf ihren eigenen Einfluss als Thronerbin und das Erbrecht ihrer Kinder[20] und willigte schließlich scheinbar in eine Eheschließung mit Władysław ein. Kurz darauf fertigte sie eine offizielle Gesandtschaft ungarischer Großer, die alle die Verbindung befürworteten, nach Polen ab. Elisabeth hingegen zog sich zunächst nochmals auf die Plintenburg zurück und begann im Hintergrund bereits Pläne für den »Kronenraub« zu schmieden. Zusammen mit Helene wird ab diesem Zeitpunkt Ulrich von Cilli – ebenfalls ein Vetter der Königin und somit auch des Ladislaus Garai – als ihr wichtigster Vertrauter vorgestellt, der bis zum Schluss auf der Seite der königlichen Familie gegen die bald wachsende »polnische Partei« unter den ungarischen Adeligen bleiben sollte.

Helene und Ulrich von Cilli sind von Anfang an in die Pläne der Königin eingeweiht und partizipieren an ihrer Umsetzung. Öffentliches und verborgenes Herrschaftshandeln werden ab diesen Szenen erzählerisch parallel geführt, und Helene gewährt ihrem Publikum gleichsam einen Blick hinter die Kulissen dessen, was in vielen anderen Chroniken die Geschichte dominiert: Berichten diese vorwiegend über offizielle Handlungen, erzählt Helene auch von den geheimen Sorgen und Abwägungen der Königin, von ihren Strategien und deren Umsetzung durch ihre Vertrauten und politischen Partner. Während die offizielle Delegation vielfach dokumentiert nach Polen unterwegs ist, erfährt

Helenes Publikum, was in der Zwischenzeit im Verborgenen geschah, um schließlich die nur zum Schein getroffene formale Heiratsentscheidung der Königin zu konterkarieren.

In einem ersten Schritt bereitete Elisabeth heimlich ihre Abreise von der Plintenburg vor. Sie sorgte sich, an diesem Ort von den ungarischen Großen im Konfliktfall leichter festgehalten zu werden – die eingeschränkte Bewegungsfreiheit war einer der Nachteile gegenüber den Vorteilen des Aufenthalts auf einer durch ihre Höhenlage so sicheren Burg. Elisabeths Vater Sigismund war in den Konflikten nach dem Tod seiner ersten Gattin und vor der Ehe mit Elisabeths Mutter Barbara von Cilli von den ungarischen Großen auf der Plintenburg gefangen gesetzt worden; vielleicht kannte Elisabeth diese Geschichte.

Jedenfalls bewirkte »ihre geheime Klugheit«, wie Helene schreibt, dass die Königin zunächst mit ihrer kleinen Tochter und einem Teil des Hofgesindes von der Höhenburg auf das Schloss in der Ebene übersiedelte und sich bald weiter auf ihre Burg in Komorn begab. Die übrigen Hofdamen blieben noch auf der Plintenburg. Helene hatte den Schlüssel zu der Kammer, in der sich Krone und Schmuck der Königin befanden. Gleichsam als Probelauf für den eigentlichen »Kronenraub« schickte Elisabeth die Erzieherin ihrer Tochter nun nochmals zurück auf die Höhenburg, um ihre eigenen Kleinodien zu holen, während die Heilige Krone noch versiegelt im Gewölbe blieb. Auch Helene selbst beherrschte die Kunst der Täuschung und schmuggelte die wertvollen Gegenstände unter ihrer Kleidung – wie später die Heilige Krone in einem Polster – aus der Burg und verwahrte sie vor der gemeinsamen Abreise nach Komorn unter ihrem Bett, da im Schloss im Unterschied zur Höhenburg keine Truhe dafür vorhanden war.

Etwa gleichzeitig mit der Abfertigung der Gesandtschaft nach Polen brach Elisabeth mit ihrer Tochter, Helene und einigen Hofdamen nach Komorn auf. Hier beriet sie sich abermals mit Ulrich von Cilli; Helene wurde mit der Entwendung der Heiligen Krone beauftragt. Ab dem Zeitpunkt, als Helene einwilligt, das »schwere Wagnis« für sich und ihre kleinen Kinder auf sich zu nehmen, rückt sie selbst ins Zentrum der Erzählung. Elisabeth schickt noch einen Boten voraus auf die Plintenburg, um die Ankunft ihrer Vertrauten zur Abholung der dort verbliebenen Hofdamen anzukündigen, dann ist Helene auf sich allein gestellt. Während der Vorbereitungen und Durchführung des »Kronenraubs« ist sie die zentrale Akteurin, die nun – getrennt von der Königin – eine Reihe von Entscheidungen selbst treffen darf und muss. Das beginnt bei der Auswahl ihrer Mitstreiter zu Beginn des Unternehmens und reicht bis zu ihrem eigenmächtigen Handeln an dessen Ende, als Helene eine alte Frau, die sich als potenzielle Mitwisserin der Entwendung der Krone herausstellt, kurzerhand mit dem Versprechen einer späteren Altersversorgung in einem Wiener Spital auf den Weg zurück nach Komorn mitnimmt, obwohl die Königin ursprünglich ausdrücklich die Bezahlung und Entlassung der Dienerin angeordnet hatte.

Als Helene schließlich wohlbehalten zurück zu ihrer Herrin nach Komorn kommt, wird das gemeinsame Handeln der Königin und ihrer Vertrauten zum Mittelpunkt der Darstellung. Helenes erfolgreich bestandene Aufgabe von so herausragender Bedeutung und Gefahr stärkt ihre Stellung als Akteurin auch im Beisein der Königin. Ab nun übernimmt sie nicht nur Aufgaben einer – hochgeschätzten – Dienerin, sondern wird regelmäßig von Elisabeth um Meinung und Rat gefragt. Die unerwartet frühe Geburt des kleinen Ladislaus bietet dafür gleich das erste Beispiel; auch hier muss Helene aufgrund ihrer Erfahrung und Auffassungsgabe aktiv werden, um die Entbindung zu einem guten Ende zu bringen, da die dafür eigentlich zuständigen Frauen teils noch nicht eingetroffen sind und teils erst durch Mahnungen der Königin und Helenes aktiv werden.

Aber auch in politische Vorkehrungen und Verhandlungen blieb Helene ab diesem Zeitpunkt involviert. Die Königin koordinierte ungeachtet ihres Wochenbetts vom Tag nach der Entbindung ihres Sohnes an alle Vorbereitungen für die Bekanntmachung der Geburt des Thronfolgers in allen Kronländern, für dessen Taufe und Huldigung durch seine Unterstützer. Sie »hatte niemals Ruhe, denn ihre Aufgaben waren groß«, kommentiert Helene diese Arbeit ohne Ende. Auch sie selbst kam nicht einmal nachts aus ihrer Kleidung, so viel war zu tun. Dafür aber hatte sie auch Anteil an der Ehre, als etwa der mächtige Palatin Laurenz Hédervári, der führende Kopf der »polnischen Partei«, gemeinsam mit seiner Gemahlin dem kleinen Ladislaus die Aufwartung machte und die Kottannerin persönlich auf ihre Bedeutung für die Erziehung des Königskindes ansprach.

Anlässlich ihrer Darstellung der Huldigungen für den neugeborenen Thronfolger stellt Helene nun auch einen erweiterten Kreis an Unterstützern der königlichen Sache vor, allen voran wieder Ulrich von Cilli, der die Königin laufend berät, aber auch Thomas Szécsi, Hauptmann der Burg von Komorn, königlicher Schatzmeister und Bruder des neuen Erzbischofs von Gran, Dionysius Szécsi, sowie die Grafen von Kroatien, Bartholomäus von Frangepan und dessen Bruder.

Doch in den offiziellen Jubel mischen sich bereits Misstöne: Die Gesandten auf dem Weg nach Polen teilen der Königin trotz gegenteiliger Aufforderung mit, sie hielten weiter an Władysław als Thronfolger fest; Elisabeth erhält Warnungen, man trachte ihrem Sohn nach dem Leben, und zu den verborgen gehaltenen Sorgen gehört nun auch die Unsicherheit, welchen Leuten man tatsächlich vertrauen kann. Viele der ursprünglichen Unterstützer werden später von der königlichen zur polnischen Gegenpartei wechseln. Dieser Prozess setzte verstärkt ein, als die Gesandtschaft aus Polen zurückkam, der Königin ihre Aufwartung machte und dem Königskind huldigte, deren Wortführer – hier werden der Ban Matko Tallóci und Emmerich »Vajdafi« (Emmerich Marcali, gest. 1448), der Sohn des Wojewoden von Siebenbürgen und damals Truchsess der Königin,[21] genannt –, dann aber unmissverständlich ihre politische Haltung artikulieren: Auch wenn der Königssohn schon zehn Jahre alt wäre, würden sie ihn nicht als Herrn anerkennen, da er sie nicht gegen die »Türken« anführen könne. Pragmatische Notwendigkeit wird hier klar über dynastische Legitimation gestellt.

Der an dieser Stelle erstmals und in der Folge wachsende Dissens wird nun einerseits in öffentlichen Verhandlungen artikuliert und von der zunehmenden Sorge um die Sicherheit der Königin bei diesen Gelegenheiten begleitet; andererseits bewirkt er abermals eine Reihe von geheimen Maßnahmen im Verborgenen. Während man schon mit den Vorbereitungen für die Krönung des kleinen Ladislaus beginnt – Helene fertigt seine komplette Kleidung dafür an – setzt Elisabeth die beiden Wortführer der polnischen Partei und einen weiteren Gefährten durch eine List gefangen. Von den Zinnen der Burg von Komorn aus beobachtet Elisabeth mit Helene schließlich die Festsetzung der drei Adeligen durch ihre Truppen, wovon sie sich die strategische Möglichkeit verspricht, für deren Freilassung die Zustimmung ihrer Gegner zur Krönung ihres Sohnes zu erlangen.

Der Plan geht auf, und man bietet ihr die Heilige Krone an – von der ja alle einschließlich des Burghauptmanns Ladislaus Garai glauben, sie sei noch auf der Plintenburg. Hier schwankt Elisabeth und überlegt, Helene nochmals auf die Plintenburg zu schicken, um die Krone dort heimlich wieder zu verbergen, und es kommt nun auch zu einem einzigartigen Dissens zwischen den beiden Frauen: Für eine strategisch so ungewisse Aktion wollte Helene kein weiteres Mal ihr Leben wagen. Sie ist sich der hierarchisch-sozialen Grenzüberschreitung ihrer Ablehnung wohl bewusst; doch Elisabeth hört letztlich auf sie und legt nun ihren Besitz der Krone offen. Ob sich die Entscheidungsfindung so zugetragen hat, wie es Helene erzählt, wissen wir nicht. Das strategische Manöver der Gefangennahme der Gesandten durch die Königin und die empörten Reaktionen darauf in Ungarn sind allerdings auch in der Darstellung des Johannes Długosz' und durch einen Brief des Pressburger Gespans Stephan Rozgonyi (gest. 1442) belegt.[22]

Der nun offene Konflikt tritt damit in eine neue Phase ein, und es beginnt ein Wettlauf mit der Zeit, welche der Parteien als erste den Krönungsort Stuhlweißenburg erreichen wird. Helenes Schilderung der folgenden Wochen ist von einem Wechselspiel praktischer Reisevorbereitungen, politischer Verhandlungen, militärischer Sicherheitsvorkehrungen und symbolischer Akte rund um das Krönungsgeschehen gekennzeichnet. Elisabeth versichert sich auf der Reise zum Krönungsort der Unterstützung des Erzherzogs Albrecht von Österreich und des Erzbischofs von Gran (Dionysius Szécsi), während sich gleichzeitig der bereits befürchtete offene Seitenwechsel des Palatins Laurenz Hédervári – nicht nur Elisabeth arbeitete mit Verschleierungstaktiken – vollzieht. In Stuhlweißenburg selbst dominieren die symbolischen Aspekte der schließlich erfolgreich vollzogenen Krönung die Darstellung – abermals spielt Helene eine herausragend unterstützende Rolle –, während bereits am nächsten Tag die Lage vollständig kippt. Der polnische König zieht zunächst in Pest, dann in Ofen ein: Man befindet sich im Krieg.

Auf den Etappen des Rückzugs der königlichen Familie in den Nordwesten Ungarns gewinnt die Rolle Helenes als engste Vertraute der Königin weiter an Gewicht. In besonders prekären Situationen, vor allem wenn es um den kleinen König Ladislaus und die Heilige Krone geht, sucht Elisabeth immer wieder ihren Rat. So ist es Helene, die auf die Idee kommt, die Heilige Krone in der Wiege des Königskindes unter dessen Körper zu verstecken, und sie schützt dieses auf der Reise mit ihrem Pelzrock vor der Witterung.

Während sich böhmische Söldner dem Gefolge der Königsfamilie anschließen und immer mehr ungarische Verbündete von ihr abfallen, hilft Helene nun auch mit weiteren strategischen Ratschlägen. So ist sie Elisabeths erste Ansprechpartnerin, als die ungarischen Herren in Raab den Vorschlag einer Trennung der Reisegruppe zum Schutz der königlichen Familie machen; als diese dann vollzogen wird und nochmals alle Vertrauten zusammenkommen, ist Helene die Einzige, die keinen Treueschwur leisten muss – so sehr vertraut ihr die Königin. Elisabeth möchte ihre Vertraute metaphorisch am liebsten »dreiteilen«, so sehr braucht sie Helene für jedes anwesende Familienmitglied.

Als Helene schließlich für den Thronfolger allein mit Ulrich von Eitzing die Verantwortung auf dem Weg in ihre eigene Heimatstadt Ödenburg übernimmt, ist es nun er, der fragt: »Was ratet Ihr, liebe Kottannerin?« Die beiden beratschlagen auf Augenhöhe, und immer wieder bestätigt sich die Richtigkeit von Helenes Einschätzungen. Da das Ende ihres Berichts nicht überliefert ist, endet er offen, wenn auch alles andere als hoffnungsfroh für die königliche Sache – immerhin wussten die Gegner nichts über den Verbleib der Heiligen Krone.

Die Auseinandersetzungen um die ungarische Krone wurden jedenfalls jahrelang politisch und militärisch weitergeführt. Elisabeth blieb eine äußerst aktive Herrscherin im Dienst ihrer Familie, wie aus anderen Überlieferungen, besonders der urkundlichen, bekannt ist. Sie erteilte Verbündeten Steuerprivilegien, verpfändete Besitz zur Finanzierung militärischer Operationen und arbeitete dabei eng mit ihren verbleibenden Vertrauten und den ihr verpflichteten böhmischen Kriegsherren zusammen. Kurz vor ihrem Tod im Dezember 1442 zeigte sich einmal mehr, dass Elisabeth genau wie ihr Vater Sigismund ein gutes Gespür für die politischen Notwendigkeiten ihrer Zeit besaß. Nach etwa zwei Jahren Krieg traf sich die Königin persönlich mit ihrem polnischen Konkurrenten und handelte eine pragmatische Einigung aus: Temporär erkannte sie Władysławs Herrschaft über Ungarn an, hielt aber die Thronansprüche ihres Sohnes für die Zukunft aufrecht. Sie selbst erlebte die Tragweite dieser Einigung indes nicht mehr: Elisabeth starb bereits 1442, bevor 1444 auch König Władysław bei Varna gegen die Osmanen fiel.

Ladislaus Postumus dagegen sollte doch noch als König von Ungarn und Böhmen anerkannt werden, so wie Elisabeth es geplant und erträumt hatte. Der Weg zu dieser Anerkennung erwies sich freilich als steinig: Um die Person des jungen Erben über die Königreiche Böhmen und Ungarn sowie die österreichischen Länder entstand ein Streit um die von König Friedrich III. ausgeübte Vormundschaft und die Frage, wann Ladislaus Postumus eigenständig über seine Gebiete herrschen könne. Verschärft wurde die Debatte, die maßgeblich zwischen Friedrich III. einerseits und Vertretern österreichischer Eliten andererseits geführt wurde, dadurch, dass der König sich schlichtweg weigerte, sein Mündel nach Böhmen oder Ungarn zu schicken – ein taktisch kluger Schachzug, denn natürlich wusste Friedrich III., wie bedeutend die Ansprüche Ladislaus' Postumus waren. Sowohl in Böhmen als auch in Ungarn fand man deshalb zunächst Übergangslösungen: So wurden mit Georg von Podiebrad (1420–1471) (Böhmen) und Johannes Hunyadi (Ungarn) Statthalter eingesetzt, die temporär anstelle eines Königs die Geschicke des Landes leiten sollten.

Schließlich eskalierte der Konflikt um die Vormundschaft über Ladislaus Postumus in Österreich: Rund um Ulrich von Eitzing formierte sich 1451 mit dem Mailberger Bund ein oppositionelles Bündnis, das die Beendigung der Vormundschaft über Ladislaus Postumus forderte. Um ihren Forderungen Nachdruck zu verleihen, verbündeten sich die »Mailberger« überdies mit den Großen der benachbarten Königreiche, darunter auch Ulrich von Cilli. Dass Friedrich III. sein Mündel 1452 schließlich mit zur Kaiserkrönung nach Rom nahm, trug zur weiteren Verschärfung der Lage bei: Nach seiner Rückkehr nach Österreich wurde der frisch gekrönte Kaiser in Wiener Neustadt belagert. Letztlich musste er den nunmehr 12-jährigen Ladislaus Postumus an Ulrich von Cilli übergeben. Im September 1452 zog der junge Landesherr feierlich in Wien ein.

Binnen der nächsten Monate wurde Ladislaus auch in Ungarn und Böhmen als König anerkannt. Seine Königsherrschaft war jedoch nicht von langer Dauer: Im November 1457 verstarb Ladislaus Postumus im Alter von gerade einmal 17 Jahren überraschend in Prag. Sogleich begannen Spekulationen über die Todesursache – vermutet wurde ein Giftmordattentat. Wie später Untersuchungen von Ladislaus' Überresten jedoch offenlegten, war der König vermutlich einer Leukämie-Erkrankung erlegen.

Der religiöse Horizont

Mittelalterliche Politik hatte sowohl in ihren symbolischen als auch in ihren praktischen Dimensionen nahezu immer auch religiöse Konnotationen. Dies macht Helenes Darstellung besonders deutlich. Ihr Bericht enthält insgesamt fünfzig Nennungen des Namen Gottes, dazu kommen die Heilige Maria und die Heiligen Könige Stephan und Ladislaus, letzterer der Namenspatron des neugeborenen Königskindes, sowie die Heilige Elisabeth (1207–1231). Aber auch der Teufel als Widersacher und Einflüsterer falscher Ratschläge spielt in Helenes Darstellung eine große Rolle, ebenso wie die Erwähnung von Wundern und Zeichen, immer wieder auch in Träumen. Während des bangen Wartens auf ihre Gefährten beim »Kronenraub« glaubt sie auch einmal, ein Gespenst vor der Tür zu hören. Religiöse Motive und Wundergläubigkeit, die auch in die Nähe von Zauberei rücken konnten, waren in der mittelalterlichen Vorstellungswelt eng miteinander verschränkt, manche Übergänge fließend.

Stiftungen für das Seelenheil, Wallfahrten und Reliquienfrömmigkeit gehörten zu den selbstverständlichen Bestandteilen religiöser Praxis quer durch alle sozialen Gruppen – von der Magd bis zur Königin. Königin Elisabeth habe, so Helene, ein Bild im weit entfernten, damals populären brandenburgischen Wallfahrtsort Wilsnack gestiftet, um mit einem Thronfolger schwanger zu werden; Helene selbst versprach in ihrer höchsten Not im Gewölbe der Plintenburg der Mutter Gottes eine Wallfahrt nach Mariazell in Österreich sowie weitere Bußleistungen, sollte die Entwendung der Krone gut ausgehen. In den letzten Abschnitten der Geschichte müssen Elisabeths Vertraute jeweils einen Treueschwur auf das Allerheiligste ablegen; das Allerheiligste dient auch zur Begrüßung des kleinen Königs durch die einfachen Leute bei seiner Reise durch die Dörfer auf der Flucht nach Norden. Die Königstocher Elisabeth wiederum schenkt ihrem Vater knapp vor seinem Tod unter anderem ein geschmücktes Bildamulett.

Der Bezug auf Gott dominiert Helenes Darstellung in religiöser Hinsicht. Besonders häufig sind diese Referenzen zum einen in Gefahrensituationen, allen voran den Vorbereitungen auf den »Kronenraub« und das Abenteuer selbst. Gleich zu Beginn, als Königin Elisabeth sich vom Verbleib der Heiligen Krone und ihrer eigenen Kleinodien auf der Plintenburg überzeugt, kommt es zum Brand durch eine umgefallene Kerze unmittelbar neben der schwangeren Königin und den Kronen. Der

Teufel, so Helenes Interpretation, hätte den ungeborenen König und die Heilige Krone, so nahe beieinander, gern verletzt. Aber Gott wirkte als ihr Beschützer, so eine ihrer wiederkehrenden Formulierungen, sodass alle – unter tatkräftigem Zutun Helenes – wohlbehalten blieben. Durch Gottes Zutun kann später der »Kronenraub« zum geeigneten Zeitpunkt durch die richtigen Leute durchgeführt werden. Fehlschläge oder -entscheidungen (etwa ein sich als nicht geeignet erweisender Gehilfe) können so als Teil der göttlichen Vorsehung gedeutet werden.

Dies dürfte Helene umso wichtiger gewesen sein, als ihr nicht nur die Gefährlichkeit des Unternehmens bewusst war, sondern sie manchmal durchaus auch an seiner Legitimität zweifelte. Als sie den Auftrag erhielt und zwischen ihrem Dienst an der Königsfamilie und ihrer Verantwortung für die eigene Familie zu entscheiden hatte, meinte sie, niemanden außer Gott selbst um Rat fragen zu können; später im Gebet während der bangen Stunden des Wartens im Gewölbe der Plintenburg zweifelte Helene abermals, ob ihr Tun für oder gegen Gott wäre – sollte Letzteres der Fall sein, so möge er ihrer Seele gnädig sein und sie auf der Stelle sterben lassen.

Immer wieder betont Helene während der höchst lebendig geschilderten Szenen der Entwendung der Krone, dass ihr Handeln gemeinsam mit ihren Helfern von Gott geleitet sei: Er schickt den richtigen Gefährten, er bewirkt die Krankheit des Burggrafen, was die Bewachung des Gewölbes mit der Krone beeinträchtigt; er verstopft die Ohren der Leute des Burggrafen, sodass niemand den Lärm aus dem Gewölbe hört, und lässt sie auch den Geruch nicht wahrnehmen, der beim Aufbrennen der Schlösser entsteht.

Während der dramatischen Stunden betet Helene unentwegt zu Gott und der Heiligen Maria. Jede Lösung eines Problems wird der Macht des Göttlichen zugeschrieben, bei jeder neuen Bedrohung setzt sie ihr Gebet fort. Dieser Modus bleibt auch noch später auf der Reise nach Komorn aufrecht. Nun werden die Reflexionen der Heldin über die vergangenen Tage und Nächte, Gottes Ratschluss und seine vielen Zeichen und Wunder mit der Schilderung weiterer Schwierigkeiten und Gefahren – allen voran dem Unfall auf der vereisten Donau – verschränkt, bis alle schließlich wohlbehalten bei der Königin ankommen und Helene zeigen kann, dass sie »mit Gottes Hilfe« eine gute Botin gewesen ist. So selbstbewusst ihre Darstellung ist, sosehr bleibt sie dem religiösen Horizont ihrer Zeit verpflichtet – gerade auch, um so ihr Handeln zu rechtfertigen und zu legitimieren.

Auch im weiteren Verlauf der Geschichte sind es prekäre Situationen, die die Königsfamilie nur mit Gottes Hilfe heil übersteht – sei es bei der Reise zur Krönung nach Stuhlweißenburg auf dem durch das riesige Gefolge überfüllten Schiff, als auch noch starker Wind aufkommt, sei es bei der Querung des Schildgebirges, als man Angst vor Übergriffen durch Bauern gegnerischer Adeliger hatte – obwohl sich diese vermutlich deutlich mehr vor dem riesigen bewaffneten Zug der Königsfamilie fürchten mussten. Selbst militärische Rückschläge wie jener, als Ulrich von Cilli durch eine Täuschung der Gegner an einem Überraschungsangriff auf den polnischen König gehindert wird, wenden sich in Vorteile, wenn sie aus der Perspektive göttlicher Vorsehung betrachtet werden.

Die Verweise auf das Wirken Gottes in Gefahrensituationen sind dicht gefolgt von jenen, die der politisch-symbolischen Legitimation der Königsherrschaft, aber auch der Rechtfertigung politischer und militärischer Handlungen dienen. Bereits im ersten Teil der Geschichte hält die hochschwangere Königin die Vertreter der »polnischen Partei« mit dem Argument hin, sie wolle mit einer Wiedervermählung warten, bis sie wisse, ob Gott ihr einen Thronfolger schenken werde. Die mit dem Willen Gottes begründete Herrschaftslegitimation prägt dann vor allem die Szenen der Geburt, der Taufe und der Huldigung des kleinen Ladislaus. Die Geburt selbst ist ein Wunder, das gleichzeitige Eintreffen der Krone umso mehr. Das Argument wird durch jenes der langen Tradition verstärkt: Gott habe dem ersten König von Ungarn, dem Heiligen Stephan, die Krone gesandt, und ebenso offensichtlich wolle er – so Helene –, dass nun der rechte Erbe Ladislaus und nicht der polnische König ebendiese Krone bekäme; deshalb sei der kleine König auch vorzeitig zur Welt gekommen, um schneller als sein Konkurrent zur Krönung zu gelangen.

Später schickt man Boten in alle Länder der habsburgischen Herrschaft, um zu verkünden, dass ihnen »Gott der Allmächtige (…) einen König und Erbherrn« gegeben habe. Als die ungarischen Gesandten nach Polen aber dennoch an ihrem Vorhaben festhalten, den polnischen König zum Nachfolger im ungarischen Königtum zu machen, bleibt die Königin bei ihrer Hoffnung auf Gott; sie wisse, dass er ihr den Erben nicht umsonst geschickt habe. Nach dem Krönungsgeschehen mit seiner Fülle an geistlich-symbolischen Bezügen wiederum betont Elisabeth ihrer Vertrauten Helene gegenüber, dass sie um das Ausmaß ihrer Dienste wohl wisse, und verspricht ihr die Belohnung ihrer Familie unter der Voraussetzung, dass Gott die Sache gut ausgehen lasse.

Dass sich Helene gezielt auf drei ungarische Heilige, nämlich Stephan, Ladislaus und Elisabeth beruft, ist abermals mit dynastischen und legitimatorischen Aspekten zu erklären. Seit dem 11. Jahrhundert waren gleich mehrere ungarische Könige, Prinzen und Prinzessinnen aufgrund ihrer vorbildhaften Lebensführung und ihres Glaubens heiliggesprochen worden. Um ihre Person und ihr Leben hatten sich Kulte entwickelt, die nicht nur über die Grenzen Ungarns, sondern auch weit über ihre eigene Lebenszeit hinausreichten – auch deshalb konnten im 15. Jahrhundert historische Personen aus dem 10. bis 13. Jahrhundert als Legitimationsfiguren dienen. Heiligenkulte sagen somit nicht nur etwas über Person und Wirkmacht des oder der Verehrten aus, sondern ebenfalls über die Interessen und Motivationen der sie verehrenden Gläubigen und ihre Zeit.

Eines der prominentesten Beispiele ungarischer dynastischer Heiliger ist Ladislaus I., der von 1077 bis 1095 als König über Ungarn herrschte. Er wurde nach seinem Tod nicht nur selbst heiliggesprochen und prägte so dauerhaft das politische und religiöse Leben Ungarns. In seine Regierungszeit fällt auch die bemerkenswerte Dreifach-Heiligsprechung des ersten ungarischen Königs Stephan I., seines Sohnes Emmerich (gest. 1031) und dessen Erziehers, des Bischofs Gerhard von Tschanad (Csanád, gest. 1046), im Jahr 1083. Wie Gábor Klaniczay gezeigt hat, wird hier zum ersten Mal die Relevanz von Heiligenkulten für Dynastie und Monarchie greifbar.[23]

Seit 1083 hatte Ungarn nun drei »eigene« Heilige – darunter zwei der prominentesten Repräsentanten der frühen Monarchie (nämlich Stephan I. und seinen Sohn Emmerich). Für den Initiator der Heiligsprechung, Ladislaus I., dessen Königsherrschaft wie so oft im 11. Jahrhundert anfangs noch umstritten war, bot das die Möglichkeit, seine eigene Legitimation durch die familiäre Verbindung zu den »neuen« Heiligen zu untermauern. Das verschaffte Ladislaus eine sakrale Autorität. Fortan erschien die Sakralität eines Königs als »logische Konsequenz« (Gábor Klaniczay) seiner Funktion als Herrscher. Die ethisch vorbildlichen Eigenschaften des Herrschers konnten nun mit jenen des Heiligen zusammengedacht werden.

In den folgenden Jahrhunderten wurde diese Entwicklung um eine Komponente erweitert – das lässt sich am Beispiel von Ladislaus' Heiligsprechung gut nachvollziehen. Diese erfolgte 1192, also fast einhundert Jahre nach seinem Tod. Sie fällt in die Regierungszeit Bélas III. (gest. 1196), der von 1172 bis 1196 ungarischer König war. Neben Reformen und dem Ausbau des Kanzleiwesens war die Regierungszeit Bélas III. von Kreuzzugsplänen charakterisiert. Auch wenn sie erst von seinem Sohn Andreas II. realisiert wurden: Die monarchische Pracht, die Bereitschaft zum Kampf für den Glauben, die enge Bindung an die Kirche – all das erklärt, warum sich Béla für die Kanonisation von Ladislaus I. einsetzte. Neben der Moralisierung der Heiligen Könige, die man seit dem 11. Jahrhundert kannte, gewann das Motiv des Ritterkönigs an Bedeutung. Das ist freilich keine ungarische Besonderheit – vielmehr lassen sich die hier beschriebenen Trends in vielen Ländern Europas beobachten.
Blickt man nämlich in spätere Chroniken, so erscheint Ladislaus zumeist als Idealbild eines tapferen und tugendhaften Ritters: Zu den Tugenden als guter Herrscher traten nun seine Fähigkeiten im Kampf. Auch deshalb gibt es etliche romantisierende Geschichten, die Ladislaus als siegreichen Ritter, als helfenden Retter in der Not oder als Vorkämpfer und Verteidiger seines Landes (*athleta patriae*) beschreiben. Auf diese Weise entstand geradezu ein neuer Typus unter den Heiligen Königen, der mehrere Attribute in sich vereinte: den idealen König, den dynastischen Helden, den christlichen Ritter, den ritterlichen König und den Landesheiligen.

Das Zentrum des neuen Ladislaus-Kults wurde Großwardein im heutigen Rumänien, wohin man den Leichnam von Ladislaus überführte. Die Ortswahl hat wesentlich mit der Förderung der Stadt durch Ladislaus I. zu tun: Er machte Großwardein zum Sitz eines Bistums und sorgte für den Ausbau der Stadt. Ähnlich wie schon Stephan I. oder Emmerich verdankt Ladislaus seine Heiligsprechung nicht einem Martyrium, sondern einer idealisierten Lebens- und Herrschaftsführung. Stärker als in früheren Lebensbeschreibungen von Heiligen wurden in der über ihn verfassten Vita jedoch politische Aspekte betont: Der König erscheint vor allem aufgrund eigener Qualitäten als Vorbild in kirchlichen und weltlichen Dingen. Auch deshalb fand seine Geschichte in späteren Zeiten so großen Anklang.

Besonders im 14. Jahrhundert, der Zeit der ungarischen Anjou-Könige, wurde Ladislaus zum »Landesheiligen« (János Bak) stilisiert. Indizien dafür sind beispielsweise zeitgenössische bildliche Darstellungen von Ladislaus als Heiligem oder aber eine Reise König Ludwigs I., der im Anschluss an seine Krönung im Jahr 1342 nach Großwardein zog – wie viele Pilger seiner Zeit. 1390 wurde in Großwardein eine prachtvolle Gruppe aus Bronzestatuen errichtet, die die königlichen Heiligen Stephan, Emmerich und Ladislaus zeigte und von den berühmten Bildhauern Martin und Georg von Klausenburg angefertigt wurde. Und auch für Helene Kottannerin und Elisabeth ist der Heilige Ladislaus eine wichtige Bezugsgröße: Bewusst nennt Elisabeth, so betont Helene, ihren Erstgeborenen Ladislaus und schickt Dankesgaben an die Kultstätte des Heiligen nach Großwardein.

Auch die Erwähnung der Elisabeth-Kapelle in der Plintenburg lässt sich in diesen Kontext der Heiligenfrömmigkeit einordnen. Obwohl Helene nur knapp erwähnt, dass die Heilige Krone durch diese Kapelle aus der Burg hinausgelangt, ist auch darin eine Verbindung zur Dynastie der Árpáden und dem ungarischen Königtum zu erkennen, in dessen Tradition Helene den Thronfolger Ladislaus Postumus verortet. Helene trägt die Krone durch eine Kapelle, die der Heiligen Elisabeth von Thüringen und somit einer der prominentesten europäischen Heiligen überhaupt geweiht ist. Geboren als Tochter des ungarischen Königspaars Andreas II. und Gertrud (1185–1213), heiratete Elisabeth schon in jungen Jahren den Landgrafen von Thüringen. Nach dem frühen Tod ihres Mannes tat sich Elisabeth durch die Gründung eines Krankenspitals in Marburg hervor und erwarb sich bereits unter den Zeitgenossen den Ruf einer heiligmäßigen karitativen Lebensführung.

Bereits 1236 wurden die Gebeine der ebenfalls jung verstorbenen Elisabeth bei einer prunkvollen Feier in Marburg, der auch Kaiser Friedrich II. (1194–1250) und zahlreiche Fürsten des römisch-deutschen Reiches beiwohnten, feierlich umgebettet. Über dem neuen Grab wurde in den folgenden Jahrzehnten eine neue Kirche – die Marburger Elisabethkirche – errichtet. Sie wurde zum Zentrum des sich rasch verbreitenden Elisabethkults. In den Jahrzehnten nach Elisabeths Tod wurden zahlreiche Spitäler und Kirchen unter den Schutz der neuen Heiligen gestellt. Binnen kurzer Zeit strahlte der Kult der Heiligen Elisabeth in zahlreiche Länder Mitteleuropas aus – vom römisch-deutschen Reich nach

Ungarn, Böhmen, Polen, aber auch nach Italien und Frankreich. Zudem folgten viele mitteleuropäische Fürstentöchter Elisabeths Beispiel und begründeten so einen Typus von »blessed princesses« (Gábor Klaniczay), der komplementär zu den Heiligen Königen der Region als wichtige Identifikationsfigur wirkte. Helenes Nebenbemerkung über die Elisabeth-Kapelle kennzeichnet also nicht nur die Plintenburg als zeitgemäßen Ort der Heiligenverehrung; sie schafft damit auch – bewusst oder unbewusst – einen Identifikationsrahmen, in dem kundige Leserinnen und Leser die Geschichte des Ladislaus Postumus im Spannungsfeld von vorbildlicher Frömmigkeit und dynastischer Legitimation verorten konnten.

Leben bei Hof

Im Zentrum des Hoflebens, egal ob an einem festen Ort oder auf Reisen, stand die fürstliche Familie. Mehr noch: Höfe und ihr Personal formierten sich um die Herrscherfamilie und differenzierten sich ihren Bedürfnissen entsprechend aus. Der Haushalt von Herrschern und Herrscherinnen wurde mit einer klar strukturierten Personal- und Ämterhierarchie organisiert. Hofämter, die einen Dienst an den Herrschenden bedeuteten, konzentrierten sich daher vor allem auf deren persönliche Bedürfnisse. Das zeigt sich beispielsweise an den Aufgaben der vier traditionsreichsten Hofämter: Truchsess (Tafel/Verwaltung), Kämmerer (Finanzen), Mundschenk (Getränkeversorgung) und Marschall (Aufsicht Pferde/Militär). Hinzu kamen weitere Ämter mit administrativen Funktionen. Weil sich der Hof um den Haushalt der Herrscher organisierte, gehörte auch die fürstliche Familie dazu. Entsprechend gab es Positionen, die speziell auf die Herrscherin oder aber die Fürstenkinder zugeschnitten waren – die Hofdamen etwa oder aber Erzieherinnen und Erzieher.

Hinsichtlich der Ämterhierarchie war der Hof der ungarischen Königinnen parallel zu dem der Könige organisiert. Der Hof Elisabeths von Ungarn stellte indes eine Besonderheit dar: Sie verfügte als regierende Königin über eine eigene Kanzlei sowie eigene Hofbedienstete. Als wirtschaftliche Grundlage dienten ihr – wie allen ungarischen Königinnen vor ihr – umfangreiche Besitzungen in Ungarn, die Elisabeth zu einer der reichsten Landbesitzerinnen im Königreich machten.

Ein Wesensmerkmal fürstlicher Höfe des Spätmittelalters war, dass Familienangehörige im Alltag vorwiegend zu festgelegten Zeiten zusammentrafen, etwa zu Mahlzeiten oder zum Gottesdienst. Mehr Zeit als im Familienkreis verbrachten die Angehörigen der fürstlichen Familie vielmehr mit Personen des ihnen zugeordneten Gefolges, zu denen sie nicht selten sehr enge persönliche Beziehungen aufbauten. Für Königinnen und Fürstinnen war das sogenannte Frauenzimmer von besonderer Bedeutung: Mit diesem Begriff bezeichnet man sowohl das permanente Gefolge rund um die Königin als auch die für diese Gruppe eigens vorgesehenen Räumlichkeiten.

Für den zentraleuropäischen Raum gibt es im Unterschied zu den südlichen und westlichen Regionen Europas vergleichsweise wenige frühe Beschreibungen des Lebens bei Hof, die konkrete Hinweise auf das Zusammenleben fürstlicher Familien untereinander und mit den Angehörigen ihres Gefolges und ihren Bediensteten bieten. Zeitgenössische Hofordnungen vermitteln eher ein Bild von den Normvorstellungen eines disziplinierten Hoflebens, während die tatsächliche Praxis oft deutlich vielfältiger war, wie dies Verwaltungsquellen wie Rechnungsbücher nahelegen.

Auch in diesem Punkt ist die Darstellung der Helene Kottannerin eine Ausnahme, denn sie bietet eine Fülle von Details zur Raumaufteilung in königlichen Burgen und sonstigen Aufenthaltsorten, erwähnt teilweise auch deren Ausstattung und Nutzung, geht auf Kleidung, Schmuck und Objekte des alltäglichen Gebrauchs ein, die Hinweise auf soziale Differenzierung der unterschiedlichen Personen bei Hof geben.

Für viele Menschen war der Hof ein wichtiger Arbeitsplatz, zu den bedeutendsten sozialen Währungen gehörten folglich Gunst und Gnade: Sie bestimmten über den Zugang und die Nähe zum Herrscher oder zur Herrscherin und definierten so die Position der Einzelnen im höfischen Sozialgefüge. Weil Rivalität und individuelle Avancen dem Hof eine eigene Hierarchie verliehen, konnten Inhaber von Hofämtern oft Gegenstand politischer Kritik oder gar Intrigen werden. Diese Mechanismen werden in Helenes Bericht eindrücklich offengelegt: Helene beschreibt, dass Königin Elisabeth ständig von einem Kreis von sozial hochstehenden Hofdamen und einfacheren Dienerinnen umgeben war.

Den höchsten Rang in diesem sozialen Gefüge nahm die Hofmeisterin oder die Ehefrau des Hofmeisters des Königs ein. An Elisabeths Hof war das eine Ungarin namens Margit, deren Herkunft Helene durch die ungarische Bezeichnung als »Margit Asszony«, also »Frau Margit«

markiert. Helene nennt keine weiteren Details über Margits Herkunft. Die Titel »Herr« und »Frau« bezeichnen allerdings Personen höheren Standes. Auf ihre Herkunft und Position kann darüber hinaus nur aus den Strukturen des Königshofs geschlossen werden, an dem für das Jahr 1440 Ladislaus Pálóci, also ein Mitglied einer besonders angesehenen Familie, als Hofmeister belegt ist. Auch die Wahl Margits als Taufpatin – freilich ein Vorschlag Helenes – zeugt von ihrer hohen Stellung am Hof.

Neben Margit erwähnt Helene zahlreiche weitere Hofdamen, deren Zahl sich indes nicht genau bestimmen lässt. Manche benennt Helene zumindest vage namentlich, so etwa die ungarische Adelige Barbara, eine unbestimmte Herzogin von Schlesien oder die Hofdame »Fronacherin«, die möglicherweise aus der oberösterreichischen Adelsfamilie Frodnach stammte; manchmal erwähnt sie – allerdings stets unter Verweis auf deren edle Abstammung – eine nicht näher bestimmte Gruppe von Hofdamen. Alle Frauen umgeben die Königin entweder permanent – so schlafen sie in ihrer Nähe – oder stehen zumindest auf Abruf bereit. Dennoch oder gerade deshalb funktioniert dieses enge Sozialgefüge nicht ohne Reibereien, wie Helenes kontinuierliche Bemühungen um die Betonung der eigenen Position als persönliche Vertraute und Ratgeberin Elisabeths zeigen.

Auch wenn Helenes Bemerkungen zum Hof der Königin bisweilen unspezifisch erscheinen (und vielleicht auch absichtlich so vage gehalten sind), ermöglichen sie wichtige Erkenntnisse zu den Hofstrukturen. So sticht beispielsweise die Herkunft der Hofdamen aus unterschiedlichen Herrschaftsgebieten Elisabeths hervor. Damit unmittelbar verbunden ist die Frage nach Kenntnis und Gebrauch von Sprachen. Dass Helene Deutsch als wichtigste Schrift- und gesprochene Sprache verwendet, ist mit Blick auf ihre Herkunft nur folgerichtig. Dennoch zeigen ihre Verweise auf die ungarische Herkunft anderer Hofdamen ebenso wie Zitate kurzer ungarischer Sätze, dass sie auch über Grundkenntnisse des Ungarischen verfügt haben muss. Gleichzeitig ist daran zu ersehen, dass Ungarisch zumindest für die mündliche Kommunikation am Königshof eine Rolle gespielt haben dürfte. Das entspricht den Alltagsrealitäten größerer ungarischer Städte, in denen Menschen ganz unterschiedlicher Herkunft – Ungarn, Böhmen, Deutsche, Polen, Italiener – zusammenlebten und miteinander kommunizieren mussten. Von dieser Allgegenwart der Mehrsprachigkeit künden nicht nur zahlreiche chronikalische

Beschreibungen aus dem 15. Jahrhundert, sondern auch zweisprachige Wörterbücher, die die Verständigung erleichtern sollten.

Die genauesten Beschreibungen von Räumen und Raumausstattung gibt Helene anlässlich der Schilderungen jener Aufenthalte auf der Plintenburg, die in direktem Zusammenhang mit der Verwahrung bzw. der Entwendung der Heiligen Krone stehen. Hier ist ihr jedes Detail der strategischen Planung wichtig, dementsprechend präzise sind ihre Angaben. Die Schilderung von Elisabeths Besuch auf der Burg, bei dem sie nach Albrechts Tod den Verbleib beider Kronen und ihres Schmucks überprüfen will, vermittelt einen guten Eindruck von den durchaus beengten Platzverhältnissen. Elisabeth schlief mit zwei Hofdamen in jenem Zimmer, wo im Zuge der Kontrolle auch alle Wertgegenstände in einer kleinen Truhe aufbewahrt wurden, bevor die Heilige Krone selbst später wieder in der ursprünglichen Truhe im Gewölbe verwahrt wurde. Erwähnt wird nur ein Bett für die schwangere Königin. Wo genau die Hofdamen schliefen, bleibt offen; möglich sind ein gemeinsames weiteres Bett oder auch Bänke als Schlafstätten. Die kleine Truhe mit beiden Kronen stand jedenfalls nahe bei Elisabeths Bett, darauf lag ein blauer samtener Polster und daneben stand eine Kerze, die in der Nacht umfiel und die Königin mit ihrem ungeborenen Kind wie auch die Krone in eine äußerst prekäre Situation brachte. Pölster werden später noch zweimal erwähnt – in einem roten Polster wird die Krone aus der Burg gebracht, auf einem weiteren Polster der Säugling Ladislaus in Raab böhmischen Großen zur Huldigung präsentiert.

Truhen wie auf der Höhenburg gab es im Schloss am Fuß der Plintenburg offenbar nicht, denn als Helene etwas später im Auftrag ihrer Herrin deren eigene Krone samt Schmuck in ihrem Gewand versteckt dorthin brachte, musste man die wertvollen Gegenstände mangels Alternativen unter dem Bett verstecken. Und als sie schließlich die Hofdamen nach Komorn zu ihrer Herrin holen sollte und die Reisevorbereitungen begannen, wurde für deren Gewand extra eine Truhe hergestellt.

Neben Betten und Truhen als wichtige und teils mobile Einrichtungsgegenstände von Burgen erwähnt Helene im Zuge ihrer Vor- und Nachbereitungen des »Kronenraubs« mehrfach den mit Holz beheizten Kachelofen als zentralen festen Bestandteil der Einrichtung und sozialen Ort der Begegnung. Dort unter dem Holz wollte Helenes Gehilfe die Feile – eines der Einbruchswerkzeuge – verbergen; dort scherzte er mit den Hofdamen, die von Knechten bedient wurden, die ihrerseits seinen Versuch bemerkten; dort sprach Helene offenbar auch jene alte Frau an, die ihr die Kerzen für ihre Nachtwache gab. Am Tag nach vollbrachter Tat blieb ein Stück des Futterals, in dem sich die Krone befunden hatte, vor dem Ofen liegen und wurde dort von einer weiteren alten Frau entdeckt, die Helene dann kurzerhand mit auf die Reise über die Donau zu Elisabeth nahm, um jegliche Komplikationen zu vermeiden.

Als weiteren festen Bestandteil der Räumlichkeiten nennt Helene einen Abort, wo schließlich die Werkzeuge entsorgt werden, und sie gibt detaillierte Beschreibungen von Türen mit Angeln, Ketten und Riegeln. Noch genauer sind ihre Schilderungen der jeweiligen Abläufe des Öffnens und Verschließens von Schlössern mit Tüchern und Siegeln sowie des dafür notwendigen Werkzeugs – inklusive des Bettrocks und der Filzschuhe, die ihr Begleiter mitbrachte, um das verdächtige Material zu verbergen.

Kleidung erwähnt Helene fast ausschließlich im Zusammenhang mit Ausnahmesituationen: Neben ihrem eigenen Gewand, das sie zum Verbergen von Elisabeths Krone und Schmuck verwendet, ist das ihr Pelzrock, mit dem sie nach der Krönung auf der langen Flucht nach Norden den kleinen Ladislaus vor Wind und Regen zu schützen versuchte. Das Kleidungsstück ist gleichzeitig ein weiterer Hinweis auf den gehobenen Status der Kottannerin, wie ihn auch ihre urkundlich belegten Wohn- und Verwandtschaftsverhältnisse dokumentieren.

Über die Kleidung der Königin verliert ihre Kammerfrau hingegen kaum ein Wort; jene der dreijährigen Königstochter Elisabeth wird nur zweimal erwähnt: Zu Beginn der Geschichte schenkt sie ihrem sterbenskranken Vater zusammen mit einem Bildamulett ein Hemdchen, das sie selbst getragen hat, wovon man sich wohl eine heilkräftige Wirkung versprach. Später berichtet Helene anlässlich der Taufe von Elisabeths kleinem Bruder, dass man der Königstochter den schwarzen Mantel abnahm, den sie in Trauer um ihren verstorbenen Vater getragen hatte, und ihn durch einen festlichen golddurchwirkten Mantel in roter Farbe ersetzte. Auch die Hofdamen sollten sich für diese Gelegenheit herausputzen, wie Helene vermerkt. Sie selbst war in den darauffolgenden Wochen mit der Herstellung des Krönungsgewands für den Thronfolger beschäftigt. Dafür hatte die Königin um goldenes Tuch nach Ofen geschickt, das aber nicht rechtzeitig eintraf. Daher arbeitete Helene ein rot-goldenes Messgewand mit silber-weißen Stellen, das ihrer Angabe zufolge einst König Sigismund als Mantel gedient hatte, für Ladislaus um und stellte auch alle übrigen für die Krönung notwendigen Utensilien her. Bei der Krönung selbst erwähnt sie außerdem ein goldenes Tuch und eine rot-goldene Decke mit weißem Hermelinfell, auf die der kleine König gebettet wurde – nicht ohne hier auch die Bedeutung von Rot und Weiß (in der Heraldik Silber), den Farben des österreichischen Wappens, anzudeuten.

Detaillierter geht Helene auf die Lebensbedingungen der Hauptpersonen der Geschichte im Frauenzimmer und auf das Leben von und mit Königskindern ein. Ihre ausführliche Beschreibung der Geburt des Ladislaus Postumus stellt dabei einen Höhepunkt dar. Helenes Innensicht ist für mittelalterliche Beschreibungen sehr selten und macht ihren Bericht einmal mehr zu einem außergewöhnlichen Glücksfall der Überlieferung. Allerdings erzählt sie keine Alltagsgeschichten im Sinn des wiederkehrend Alltäglichen, sondern eine Geschichte des Außergewöhnlichen: Denn zum einen stellen die Lebensbedingungen von fürstlichen Familien als Spitze gesellschaftlicher Eliten aufgrund ihrer sozialen und ökonomischen Ressourcen immer eine Ausnahme gegenüber jenen des überwiegenden Teils der Bevölkerung dar. Zum anderen ist die Motivation des Berichts der königlichen Kammerfrau eben ganz außergewöhnlichen Umständen geschuldet. Die zeitliche Koinzidenz des Todes König Albrechts II. mit der Schwangerschaft seiner Gattin und die aus der osmanischen Bedrohung resultierende doppelt prekäre Lage im Königreich Ungarn war in jeder Hinsicht besonders und ließ aus der Perspektive der Königsfamilie alle möglichen Mittel zur Bewahrung der ja erst vor Kurzem etablierten Herrschaft notwendig und legitim erscheinen.

Denn Herrschaftspolitik bedeutete Familienpolitik – dieses wesentliche Grundprinzip mittelalterlicher politischer Strukturen wird anhand dieser Konstellation besonders deutlich, und auch Helenes Darstellung betont es in mehrfacher Hinsicht. Kontinuität und Ausweitung von Herrschaft wurden aus der Perspektive der betroffenen Familien zum einen über Nachkommenschaft gesichert, zum anderen durch dynastische Eheverbindungen hergestellt. Nähere und weitschichtige Beziehungen über Verwandte aus Seitenlinien, die ihrerseits politische Aufgaben übernahmen und auch als Freunde und Getreue bezeichnet wurden, unterstreichen darüber hinaus die Bedeutung von auf Verwandtschaft gegründeten Loyalitäten – auch wenn diese in der politischen Praxis nicht immer hielten. Auf Elisabeths Seite bieten für beides ihre Vettern und Vertrauten Ulrich von Cilli und Ladislaus Garai Beispiele, während väterlicherseits Herzog Albrecht VI. von Österreich seinem neugeborenen Verwandten Ladislaus rund um dessen Krönung zur Seite stand.

Eine genügend große Anzahl gesunder und die frühen Lebensjahre überstehender Kinder sicherte Familien unabhängig von ihrem sozialen Hintergrund den längerfristigen Bestand. Dies galt insbesondere vor dem Hintergrund der hohen Kindersterblichkeit, die im mittelalterlichen Europa auf 25 Prozent im ersten Lebensjahr und auf bis zu weitere 25 Prozent bis zum zehnten Lebensjahr geschätzt wird. Für Fürstenfamilien waren genügend Nachkommen darüber hinaus die wesentliche Voraussetzung für eine weitreichende dynastische Politik, innerhalb derer Kinder beiderlei Geschlechts oft schon im Kleinkindalter formal mit politisch geeigneten Partnern verheiratet wurden.

Königin Elisabeth selbst wurde im Alter von etwa zwei Jahren mit dem zwölf Jahre älteren Habsburger Albrecht verlobt; ihre gleichnamige Tochter Elisabeth erst vergleichsweise spät mit 18 Jahren (1454) mit dem damals 27-jährigen Kasimir IV. von Polen verheiratet. Die »kleine« Elisabeth war die zweite Tochter der Königin; Ladislaus war ihre vierte und letzte Schwangerschaft und das dritte überlebende Kind. Auch er starb allerdings bereits im jugendlichen Alter. Neben Elisabeth erreichte die erstgeborene Tochter Anna (1432–1462) das Erwachsenenalter; mindestens ein weiterer Sohn starb noch am Tag seiner Geburt (1435). Elisabeths Tochter Anna hatte später zwei Töchter mit Herzog Wilhelm III. von Sachsen (1425–1482); die spätere polnische Königin Elisabeth gebar 13 Kinder, von denen elf das Erwachsenenalter erreichten – eine erstaunlich hohe Zahl, auch wenn Fürstenkinder aufgrund ihrer sozialen Stellung und der damit einhergehenden besseren Versorgung generell höhere Überlebenschancen hatten als Kinder aus durchschnittlichen Familien. Dennoch wurden auch Fürstenkinder sicherheitshalber bereits wenige Tage nach der Geburt getauft. Das zeigt auch das Beispiel des kleinen Ladislaus, für dessen Taufe die Vorbereitungen nach Helenes Darstellung bereits am frühen Morgen nach der Entbindung begannen.

Helene selbst, die etwa zehn Jahre älter als ihre Herrin war, hatte ebenfalls mehrere Kinder, von denen wir allerdings kaum etwas wissen. Ihr ältester Sohn Wilhelm aus ihrer ersten Ehe mit dem deutlich älteren Ödenburger Ratsherrn und Bürgermeister Peter Gelusch ist als Erwachsener zwar mehrfach urkundlich dokumentiert; ihre »kleinen Kinder«, die nach zeitgenössischer Wahrnehmung wohl jünger als sieben Jahre alt waren, erwähnt sie selbst nur einmal zu Beginn der Geschichte, als sie sich dem »Wagnis ihres Lebens« stellen muss und von Sorgen um ihre Familie gequält wird. Nach Ladislaus' Krönung kündigt ihr Elisabeth umgekehrt eine Belohnung für sie und ihre Kinder an, und anlässlich der notwendigen Trennung der Königsfamilie spricht Helene auch von dem damit einhergehenden Abschied von ihrer eigenen Familie – hier erwähnt sie ihren zweiten Mann und Vater ihrer kleinen Kinder, den »Kottanner«, sowie namentlich ihre Tochter Katharina. Auch Helene hatte also mindestens drei Kinder und vielleicht wie Elisabeth noch mehr Schwangerschaften hinter sich.

Ihre Aufgaben als Kammerfrau und Erzieherin zeigen sie als Mitglied in zwei Familienverbänden: Neben ihrer eigenen Familie war sie Angehörige der erweiterten Königsfamilie, für deren Kinder sie vielfältige Verantwortungen trug und mit denen sie deutlich mehr Zeit verbrachte als die Königin selbst, die sowohl während ihrer Schwangerschaft als auch unmittelbar nach der Geburt ungeachtet des Wochenbetts ihren politischen Pflichten nachging, die auch regelmäßiges Reisen und lange Abwesenheiten von der Familie bedeuteten. Helenes in ihrem Bericht artikulierte Prioritäten lagen explizit bei ihren Verpflichtungen gegenüber den Königskindern, insbesondere dem Thronfolger Ladislaus. Ihre potenziellen Loyalitätskonflikte zwischen diesen und ihren eigenen Kindern macht sie nur ein einziges Mal anlässlich ihrer Entscheidung sichtbar, den Auftrag der Königin zur Beschaffung der Heiligen Krone für die Krönung ihres Sohnes anzunehmen. Dass die Königskinder und die Kottanner-Kinder während der Reise wohl mehrheitlich im Verband des Frauenzimmers zusammenlebten, legt Helene ebenfalls nur indirekt nahe, geht auf diesen Umstand aber mit keinem weiteren Wort in ihrer Darstellung ein: Diese steht ganz im Zeichen der größeren Geschichte der Königin Elisabeth und deren Kinder, besonders ihres »natürlichen Herrn«, wie sie Ladislaus im Sinn der dynastischen Nachfolgelogik in der zeitgenössischen Terminologie bezeichnet, sowie Helenes eigenem Beitrag dazu, diese Geschichte nach Gottes Willen zu erfüllen, wie sie ebenso regelmäßig betont.

Die Bedeutung des lang erwarteten männlichen Thronfolgers – Königin Elisabeth hatte dafür auch Votivgaben gestiftet – und das im religiösen Horizont der Geschichte sinnfällige Zusammentreffen der Ankunft des Kindes und der Krone hat den erzählerischen Effekt, dass Helene die Geburt in außergewöhnlichem Detailreichtum beschreibt und dabei lebenspraktische Erfahrungen der Königin und der sie unterstützenden Frauen erläutert. Wir erfahren von der recht genauen Berechnung des Geburtstermins, auf den die Reiseplanungen abgestimmt wurden und dem der kleine König dann doch eine Woche zuvorkam. Helene erzählt von einem Wannenbad, das Elisabeth knapp vor der Heimkehr Helenes von der Plintenburg genommen hatte und wonach sie sich unwohl fühlte, was die Kammerfrau nach einem kundigen Blick unter das Gewand zu der Diagnose führte, dass die Geburt unmittelbar bevorstand. Während Elisabeth aufstand und den Geburtsvorgang im Gehen beförderte, organisierte Helene die eigentlich kompetenten Personen, allen voran die Hebamme Margret. Diese war der Königin eigens von der oberösterreichischen Grafenfamilie der Schaunberg empfohlen worden, was die zeitgenössisch zentrale Position von Hebammen bei Geburten vor allem sozial höher gestellter Frauen und deren besondere Wertschätzung unterstreicht. Eine weitere Hebamme sowie eine Amme mit ihrem kleinen Sohn, die das Stillen des Neugeborenen anstelle seiner Mutter übernehmen sollte – ebenfalls eine weithin geübte Praxis bei spätmittelalterlichen Eliten – hatten zwei namentlich genannte Witwen aus Ofen mitgebracht: Sie alle wohnten in einem Marktort nahe der Burg von Komorn und kamen aufgrund der raschen Geburt zu spät, sodass die Hebamme Margret unterstützt von der ungarischen Hofmeisterin Margit, einer weiteren Hofdame und der Kottannerin selbst die Königin bei der Entbindung ihres Sohnes betreuten.

Insgesamt erwähnt Helene also acht Frauen, die zur Unterstützung der gebärenden Königin zur Verfügung standen. Nur zweimal weist sie im Zusammenhang von Schwangerschaft und Geburt auch auf die Einschätzung von Gelehrten bzw. Ärzten hin: Letztere hätten der Königin am Beginn der Schwangerschaft die Geburt eines Sohnes vorausgesagt, während nach zeitgenössischer gelehrter Meinung die Muttermilch der Mutter eines Sohnes von höherer Qualität sei; offenbar folgte man bei der Wahl der Amme diesem Prinzip – ein schönes Beispiel für die gegenseitige Beeinflussung von gelehrtem und populärem medizinischem Wissen. Die Stillamme begleitete die königliche Familie zusammen mit ihrem kleinen Sohn weiter auf der Reise durch das Land; sie und Helene waren immer in der Nähe des Neugeborenen. Für die allerletzte Etappe, als man nur noch mit kleinem Gefolge unterwegs war, erwähnt Helene nur noch zwei weitere, nicht näher spezifizierte weibliche Personen (*frawn volkh*), wohl Dienerinnen.

Ungeachtet der lebenswichtigen Funktion der Amme hebt Helene regelmäßig ihre eigenen, umfassenderen Verantwortungen hervor. Neben ihrer durchgängigen Beratungsrolle gegenüber der Königin ist sie es, die den kleinen König Tag und Nacht betreut: Sie nimmt ihn aus der Wiege und trägt ihn, wenn er auf Reisen so unruhig wird, dass ihn auch die Amme nicht stillen kann. Sie beschützt ihn vor Wind, Sonne und Regen und damit vor Erkrankung – fehlende Hygiene, Mangelernährung und ansteckende Krankheiten gehörten zu den häufigsten Gründen der hohen Säuglingssterblichkeit. Sie durchwacht seine unruhigen Nächte, angesichts dieser notwendigen Nähe bei der Betreuung eines Säuglings ist es daher auch Helene, die bei den zentralen zeremoniellen Handlungen der Krönung dem Königskind am nächsten ist – noch näher als die Königin selbst. Diese Rolle wird auch von den ungarischen Großen und selbst den Gegnern der Königin gewürdigt: Laurenz Hédervári spricht Helene persönlich bei seinem Huldigungsbesuch für Ladislaus an dessen Wiege an und hebt – wohl nicht ganz ohne unterschwellige Ironie oder Drohung – ihre Verantwortung für den neugeborenen »König von Ungarn, König von Böhmen, Herzog von Österreich und Markgrafen von Mähren« hervor.

Die Nähe zu Ladislaus erschloss Helene außerdem wichtiges strategisches Wissen: Als die Heilige Krone auf der Flucht der Königsfamilie erneut verborgen werden musste, hatte Helene die Idee, sie in der Wiege des Säuglings ins Stroh zu legen, welches man aus hygienischen Gründen anstelle von Federbetten für Wickelkinder verwendete. Um das Versteck noch besser zu tarnen, legte sie einen Löffel dazu, den man zum Anrühren des Kinderbreis verwendete, und erwähnt damit nebenbei, dass Ladislaus mit drei Monaten bereits zusätzlich zur Milch der Amme auch Breinahrung erhielt. Spielsachen der Kinder im königlichen Haushalt – der Königskinder selbst, ihrer eigenen Kinder oder des kleinen Sohnes der Amme – erwähnt Helene hingegen nicht. Anlässlich der zeremoniellen Präsentation des kleinen Ladislaus gegenüber den böhmischen Großen in Raab erzählt sie jedoch, dass der Säugling angesichts der Prozedur in lautes Weinen ausbrach und erst durch den Gesang und das Lautenspiel eines kleinen Buben im Narrengewand, der mit der Königsfamilie reiste, zur Ruhe gebracht werden konnte – ein neuerlicher Hinweis auf die Präsenz von weiteren Kindern in der königlichen Umgebung.

Als Thronfolger steht Ladislaus im Fokus der Sorge seiner Betreuerin Helene. Werden die Beziehungen der älteren Schwester Elisabeth zu ihren Eltern und Helene selbst vor seiner Geburt öfter kommentiert, dreht sich dieses Verhältnis danach um, Ladislaus wird insgesamt etwa doppelt so häufig erwähnt wie seine Schwester Elisabeth; die älteste Schwester Anna dagegen spielt in der Erzählung keine Rolle. Vorher beschreibt Helene genau die jeweiligen Aufenthaltsorte der kleinen Elisabeth und betont gleich zweimal die allgemeine Verwunderung, die ihre eigene Fahrt auf die Plintenburg auslöste, weil sie dadurch für einige Tage von ihrem Schützling getrennt wurde – eine Trennung, die deutlich kürzer ausfiel als die Abwesenheiten Elisabeths aufgrund ihrer politischen Verpflichtungen. Später dominiert die doppelte – persönliche und politische – Sorge um das Leben eines Thronfolgers im Säuglingsalter.

Ungeachtet dessen nennt Helene die beiden Königskinder an entscheidenden Stellen gemeinsam: Auf der Reise zum Krönungsort Stuhlweißenburg besteigt Elisabeth zusammen mit »ihrem königlichen Geschlecht, Sohn und Tochter« das Schiff; nach der Krönung erinnert Helene ihre Königin an die Dienste, die sie dem »edlen König und auch den anderen Kindern Ihrer Gnaden, dem edlen Fürstengeschlecht« geleistet habe. Und bei ihrem emotionalen Abschied möchte Elisabeth die Kottannerin am liebsten zwischen sich, ihrem Sohn und ihrer Tochter »dreiteilen«, bevor sie ihr schließlich den kleinen Thronfolger, ihren »wertvollsten Schatz«, anvertraut.

Sind die Rollen der beiden Frauen gegenüber den Königskindern aufgrund ihrer unterschiedlichen sozialen Stellung ebenso wie ihrer Verantwortungsbereiche komplementär, so zeigt dieses wie auch andere Beispiele gleichzeitig die emotionale Verbundenheit der Königin und auch König Albrechts II. mit ihren Kindern: Als der kleine Ladislaus während der Krönungszeremonie zum Ritter geschlagen werden soll, ruft Elisabeth dem Wojewoden Nikolaus von Freistadtl zu: »Um Gottes Willen, tu ihm nicht weh.« Der sterbenskranke Albrecht wiederum möchte seine

Gattin und Tochter noch einmal sehen und reist der kleinen Elisabeth nach Gran entgegen. Das Mädchen schickt ihm seinerseits als Heilmittel ein am eigenen Körper getragenes Hemdchen und ein Amulett mit Bildern und zauberkräftigen Erbsenschoten.

Die affektiven Bindungen zwischen den handelnden Personen treten also über Standesgrenzen hinweg und ungeachtet unterschiedlich starker persönlicher Vertrautheit in Situationen zutage, die die grundsätzliche Unsicherheit und Vergänglichkeit des Lebens greifbar machen – davon gab es viele. Vom Tod Albrechts zu Beginn der Geschichte, der kurz zuvor noch gemeinsam mit seiner Gattin sein Feldlager inspiziert hatte, über die Gefährdung Elisabeths und ihres ungeborenen Kindes beim Brand in der Plintenburg, die Geburt des Thronfolgers selbst bis zur Sequenz von Rückzug und Abschied auf der Flucht der Königsfamilie: Überall waren die Beteiligten mit der Möglichkeit eines kurzfristigen Endes ihres Lebens konfrontiert. Albrecht starb im Alter von 42 Jahren, Elisabeth wurde 33 Jahre alt; ihr Sohn vollendete gerade einmal das 17. Lebensjahr. Nur ihre gleichnamige Tochter Elisabeth erreichte mit knapp 70 ein hohes Alter, ebenso wie Helene Kottannerin selbst, die um 1400 geboren wurde und zwischen 1470 und 1477 starb.

Wie prekär das Leben auch für Angehörige gesellschaftlicher Eliten war, schildert Helene besonders im letzten Abschnitt ihres Berichts, als auf den letzten Etappen täglich Nachrichten von der Gefangennahme engster Vertrauter und Verbündeter eintrafen. Die katastrophalen Witterungsbedingungen unterstreichen den Eindruck, wie schutzlos sich Helene und wohl auch ihre Gefährten den Widrigkeiten der Natur und des Schicksals ausgeliefert sahen. Jenseits aller politischen Programmatik wird in diesen Passagen nochmals besonders nachvollziehbar, in welchem Ausmaß sich im Spätmittelalter Menschen unterschiedlichen sozialen Hintergrunds auf die Allmacht Gottes angewiesen sahen und dies mit Gebeten und einer Vielzahl an religiösen Ritualen zum Ausdruck brachten.

Helenes Bericht als Rätsel: Fragen und Vermutungen

Warum also schrieb Helene Kottannerin, die Kammerfrau einer Königin und Erzieherin der Königskinder, einen derart dichten und vielfältigen Text (oder ließ ihn schreiben), der so unterschiedliche Dimensionen des Lebens im Mittelalter beleuchtet?

Diese abschließende Frage lässt sich weder einfach noch eindeutig beantworten. Was wir aus Helenes Ausführungen selbst ebenso wie aus parallelen zeitgenössischen Überlieferungen wissen, legt jedenfalls ein ganzes Bündel an Motiven für die Niederschrift dieses einzigartigen Berichts nahe. Der Text selbst ist heute in nur einer einzigen fragmentarischen und teils beschädigten Papierhandschrift erhalten, die in der ehemaligen Wiener Hofbibliothek (heute Nationalbibliothek, ÖNB 2920) aufbewahrt wird. Das Fragment besteht aus 16 Blättern, die in der Mitte horizontal gefaltet waren, sodass auf dem ersten Blatt Textverluste entstanden sind. Unvollständig ist auch das Ende des Textes: Er bricht am Ende des letzten erhaltenen Blattes mitten im letzten Satz ab.

Die flüssige Handschrift lässt vermuten, dass es sich um eine Abschrift einer verlorenen Fassung handelt, die durch einen geübten Schreiber zu Papier gebracht worden sein könnte. Ob Helene eine Erstfassung selbst geschrieben oder bereits diese einer anderen Person diktiert hat, muss ebenfalls offenbleiben. Eigenhändiges Schreiben war zwar in den gehobenen Kreisen, aus denen die Kottannerin stammte, durchaus üblich; längere Texte wurden aber häufig professionell ausgebildeten Schreibern diktiert.

Auffällig und ungeklärt sind auch die Auslassungen bzw. Abkürzungen von Personennamen. Helenes Name ist jeweils abgekürzt oder von einer zweiten Hand nachgetragen; weggelassen wurden auch die Namen ihres Mannes Johann Kottanner und ihrer Helfer bei der Entwendung der Krone aus der Plintenburg. Es wurde vermutet, dass diese Auslassungen zum Schutz der betroffenen Personen dienten, allerdings wird Johann Kottanner später sehr wohl im Text erwähnt, und auch die wohl einige Jahre nach den Ereignissen erfolgte Niederschrift des Berichts spricht gegen diese These. Vielleicht wurden die Namen für einen späteren Nachtrag in einer hervorgehobenen Auszeichnungsschrift freigelassen; aber auch dagegen sprechen Unregelmäßigkeiten in der Gestaltung der Handschrift.

Sicher scheint hingegen, dass Helene ihren Bericht nach dem Tod ihrer Herrin (19. Dezember 1442) – Elisabeths Tod wird zweimal im Text erwähnt – und vor dem Tod des Ladislaus Postumus (23. November 1457) verfasste, auf den sie unmittelbar nach dem »Kronenraub« einmal als noch lebend verweist. Einen weiteren Hinweis auf die Einschränkung des Abfassungszeitraums gibt das im Text erwähnte Versprechen einer

Belohnung für ihre Verdienste, das Elisabeth ihrer Kammerfrau Helene nach der Krönung des Königssohns machte und das schließlich mit der Schenkung königlichen Besitzes namens Kisfalud (dt. »kleines Dorf«) auf der Pressburger Schüttinsel am 17. März 1452 durch den damaligen *gubernator* Johannes Hunyadi eingelöst wurde.[24] Karl Mollay nimmt als Datum der Abfassung von Helenes Bericht daher um 1450 an – jedenfalls nach dem Tod Władysławs von Polen (10. November 1444) und der im Jahr 1445 folgenden Anerkennung des Ladislaus Postumus als ungarischem König.[25]

Die hier anzunehmenden persönlichen Motive Helenes, ihre Verdienste um die königliche Familie auch nach dem Tod ihrer Herrin nicht in Vergessenheit geraten zu lassen, stehen wohl in enger Verbindung mit dem umfassenderen politischen Anspruch des Textes, die Legitimation des Ladislaus Postumus als rechtmäßiger Nachfolger auf dem ungarischen Thron darzulegen. Dieses Bestreben jedenfalls zieht sich inhaltlich wie ein roter Faden durch Helenes Darstellung und wird mit wiederholten Verweisen auf den Willen und die Vorsehung Gottes bekräftigt. Immer wieder spricht sie auch ein Publikum an, das zwar nicht näher spezifiziert ist, nach ihren Formulierungen aber wohl unter den Unterstützern Ladislaus' in den österreichischen Ländern und wohl auch in den deutschsprachigen Gebieten Ungarns bzw. im Grenzgebiet zu suchen sein wird.

Besonders deutlich hebt Helene nämlich Herzog Albrecht VI. sowie dessen Unterstützung und Beistand für den kleinen König Ladislaus hervor und betont seine Rolle als direkter Verwandter des Thronfolgers. Ähnlich wie in Ungarn war auch in Österreich die Nachfolgefrage nach dem Tod König Albrechts II. umstritten. Die Vormundschaft König Friedrichs III. für seinen Neffen Ladislaus Postumus wurde seitens der Vertreter der österreichischen Länder gerade in den frühen 1450er-Jahren besonders nachdrücklich infrage gestellt, und Herzog Albrecht VI. gehörte zu den maßgeblichen Gegnern des habsburgischen Seniors, seines Bruders Friedrich III., noch lange über den Tod des jungen Ladislaus im Jahr 1457 hinaus.

Neben diesen verschränkten politischen und persönlichen Motiven – denn Helene sah sich in ihrem Handeln für das habsburgisch-luxemburgische Erbe offensichtlich als aktive Beiträgerin zu deren dynastischem Erfolg – vermittelt die lebendige und unmittelbare Darstellung der königlichen Kammerfrau und Erzieherin mit ihren vielen lebensweltlichen Details nicht zuletzt ihr Bedürfnis, den außergewöhnlichen Erlebnissen und ihrem persönlichen Beitrag zum Verlauf der »großen« Geschichte selbst Ausdruck zu verleihen. Vielleicht mag auch der Umstand eine Rolle gespielt haben, dass die Kottannerin, wie sie selbst schreibt, niemals die Gelegenheit hatte, mit ihrer Herrin über das Erlebte ausführlich zu sprechen und sich aufgrund der Sprachbarrieren auch mit ihren Helfern beim Abenteuer auf der Plintenburg nicht austauschen konnte.

So wurde ihr Bericht zu einem Selbstzeugnis, das für das spätmittelalterliche Mitteleuropa einzigartig ist: Er dokumentiert die Geschichte einer engagierten, klugen und strategisch handelnden Protagonistin an der Schnittstelle unterschiedlicher sozialer Zugehörigkeiten, die sie durch ihr selbstbewusstes Handeln und Schreiben aktiv mitzugestalten und begreifbar zu machen vermochte.

Anmerkungen

1 Nach dem Tod Simon Rozgonyis, des bisherigen Amtsinhabers, im Jahr 1439 kam es 1440 zu einer Auseinandersetzung um den Bischofsstuhl von Wesprim: Zunächst hatte der Papst Johannes de Dominis zum Statthalter des vakanten Bistums ernannt. Vermutlich auf Drängen Elisabeths ernannte er im Mai 1440 jedoch Matthias Gatalóci (gest. 1457), den Bischof von Waitzen (ungar. Vác) und früheren Geheimkanzler König Sigismunds, zum Bischof von Wesprim. Offenbar bezieht sich Helene in ihrem Bericht somit auf Matthias Gatalóci.

2 In diesem Punkt weicht Helenes Darstellung von urkundlichen Quellen ab, die Tamás Pálosfalvi 2018 eingehend untersucht hat. Pálosfalvi rekonstruierte den Reiseweg der Krone aus zeitgenössischen Urkunden und Chroniken (s. die Chronologie bei Pálosfalvi 2018, S. 165); diesen Quellen zufolge nahm Königin Elisabeth die Krone aus Raab mit nach Pressburg und brachte sie von dort wiederum nach Wiener Neustadt. Helenes Bericht zufolge verblieb die Krone dagegen zuerst in Raab und wurde dann später nach Wiener Neustadt gebracht, siehe dazu auch S. 79.

3 Sigismund nannte seine Tochter »aller unserr kunigreich, furstentume und herschefte rechte geerbe und nachfolgerynne« (Erbvereinbarung 28. September 1421, Nr. 6, in Elbel/Bárta/Ziegler, Zitat S. 146. Der Chronist Eberhard Windecke notierte für das Jahr 1437, Sigismund habe auf dem Sterbebett ungarische und böhmische Große um die Unterstützung seiner »rechte dochter und rechter erbe zu den konigrichen beiden« gebeten: Eberhart Windeckes Denkwürdigkeiten, ed. Altmann, Cap. 460, S. 447.

4 Zum Weg der Krone nach Wiener Neustadt siehe die Darlegungen auf S. 66.

5 Fejér, Codex diplomaticus X.7, Urkunde Nr. 242, S. 535–536. Urkunde Sigismunds vom 17. Januar 1434: *Quia dudum ante egressum nostrum de regno nostro Hungariae praedicto sacram coronam ipsius regni nostri Hungariae cum omnibus ad se pertinentibus in tauernicali nostra domo circa cisternum, cis turrim condam Ducis Stephani, in castro nostro Budensi situata, sub nostro sigillo reconditam, custodiae et conseruationi condam Nicolai de Gara Palatini commiseramus […].*

6 Urkunde von Königin Elisabeth vom 09. November 1439. Magyar Nemzeti Levéltár (MNL OL), DL-DF, Sign. 13457. Online unter https://archives.hungaricana.hu/en/charters/149499/?list=eyJxdWVyeSI6ICJLRUxUPSgxNDM5LTExLTA5KSJ9 Ungar. Übersetzung: Levéltárak-kincstárak 1999, Nr. 128, S. 312.

7 Dokument Nr. 9, in: *Bak*, Königtum und Stände (1973), S. 141–143, hier S. 142: … *quod semper regum coronatio a regnicolarum voluntate dependet et efficacia et virtus corone in ipsorum approbatione consistit.*

8 Die zeitgenössischen Begriffe für »Freund« (*freunt, frunt*) verdeutlichen die überlappenden Bedeutungen von Verwandtschaft und Freundschaft: Enge Verwandte werden oft als »Freunde« bezeichnet; Helene nennt hier Elisabeths Vetter Ulrich von Cilli so und bezeichnet später auch den Onkel des Königskindes Ladislaus, Albrecht VI. von Österreich, als seinen Vetter. Zusammen mit der Verwandtschaft wird dabei jeweils deren Eigenschaft als »treue Freunde« hervorgehoben (siehe S. 22, 33–37, 40, 45–50).

9 Bei diesem Namen dürfte es sich um ein Toponym handeln: Zeitgenössisch wird das im niederösterreichischen Hinterland der Donau befindliche Kottes als »Chotan(s)« bzw. »Chottaner Gericht« bezeichnet. Mehrere Urkunden belegen den Namen in der zweiten Hälfte des 14. Jahrhundert in Krems, so tätigte Anna, die Witwe des Reicholf Chotaner, 1349 eine Stiftung an die Kremser Pfarrkirche; 1369

wird Mert der Chotaner je einmal als Bürger und Ratsbürger von Krems genannt, siehe Archivberichte aus Niederösterreich I (Wien 1915) S. 116, Nr. 609 (1349); 124, Nr. 652 und Nr. 653 (1369). Die Vorfahren der Familie Kottanner dürften also innerhalb von zwei Generationen aus der Kremser Region in Richtung Wien gezogen sein.

10 Die Ödenburger Überlieferung findet sich zusammengestellt bei Mollay 1971, S. 70f, 73, 77f.; für die Wiener Überlieferung siehe Holzner 1994 sowie folgende Zusammenstellung: Házi Jenő: Sopron szabad királyi város története. I. rész, 3. kötet, Oklevelek és levelek 1430-tól 1452-ig, Sopron 1924, S. 39–41, 98 sowie 152.

11 König Friedrich III. setzt Bürgermeister, Richter und Rat der Stadt Wien von der Beschwerde der Helene Kottannerin in Kenntnis, der zufolge ihr Peter Engelhartstetter laut eines *geltbriefs* eine Geldsumme schulde sowie Kleinodien und Hausrat von ihr innehabe, weshalb sie zwei Häuser und einen Stadel in Wien samt Fahrhabe vor allen anderen Gläubigern mit Beschlag (*verpot*) belegt und dies bekannt (*zewissen*) gegeben hätte gemäß Stadtrecht, jedoch infolge weiterer Verzögerung nichts zurückerhalten habe. Er befiehlt ihnen, Helene Kottannerin oder ihrem Anwalt auf ihr gemeldetes Verbot entsprechend den Stadtrechten Recht ergehen zu lassen, damit ihr das Geld, die Kleinodien und die Fahrhabe entrichtet werden, und lässt sie ihnen abschließend anempfohlen sein. *An eritag nach dem suntag Judica in der vasten.* Org. vom 13. April 1451, Wiener Neustadt, im WStLA (Sign. HAUrk 3435). Vgl. www.monasterium.net (WStLA, Bestand Hauptarchiv-Urkunden 3435).

12 So bezeichnete etwa der Chronist Matthias von Miechów (1457–1523) die Königin als *filia regis, uxor regis, soror regis, mater regis, immo plurium regum:* Matthias de Miechow, Chronica Polonorum (1521), Liber 4, S. CCCLXXVI. Eine ähnliche Lesart bietet der Eintrag zum Tod Elisabeths in der Chronik des Klosters Trzemeszno: *Item anno Domini 1507 Regina Elizabeth Polonie clausit extremum vite articulum. Hec habuit quinque filios coronatos. Primus fuit Rex Ungarie, secundus Olbracht, Rex Polonie, tercius Fredericus, Cardinalis, Archiepiscopus Gneznensis et Episcopus Cracoviensis. Tercius (sic) Alexander, Rex Polonie et quartus Sigismundus, Rex Polonie.* Kronika klasztoru trzemeszeńskiego 1501–1522, hg. von Aleksander Hirschberg, in: Monumenta Poloniae Historica III, hg. durch die Akademia Umiejętności w Krakowie (1878) S. 256–263, hier S. 259.

13 Thuróczy, Chronica Hungarorum, ed. Galántai/Kristó, Cap. 224, hier S. 236: *Ad hanc arcem postquam regina intravit, in repositione ipsius corone barones sibi circumstandes fefellit. Simulavit enim se illam suum in locum reponere, feminea tamen quadam astutia eandem surripiens erga se occultavit, et per barones ipsos antiqua tanti thesauri conservatoria suis vacua conservare solitis rebus sigillare fecit.*

14 So beispielhaft in Piccolomini, Europe, ed. Brown/Bisaha, S. 56, Anm. 27.

15 Bonfini, Rerum Ungaricarum Decades III, ed. Fógel/Iványi/Juhász, bes. S. 85–95.

16 Eine sehr gute Übersicht über die Reise findet sich bei Holzner 1994, S. 24 sowie S. 25 nach Kubinyi 1988 und Csendes 1969.

17 Siehe dazu die aktuellen Studien von Buzás 2018 sowie Buzás/Laszlovszky 2013 und 2014.

18 Noch 1457 investierte Ladislaus Postumus in Holz und Ziegel für die Instandsetzung des Palastes von Ofen. Siehe das Regest bei Lichnowsky, Geschichte des Hauses Habsburg, Bd. 6 zum 10. Januar 1457, S. CIC: »K. Lasl. an die Stadt Pressburg, den Hubmeister in Oesterreich Conrad Hölczler von den Renten des Dreissigsten daselbst 3500 Guld. zu zahlen, die er für Holzwerk und Ziegel zum Bau des Ofner Schlosses und andere Bedürfnisse ausgegeben.« Für das urkundliche Ori-

ginal s. Magyar Nemzeti Levéltár (MNL OL), DL-DF, Sign. 240371. Online unter https://archives.hungaricana.hu/en/charters/171941/: *und vierdhalbtausent guldein emfanghtet und gebet wan er die für holczwerckh und ziegel zu unserm Gesloss hir und andern unsern notdurften unsers kunigreichs zu Hungern nach unsern gescheff-ten aufgeben hat.*

19 Mollay S. 50, Anm. 20.

20 Mollay S. 53, Anm. S. 47.

21 Darstellung nach Mollay, S. 54, Anm. 52 (hier auch weitere Belege).

22 *Licet tamen ipsa domina regina eius maligni fecerit id consilio certo ipsius, sue S. signanterque filio suo et domino nostro magnum intulit odprobrium, quis enim nostrum tali sub cautela deinceps ausus est accedere ad suam Serenitatem, quoniam perterreri fecit quasi totum regnum sue S. facto in eodem.* Schreiben aus Tyrnau (slowak. Trnava) vom 4. April 1440, in: Birk, Beiträge zur Geschichte, S. 214, Anm. 2.

23 Siehe dazu Klaniczay 2002 und 2014.

24 Urkunde für Johann Kottanner und seine Frau, ausgestellt von Johann Hunyadi am 17.03.1452, Magyar Nemzeti Levéltár (MNL OL), DL-DF, Sign. 225756. Online unter: https://archives.hungaricana.hu/en/charters/view/163955/?pg=0&bbox=-1058%2C-2976%2C4874%2C71. Eine Transkription der Urkunde findet sich bei Knauz, Magyar Sion, S. 791–792.

25 Dekret des Reichstags vom 7. Mai 1445, in: Bak (Hg.), Online Decreta, S. 574–588, hier S. 575. Als die ungarischen Adeligen das Dekret erließen, war in Ungarn noch nicht klar, ob Władysław III. die Schlacht bei Varna überlebt hatte. Die Anerkennung des Ladislaus Postumus als Erbe seines Vaters Albrechts II. wurde deshalb unter der Prämisse formuliert, dass Władysław III. bis zu einem gesetzten Stichtag nicht von seinem Kriegszug nach Varna zurückgekommen sei.

Helene Kottannerin in der Forschung

Nachdem der ungarische Historiker Johann Czech (1798–1854) im Jahr 1834 die Handschrift aus dem 15. Jahrhundert mit dem Bericht der Helene Kottannerin über die Ereignisse rund um die Thronfolge der Jahre 1439 und 1440 in der damaligen Hofbibliothek in Wien (heute Nationalbibliothek, ÖNB 2920) entdeckt hatte, dauerte es weitere zwölf Jahre, bis der unvollständig überlieferte Text 1846 erstmals in einer kommentierten Ausgabe von Stephan Endlicher (1804–1849) einem wissenschaftlich interessierten Publikum zugänglich gemacht wurde. Zwar handelte es sich bei dieser unter dem Titel »Denkwürdigkeiten der Helene Kottannerin« herausgegebenen Ausgabe um keine textkritische Edition – der Wortlaut wurde modernisiert wiedergegeben, während die durch Faltung des Manuskripts entstandenen Textverluste auf den ersten Seiten nicht ergänzt wurden. Allerdings erarbeitete Endlicher inhaltliche Kommentare, eine chronologische Einordnung, Register und Glossar und schuf so eine Grundlage für die weitere wissenschaftliche Beschäftigung mit dem Text. Einem größeren Publikum wurde er durch die auszugsweise literaturhistorische Veröffentlichung in Gustav Freytags (1816–1895) »Bilder der deutschen Vergangenheit« (1866) bekannt gemacht; der österreichische Schriftsteller Heimito von Doderer (1896–1966) fertigte eine erste unveröffentlichte Übersetzung ins Neuhochdeutsche an und verarbeitete den Stoff in seinem berühmten Roman »Die Dämonen« (1956) (vgl. Zeman 1970).

Die erste kritische Edition der »Denkwürdigkeiten der Helene Kottannerin« – ergänzt um den Untertitel »Die ältesten deutschen Frauenmemoiren (1439–1440)« – legte schließlich Karl Mollay (1965) vor. Die als selbstständige Publikation 1971 veröffentlichte Ausgabe ist heute noch Grundlage für jede weitere Arbeit mit dem Text. Neben der kritischen Edition der Handschrift, einschließlich ausgewiesener Ergänzungen der Textverluste, bietet Mollay einen textkritischen Anmerkungsapparat, einen ausführlichen Sachkommentar, eine detaillierte Darstellung der Forschungsgeschichte des 19. und 20. Jahrhunderts – so etwa der Arbeiten von Alice Wengraf (1914) und später Hermann Menhardt (1960) – sowie Glossar, Namens- und Sachregister und Kartenmaterial zur Region und zur Plintenburg. Die Edition von Mollay (1971) diente auch uns als Ausgangspunkt für die Übersetzung des Textes, die nun erstmals in neudeutscher Sprache gedruckt vorliegt. Eine zweisprachige Neu-Edition im Rahmen der Freiherr-vom-Stein-Gedächtnisausgabe der Wissenschaftlichen Buchgesellschaft (wbg) ist geplant. Eine weitere, online zugängliche Übersetzung ins Neuhochdeutsche erfolgte bereits 2015 im Rahmen einer studentischen Arbeit durch Daniel Kufner; wir danken dem Autor ganz herzlich für seine Zustimmung zur Verwendung seiner Ausgabe für den Abgleich mit unserer Übersetzung.

Wie bereits Karl Mollay (1971, hier besonders S. 70) betonte, liegt die Bedeutung des Berichtes der Helene Kottannerin zum einen in seinem historischen Quellenwert: Seit seiner Auffindung und Bearbeitung konnten eine Reihe von Annahmen, die auf den Darstellungen anderer Chronisten des 15. und 16. Jahrhunderts beruhten, korrigiert oder modifiziert werden. Zum anderen resultiert sie aus den umfangreichen sozial- und kulturgeschichtlichen Informationen, die zeitgenössische erzählende Quellen sonst nur selten in dieser Vielfalt und Dichte bieten.

Mit dem Untertitel »Die ältesten deutschen Frauenmemoiren« verwies Mollay auch bereits auf die Bedeutung des Textes für erst später unter dem Begriff »Frauen- und Geschlechtergeschichte« etablierte Forschungen zu Geschlechterrollen und -beziehungen in historischer Perspektive.

Heide Dienst hat sich aus diesem Blickwinkel und unter alltagsgeschichtlichen Gesichtspunkten bereits 1986 mit Helenes Bericht auseinandergesetzt; Ursula Liebertz-Grün hat ihm in zwei Überblicksbeiträgen (1988, 1991) in frauengeschichtlichen Bänden ausführlich Raum gegeben.

In den 1990er-Jahren und besonders seit der Jahrtausendwende folgte eine Fülle weiterer Studien zu laufend differenzierten geschlechtergeschichtlichen Fragestellungen, die besonders seit der englischen Übersetzung des Quellentextes durch Maja B. Williamson (1998) auch über den deutschsprachigen Raum hinaus und in vergleichender Perspektive wuchs. James Ross Sweeney (1993–1996), Andreas Rüther (2004), Dorothee Rippmann (2004), Barbara Schmid (2006), Horst Wenzel (2002) und zuletzt Max Siller (2021) haben etwa aus historischer und germanistischer Perspektive wichtige Beiträge zum Herrschaftshandeln von Frauen und seinen zeitgenössischen Darstellungsformen verfasst. Ebenso wie Sabine Schmolinsky (1998) und Harald Tersch (1998) haben sie sich, wie auch später Albrecht Classen (2000, 2004, 2016) und Graeme Dunphy (2010, 2012) – vor dem Hintergrund der Frage nach der Rolle von Frauen als Chronistinnen – kritisch mit Helenes Text als spätmittelalterlichem Selbstzeugnis auseinandergesetzt und es an der Schnittstelle zwischen persönlichem und politisch-legitimatorischem Diskurs verortet. Mit dem an der FU Berlin von Gabriele Jancke u. a. erarbeiteten Verzeichnis »Selbstzeugnisse im deutschsprachigen Raum« liegt mittlerweile ein umfassendes Repertorium an vor allem literatur- und sprachwissenschaftlichen Studien zum Text vor.

Kornelia Holzner hat in einer konzeptuell besonders innovativen Magisterarbeit an der Universität Wien (1994) bereits viele der genannten Aspekte thematisiert und sie präzise in der damals aktuellen kultur- und geschlechtergeschichtlichen ebenso wie der landesgeschichtlichen Forschungsliteratur verortet. Sie hat zudem mit den Schwerpunkten auf den in Helenes Bericht oft thematisierten Reisen, Räumen und Raumwahrnehmungen sowie dem Leben mit Kindern einige zentrale kulturhistorische Fragestellungen quellenkritisch beleuchtet, die in den folgenden Jahrzehnten eine breite und anhaltende Konjunktur erfuhren (siehe dazu unten, S. 153–155).

Hinsichtlich des historischen Kontexts – der handelnden Personen, der politisch-dynastischen Konstellation sowie der erwähnten Orte und ihrer zeitgenössischen Bedeutung und historischen Entwicklung – bietet die Darstellung der Kottannerin umfangreiches Material, das dementsprechend in vielen Forschungsarbeiten aus der engeren Region verwendet bzw. referenziert wurde. Diese Literatur ist daher mehrsprachig – vor allem ungarisch und deutsch, aber auch tschechisch, polnisch und slowakisch – was die wechselseitige Kenntnisnahme zum Teil bis heute behindert hat. Um einen umfassenden Dialog zu befördern, enthält unsere Bibliografie daher neben deutsch- und englischsprachigen Titeln bewusst auch ausgewählte Studien in anderen Sprachen.

Im Zentrum zahlreicher, vornehmlich in Ungarn erarbeiteter Studien steht die Heilige Krone, deren bewegte Geschichte die Wissenschaft schon seit Jahrhunderten fasziniert. Grundlegende Überblickswerke, in denen auch der »Kronenraub« durch Helene Kottannerin

Beachtung findet, erarbeiteten in jüngerer Zeit János M. Bak und Géza Pálffy (Bak/Pálffy 2020) sowie Endre Tóth (Tóth 2021). Dabei konnten sie auf frühere umfassende Arbeiten (Deér 1966, Benda/Fügedi 1988) sowie zahlreiche Einzelstudien zurückgreifen, welche bereits die Geschichte des materiellen Objekts der Krone (Tóth 1996; Bárány-Oberschall 1974; mit Fokus auf österreichische Vergleichsbeispiele zudem Benna 1974) ebenso wie ihre symbolische Bedeutung untersucht hatten (Karpat 1961). Daran schlossen Arbeiten zu Königskrönungen in Ungarn sowie in vergleichender Perspektive zu Krönungen in anderen europäischen Reichen ebenso an (Fügedi/Bak 1986; Fijałkowski 1996) wie Studien zur Relevanz der Krone als Mittel symbolischer Kommunikation (Zupka 2016).

Über die Objektgeschichte hinaus widmeten sich zudem etliche Studien den politischen Aushandlungsprozessen um die Krone als dem zentralen Repräsentations- und Legitimationsobjekt für das ungarische Königreich. Grundlegende Beiträge zu den politischen Verhandlungen zwischen König und Adeligen und zur symbolischen Funktion der Krone im 15. Jahrhundert erarbeitete János M. Bak (1973; 2007). Weitere Spezialstudien nahmen die Folgegeschichte von Helenes Bericht in den Blick, also die von 1458 bis 1463 zwischen Kaiser Friedrich III. und König Matthias »Corvinus« geführten Verhandlungen um die Rückgabe der Stephanskrone (Pálosfalvi 2018; Haller 1973, Nehring 1975).

In jüngerer Zeit rückten vor allem dynastische Verbindungen in dem von Helene Kottannerin erzählerisch abgesteckten Raum und zwischen den von ihr beschriebenen Vertreterinnen und Vertretern der Familien der Luxemburger und Habsburger in den Fokus geschichtswissenschaftlicher Forschungen (Pálosfalvi 2022; Dvořáková 2021a und 2021b; Bárta/Elbel/Ziegler 2014; Hoensch 2000; Heimann 1994). Diese Perspektive berücksichtigte nicht nur personelle und strukturelle Verbindungen zwischen Familien, Städten oder Monarchien der Region (exemplarisch Burkhardt 2019), sondern schärfte auch den Blick für die Vielfalt der handelnden Akteure. Einerseits rückten die königlichen Protagonistinnen und Protagonisten von Helenes Geschichte, Elisabeth und Albrecht von Habsburg, mit ihrem Herrschaftshandeln (Skorka/Weisz 2019; Burkhardt 2017; zudem die klassische Studie von Hödl 1978) und ihrem familiär-höfischem Lebensalltag in den Mittelpunkt (Skorka/Weisz 2018; Dvořáková 2017; Fößel 2006).

Andererseits fanden auch adelige Akteure aus dem königlichen Umfeld, ihre Relevanz als regionale Politikgestalter sowie schließlich ihre Rolle in der Zeit des »Doppelkönigtums« 1440–1444 stärkere Beachtung. Dies gilt insbesondere für Ulrich von Cilli und die Grafenfamilie der Cillier (Domenig 2014 und 2021; Štih 2010; Pálosfalvi 2006), aber auch für die ungarischen Adelsfamilien der Rozgonyi, Pálóci, Tallóci oder Garai (Süttő 2008; Pálosfalvi 2003; Bárány 2002; zudem die klassischen personengeschichtlichen Befunde bei Mályusz 1982 und 1990 sowie Kubinyi 1987).

Auch Helenes Schützling Ladislaus Postumus wird seit etwa zwei Jahrzehnten in der Geschichtswissenschaft ebenso wie der Germanistik stärker gewürdigt. Auffallend daran ist jedoch, dass bisher nur in einigen Einzelstudien Ladislaus' politisches Wirken als ungarischer oder böhmischer König hinsichtlich ausgewählter Themenschwerpunkte untersucht wurde (vgl. die bislang einzige Gesamtstudie von Papajík 2016 sowie Csernus 2016 und Györkös 2013 zu Ladislaus' diplomatischen Beziehungen nach Frankreich; Bacsoka 2014 zu Ladislaus' Reichstagsgesandtschaften, Čapský 2009 und Cerný 2006 zu seinem Besuch in Breslau; Beran 2018 zu Landfriedensdebatten in Böhmen; für einen knappen biografischen Überblick Čornej 2008).

Weitaus größeres Interesse dagegen weckte Ladislaus' tragisches Schicksal: Dazu gehören zunächst seine Jugendjahre in der Obhut des Vormundes Friedrichs III., die Begleitung des Habsburgers zur Kaiserkrönung sowie die anschließenden Konflikte in Österreich, Böhmen und Ungarn (Schwarz 2021 zur Kaiserkrönung Friedrichs III.; Papajík 2015 zur Erziehung; Pajorin 2015 zur Behandlung des Themas in der Korrespondenz Papst Pius' II. oder die klassischen Arbeiten von Buttlar 1986 zu Ladislaus' Belagerung von Wiener Neustadt oder Gutkas 1966 zum »Mailberger Bund« von 1451/52).

Aber auch der frühe Tod des Ladislaus Postumus im Jahr 1457, die danach etablierten Kommunikationsformen zu dessen Bewältigung, die schon von den Zeitgenossen um die Todesursachen ventilierten Gerüchte und die Memoria des jugendlichen Königs wurden zum wissenschaftlichen Thema, wobei neben der historischen Mediävistik auch auf Arbeiten aus der Germanistik, Kunstgeschichte und Archäologie zu verweisen ist (Novák 2013; Fasbender 2010; Zágora 2009; Bravermanová 2008).

Neben Ladislaus Postumus sind auch seine Schwestern, ihre Handlungsspielräume und dynastischen Verbindungen in der neueren Forschung zunehmend berücksichtigt worden – Elisabeth, vor allem in ihrer Position als Königin von Polen (Burkhardt 2017; Langer 2001), sowie Anna und ihr Ehemann Wilhelm III. von Sachsen als Anwärter auf das Herzogtum Luxemburg (Nicklas 2012).

Für die zahlreichen Details der Auseinandersetzungen rund um die Nachfolge König Albrechts II., von denen Helene berichtet, und die vielfältigen Verhandlungen Königin Elisabeths mit den ungarischen Magnaten bieten neben der Parallelüberlieferung zu den Geschehnissen (siehe S. 90–96 und den Abschnitt »Die Quellen« in der Bibliografie auf S. 156) nach wie vor die Anmerkungen und der Kommentar zur Edition von Karl Mollay (1971) die umfangreichsten personengeschichtlichen Angaben.

Neuere Studien aus Ungarn haben zudem wichtige Befunde zu den Netzwerken der ungarischen Adeligen erarbeitet (Novák/Bacsa 2019; Novák 2013). Auch für den Großteil der Informationen zur Familie der Kottannerin bietet Mollays Kommentar grundlegende Angaben, die sämtlich auf Urkundenbasis (teilweise ediert, teilweise aber auch nur in archivalischer Form zugänglich) dokumentiert sind. Wichtige Vorarbeiten dazu waren bereits in älteren Studien (Knauz 1863; Groß 1925) geleistet worden. Zuletzt spürten Pálosfalvi (2018) und Kis (2021) dem Weg der Krone und den Interessen der Kottannerin in urkundlichen Quellen nach.

Eine umfassende Rekonstruktion der Parallelüberlieferung des »Kronenraubs« in zeitnahen Quellen wurde bisher noch nicht vorgenommen. Die polnische Perspektive, prominent vertreten durch die Darstellung des Chronisten Johannes Długosz und urkundliche Quellen, fand indes bei einzelnen Studien zur Bedeutung Władysławs III. für Ungarn (Bak 2009; Krochmal 1997; Nikodem 1997) sowie zu Kontakten ungarischer und polnischer Adeliger Berücksichtigung (Dücker 2011). Andere historiografische Darstellungen – wie etwa diejenige des Enea Silvio Piccolomini, des János Thuróczy oder des Antonio Bonfini – wurden dagegen zumeist mit Blick auf spezifische dynastische Interessen und persönliche Beziehungen (Pajorin 2015) oder den Konflikt bis zur Rückgabe der Stephanskrone an Ungarn 1463 ausgewertet (Haller 1973, Nehring 1975).

Weitaus detailliertere Forschungen gibt es zu den im Bericht der Kottannerin erwähnten Orten sowie der regionalen Topografie. Dies korrespondiert mit einem wachsenden Interesse an Räumen, Wegen, Formen und Bedingungen der Mobilität in der Geschichtswissenschaft (für Einführungen und Überblicke s. Landolt 2006, Ohler 2004; Merki 2008 sowie Reichert 2001). Neben Karl Mollay (1971) und Kornelia Holzner (1994), die sich auf den Bericht der Kottannerin konzentrierten, haben zuletzt auch Tamás Pálosfalvi (2018) und Enikő Buzási/Géza Pálffy (2015) die Wege der Stephanskrone im 15. und 16. Jahrhundert rekonstruiert. Ebenfalls aus jüngerer Zeit stammen umfassende interdisziplinäre (vor allem lokal-, sozial- und wirtschaftshistorische sowie archäologische) Forschungsarbeiten zu den wichtigsten der von Helene Kottannerin beschriebenen Zentralorte und fürstlichen Residenzen (für einen Überblick s. Altmann 1996; Szende 2016; Feld 2018), allen voran zur Burg und dem Palast von Visegrád (aus der Fülle der Literatur v. a. Buzás/Laszlovszky 2013; Laszlovszky/Buzás/Mészáros 2014) sowie dem Königspalast zu Buda (Nagy et. al. 2016; Biegel 1996; Kubinyi 1991; Spekner 2015; Kondor 2012; Elbel 2016; zu zeitgenössischen Reflexionen Burkhardt 2021).

Weitere grundlegende Studien betreffen die bedeutenden Städte Sopron (Goda/Majorossy 2008; Szende 1997) und Pressburg (mit Bezug auf Elisabeth Skorka/Weisz 2019, zudem Šedivý/Štefanovicová 2012; Papp 2006; Marsina 1993), sowie Gründungsinitiativen und Siedlungsstrukturen (Végh 2011) und regionale Handelsnetzwerke.

Zum religiösen Horizont mittelalterlichen Handelns gibt es eine große Zahl von Fachpublikationen. Bahnbrechende Forschungen zur Geschichte mittelalterlicher Religiosität und ihren vielfältigen Aspekten hat Arnold Angenendt (2009) geleistet, so zu Ausdrucksformen von Frömmigkeit (2004), Stiftungen und Liturgie (z. B. 2004), Wundern, Heiligen und Reliquien (z. B. 2010) sowie den geistlichen Grundlagen mittelalterlicher Herrschaft (1984). Zu liturgischem Gedenken und Erinnerungskultur bieten die Bände von Schmid/Wollasch 1984, Geuenich/Oexle 1994, Oexle 1995, zum Verhältnis von Stiftungen und Memoria jene von Michael Borgolte (z. B. 2012; sowie in transkultureller Perspektive Borgolte 2014–2017) eine ausgezeichnete Grundlage. Wichtige deutschsprachige Einführungen zur Marienfrömmigkeit stammen von Klaus Schreiner (2004) und Gabriela Signori (1995); von Letzterer (2007) auch zur Geschichte europäischer Wunderfrömmigkeit. Zur Marienverehrung im mittelalterlichen Ungarn hat kürzlich Karen Stark eine umfassende Dissertation an der Central European University in Budapest vorgelegt; dort findet sich auch ein Kapitel zum österreichischen Wallfahrtsort Mariazell, den Helene Kottannerin ausdrücklich in ihrem Bericht hervorhebt (2022, S. 151–164). Dem von ihr ebenfalls erwähnten brandenburgischen Kultort Wilsnack haben Jan Hrdina (2006) und Hartmut Kühne (Hrdina/Kühne 2011) sowie Donald Sullivan (2016) Studien gewidmet.

Eine ausgezeichnete Übersicht über den politischen »Gebrauch« von Heiligen im Christentum bietet Gábor Klaniczay in seinem vergleichenden Beitrag zum »Oxford Handbook of Medieval Christianity« (2014). Seine umfangreiche Detailstudie zu den »Holy Rulers and Blessed Princesses« Mitteleuropas (2002) ist ein Grundlagenwerk, auf dem zahlreiche Arbeiten zur geistlich begründeten Herrschaftslegitimation in diesem Raum im Zusammenhang mit den unterschiedlichen sozialen und kulturellen Funktionen von Heiligen beiderlei Geschlechts aufbauen (beispielhaft Gecser/Laszlovszky/Nagy 2011).

Besonders hervorzuheben ist die identitätsstiftende Funktion des Heiligen Ladislaus für Ungarn und Mitteleuropa, die in jüngerer Zeit anhand von Text-, Bild- und materiellen Quellen aus geschichts-, kunst- und religionswissenschaftlicher Perspektive umfassend gewürdigt wurde (Bódvai 2021; Solymosi 2020; Kerny 2018).

Einen noch größeren Stellenwert in der kulturgeschichtlich orientierten Forschung nimmt indes die in mehreren europäischen Ländern verehrte Heilige Elisabeth von Thüringen ein, wie zahlreiche, erneut interdisziplinäre Studien zu ihrem Leben und ihrem Kult belegen (z. B. Vauchez et. al. 2017; Meyer 2012; Gecser 2012; Bertelsmeier-Kierst 2008; Blume/Werner 2007). Etliche moderne Editionen und Übersetzungen der mittelalterlichen Heiligenviten dokumentieren überdies das rege Forschungsinteresse an prominenten Heiligen (Gerát 2020; Könsgen 2007; von Bogyay/Bak/Silagi 1976).

Auch die mittelalterliche Hofkultur ist ein seit einigen Jahrzehnten intensiv bearbeitetes Forschungsfeld. Grundlegende Zugänge und Forschungsergebnisse vermitteln die Bände und die Handbuchreihe der Residenzenkommission der Akademie der Wissenschaften Göttingen, so etwa von Werner Paravicini (1995) zum höfischen Alltag, von Kruse/

Paravicini 1999 zu Höfen und Hofordnungen, Hirschbiegel/Paravicini 2004 zu Hofparteien und Karrieren bei Hof (außerdem dazu Hirschbiegel 2015).

Der Sammelband von Asch/Birke 1991 setzte sich schon früh mit den Patronageverhältnissen von Fürsten und adeligen Großen auseinander, ebenso später der Beitrag von Andreas Ranft (2007). Joachim Bumke (1990) und Werner Paravicini (1994) schrieben umfassende Monografien zur höfischen Kultur aus germanistischer und historischer Perspektive. Ein wichtiger von Carola Fey u. a. 2007 herausgegebener Band behandelt Erinnerungskulturen an europäischen Fürstenhöfen, ein weiterer gemeinsam mit Werner Rösener (2008) Aspekte höfischer Sakralkultur. Auch ein grundlegender Beitrag zu Hofämtern stammt von Werner Rösener (1989). Für das Königreich Ungarn, wo die Überlieferung erst Ende des 15. Jahrhunderts dichter wird – auch deshalb ist der Bericht Helenes eine so herausragende Quelle – sind besonders die Arbeiten von András Kubinyi (z. B. 1995a und 1995b) zu nennen. Einen guten Überblick über den königlichen Hofstaat und die adeligen Großen am ungarischen Hof der jagiellonischen Herrschenden beiderlei Geschlechts (1490–1526) bieten Géza Pálffy (2007, 246–251) sowie Orsolya Réthelyi (2019 und 2016).

Im Jahr 2000 gaben Jan Hirschbiegel und Werner Paravicini einen wegweisenden Band zum »Frauenzimmer« an europäischen Höfen heraus, dem in den vergangenen 20 Jahren zahlreiche Einzelstudien und Bände zu Geschlechterverhältnissen an mittelalterlichen und frühneuzeitlichen Höfen folgten. Überblicke in vergleichender Perspektive bieten zum Beispiel Earenfight 2013, Lutter 2021, Woodacre 2021 und Zey 2015; die Beiträge in Skrzypietz 2021 diskutieren diese Fragen im Zusammenhang mit Verwandtschafts- und höfischen Beziehungsgeflechten.

Grundlegend zum Wechselverhältnis von Verwandtschaft und dynastischer Politik sind die Arbeiten von Karl-Heinz Spieß (z. B. 2009, ^{2}2015) sowie in europäisch vergleichender und globaler Perspektive jene von David Sabean und Simon Teuscher (z. B. 2007, 2011) und von Jeroen Duindam (z. B. 2015, 2021). Konkret mit Elisabeth von Luxemburg haben sich Skorka/Weisz 2018, Dvořáková 2017 und 2021b sowie Fößel 2006 auseinandergesetzt, sowie in vergleichender Perspektive mit ihrer Tochter Elisabeth von Habsburg, der späteren polnischen Königin, Julia Burkhardt (2017).

Wichtige Beiträge zur Hofhaltung ungarischer Königinnen seit dem späten 15. Jahrhundert stammen von Orsolya Réthelyi (z. B. 2007, 2019); in europäisch vergleichender Perspektive diskutieren dieses Thema die Beiträge in Akkerman/Houben 2014.

Einen guten Überblick zur Baustruktur von und dem Leben in Burgen des 15. Jahrhunderts bieten die Arbeiten von Joachim Zeune (2006, 2011); wichtige aktuelle Beiträge zur Geschichte des Wohnens von Fürsten und Adeligen, von Raumstruktur und -ausstattung versammeln die von Gustav Pfeiffer und Kurt Andermann 2013 sowie von Kornelia Holzner u. a. 2015 herausgegebenen Bände. Cordula Nolte (2009) hat sich dem Thema aus geschlechtergeschichtlicher Perspektive gewidmet, Daniela Dvořáková (2014) hat die Lebensräume adeliger Damen im Ungarn des 15. Jahrhunderts untersucht und hierbei auch den Bericht der Helene Kottannerin ausgewertet. Kornelia Holzner (1994) setzt in ihrer Studie zu Helenes Bericht einen Schwerpunkt auf die Lebensbedingungen und -formen der ungarischen Königsfamilie in den beschriebenen räumlichen Zusammenhängen; auch Barbara Schmid (2007) widmet sich anhand dieser Quelle Raumkonzepten und -inszenierungen aus germanistischer Perspektive. Fragen von sozialer Distinktion durch Kleidung diskutiert zum Beispiel ein aktueller Beitrag von Gerhard Jaritz (2019).

Schließlich bietet die Darstellung Helenes eine Fülle von sehr konkreten Informationen zum Familienleben im höfischen Raum und hier besonders zum Leben mit Kindern. Auch diesen Aspekten hat Kornelia Holzner in ihrer Wiener Diplomarbeit bereits 1994 eine ausführliche quellengesättigte Diskussion gewidmet, die an dieser konkreten Überlieferung vieles diskutiert, was in den vergangenen Jahrzehnten in zahlreichen Studien zu Schwangerschaft und Geburt, Kindheit und Familie in Mittelalter und Früher Neuzeit publiziert wurde. Gute Einführungen und Diskussionen in vergleichender Perspektive bieten Spieß 2009, Hanawalt 2009, Ferraro 2013, Heywood 2018, Wilkinson 2010; weitere Literatur findet sich in der ausführlicheren Bibliografie.

Bibliografie

Die Quellen[1]

Ausgaben, Übersetzungen und Verarbeitungen des Berichts der Helene Kottannerin

Aus den Denkwürdigkeiten der Helene Kottannerin (1439–1440.) hg. von Stephan ENDLICHER, Leipzig 1846.

Bilder aus der deutschen Vergangenheit. Band 1, hg. von Gustav FREYTAG, Leipzig 1866.

Die Denkwürdigkeiten der Helene Kottannerin (1439–1440). Ins Neuhochdeutsche übertragen von Daniel KUFNER, 2015. Online unter https://phaidra.univie.ac.at/open/o:425704

Daniela DVOŘÁKOVÁ/Mária PAPSONOVÁ (2008), Spomienky Heleny Kottannerovej, Budmerice.

Sara KATANEC (2018), Kriticko Izdanje i Prijevod Memoara Helene Kottanner. Prilog Istrazivanju Zenskog Pisanja U Srednjem Vijeku, Diplomarbeit, Zagreb. Online unter http://darhiv.ffzg.unizg.hr/id/eprint/10414/

Karl MOLLAY (Hg.) (1971), Die Denkwürdigkeiten der Helene Kottannerin (1439–1440) (Wiener Neudrucke 2) Wien.

Károly MOLLAY (1978), A korona elrablása. Kottanner Jánosné emlékirata 1439/1440. Budapest.

Karl MOLLAY (1965), Die Denkwürdigkeiten der Helene Kottannerin, in: Arrabona 7, S. 237–296.

Maya Bijvoet WILLIAMSON (1998), Memoirs of Helene Kottanner (1439–1440). Translated from the German with Introduction, Interpretative Essay and Notes, Cambridge.

1 Die folgende Übersicht umfasst Ausgaben der für das Buch zentralen Quellen; Belege für einzelne Dokumente finden sich dagegen in den Anmerkungen zu den einzelnen Kapiteln. Um die Zugänglichkeit zu den Texten zu gewährleisten, haben wir – wo möglich – die auch sprachlich am besten zugänglichen Ausgaben angeführt (z. B. zweisprachige Ausgaben oder Übersetzungen).

Ausgaben und Übersetzungen weiterer zentraler Quellen

Aneas Silvius de Piccolomini, Historia Australis, hg. von Jürgen SARNOWSKY (Freiherr vom Stein-Gedächtnisausgabe 44) Darmstadt 2005.

Aneas Silvius Piccolomini, Europe (ca. 1400–1458) hg. von Nancy BISAHA/ Robert BROWN, Washington, D. C. 2013.

Aneas Silvius Piccolomini, Historia Bohemica. Band 1, hg. von Josef HEJNIC/Hans ROTHE (Bausteine zur slavischen Philologie und Kulturgeschichte B 20,1) Köln u. a. 2005.

Antonius de Bonfini, Rerum Ungaricarum Decades. Vier Bände, hg. von József FÓGEL/Béla IVÁNYI/László JUHÁSZ, Leipzig 1936.

János M. BAK (1973), Königtum und Stände in Ungarn im 14.–16. Jahrhundert (Quellen und Studien zur Geschichte des östlichen Europa 6) Wiesbaden (Edition des Dekrets ungarischer Adeliger 1440).

Beiträge zur Geschichte der Königin Elisabeth von Ungarn und ihres Sohnes Ladislaus (1440–1457) hg. von Ernst BIRK, in: Quellen und Forschungen zur vaterländischen Geschichte, Literatur und Kunst 1 (1849) S. 209–258.

Codex diplomaticus Hungariae, ecclesiasticus ac civilis. Band 10,7, hg. von György FEJÉR, Buda 1843.

Tobias DANIELS (2016), Das Reich und die böhmische Kronsukzession in einem Memorandum Lorenzo Roverellas für Marco Barbo (1472), in: Römische Historische Mitteilungen 58, S. 15–62 (Edition des Memorandums Lorenzo Roverellas).

Die Gedichte des Michel Behaim. Einleitung, Gedichte Nr. 1–147, Band 1, hg. von Hans GILLE/Ingeborg SPRIEWALD (Deutsche Texte des Mittelalters 60) Berlin 1970.

Die historischen Volkslieder der Deutschen vom 13. bis 16. Jahrhundert. Band 1, hg. von Rochus VON LILIENCRON, Leipzig 1865 (darin: volkssprachliche Dichtung und »Chiphenwerger«).

Eberhart Windeckes Denkwürdigkeiten zur Geschichte des Zeitalters Kaiser Sigismunds, hg. von Wilhelm ALTMANN, Berlin 1893.

Petr ELBEL/Stanislav BÁRTA/Wolfram ZIEGLER (2014), Die Heirat zwischen Elisabeth von Luxemburg und Herzog Albrecht V. von Österreich. Rechtliche, finanzielle und machtpolitische Zusammenhänge (mit einem Quellenanhang), in: Manželství v pozdním stredoveku. Rituály a obyceje [Die Ehe im Spätmittelalter. Rituale und Gebräuche], hg. von Pawel KRAS/Martin NODL, Prag 2014, S. 79–152 (für die Dokumente rund um die Hochzeit Elisabeths und Albrechts).

Geschichte des Hauses Habsburg. Von Herzog Friedrichs Wahl zum römischen König bis zu König Ladislaus' Tod, Band 6, hg. von Ernst LICHNOWSKY, Wien 1842.

Jenő HÁZI, Sopron szabad királyi város története. I. rész, 3. kötet, Oklevelek és levelek 1430-tól 1452-ig [Die Geschichte der freien Königsstadt Ödenburg. 1. Band, 3. Heft: Urkunden und Briefe von 1430 bis 1452], Sopron 1924.

Ioannis Dlugossii Annales seu cronicae incliti regni Poloniae. Zwölf Bände, hg. von Jan DĄBROWSKI, Warschau 1964–2005.

The Annals of Jan Dlugosz. An English Abridgement, hg. von Maurice MICHAEL, Chichester 1997.

Johannes de Thurocz, Chronica Hungarorum. Zwei Bände, hg. von Elisabeth GALÁNTAI/Gyula KRISTÓ/Elemér MÁLYUSZ, Budapest 1985–1988.

János Thuróczy, Chronicle of the Hungarians, hg. von Frank MANTELLO/ Pál ENGEL (Indiana University publications. Uralic and Altaic series 155) Bloomington 1991.

Jean de Wavrin, La Croisade sur le Danube, hg. von Joana BARRETO (Collection Famagouste), Toulouse 2019.

Nándor KNAUZ (1863), Kottanner Ilona és a magyar szent korona [Helene Kotannerin und die ungarische Heilige Krone] in: Magyar Sion. Egyháztörténelmi havi folyóirat 1, Gran, S. 785–787 (Edition der Urkunden des Ladislaus Postumus für die Familie Kottanner).

Ewald KÖNSGEN (Hg.) (2007), Das Leben der Heiligen Elisabeth (Vita Sancte Elyzabeth lantgravie, Sermo de translatione beate Elyzabeth) (Veröffentlichungen der Historischen Kommission für Hessen / 67,2 Kleine Texte mit Übersetzungen) Marburg an der Lahn.

Kronika klasztoru trzemeszeńskiego 1501–1522, hg. von Aleksander HIRSCHBERG, in: Monumenta Poloniae Historica III, hg. durch die Akademia Umiejętności w Krakowie, Krakau 1878, S. 256–263.

Levéltárak-Kincstárak. Források Magyarország levéltáraiból (1000–1686) hg. von László BLAZOVICH/Géza ÉRSZEGI/Éva TURBULY, Budapest u. a. 1998, Nr. 128, S. 312 (ungarische Übersetzung der Urkunde Elisabeths im Ungarischen Nationalarchiv, Magyar Nemzeti Levéltár, Sign. 13457).

Matthias de Miechow, Chronica Polonorum, Cracovia 1521.

Online Decreta Regni Mediaevalis Hungariae. The Laws of the Medieval Kingdom of Hungary, hg. von János M. BAK, 2019. https://digitalcommons.usu.edu/lib_mono/4/

Thomas Ebendorfer, Chronica Austriae, hg. von Alphons LHOTSKY (Monumenta Germaniae Historica Scriptores rerum Germanicarum, Nova series 13) Berlin u. a. 1967.

Die Geschichte

Artikel »Helene Kottanner« im Verzeichnis »Selbstzeugnisse im deutschsprachigen Raum«: https://www.geschkult.fu-berlin.de/e/jancke-quellenkunde/verzeichnis/k/kottanner/index.html

Albrecht CLASSEN (2016), Reading Medieval European Women Writers. Strong Literary Witnesses from the Past, Frankfurt am Main.

Albrecht CLASSEN (2004), Literary or not? The Fictionality Debate in Autobiographical Writings by a Fifteenth-century German Woman Writer. Helene Kottanner's Memoirs, in: Medieval Perspectives 19, S. 64–90.

Albrecht CLASSEN (2000), Helene Kottannerin, in: Frauen in der deutschen Literaturgeschichte. Die ersten 800 Jahre, New York u. a., S. 110–128.

Heide DIENST (1986), Frauenalltag in erzählenden Quellen des Spätmittelalters, in: Frau und spätmittelalterlicher Alltag. Internationaler Kongress Krems an d. Donau 2.–5. Oktober 1984 (Sitzungsberichte. Akademie der Wissenschaften in Wien, Phil.-Hist. Klasse 473; Veröffentlichungen des Instituts für Mittelalterliche Realienkunde Österreichs 9) Wien, S. 213–242.

Raymond Graeme DUNPHY (2012), »Perspicax ingenium mihi collatum est«. Strategies of Authority in Chronicles Written by Women, in: Authority and Gender in: Medieval and Renaissance Chronicles, hg. von Juliana DRESVINA/Nicholas A. SPARKS, Newcastle upon Tyne, S. 166–201.

Raymond Graeme DUNPHY (2010), Women Chroniclers and Chronicles for Women, in: Encyclopedia of the Medieval Chronicle 1, hg. von Raymond Graeme DUNPHY, Leiden, Boston, S. 1521–1524.

Beatrix EICHINGER (1994), Geschlechtstypisches Erleben im 15. Jahrhundert? Die autobiografischen Schriften einer Frau und zweier Männer im Vergleich. Die Denkwürdigkeiten der Helene Kottannerin (1439–1440), des Andreas Lapitz Zug nach Rom 1451 und andere denkwürdige Geschichten, Hanns Hierszmanns, Thürhüthers Herzog Albrechts VI. von Österreich, Bericht über Krankheit und Tod seines Herren, 1463 und 1464, ungedr. Diplomarbeit, Wien.

Lothar GROSS (1925), Zur Biografie der Helene Kotannerin, in: Monatsblatt des Vereines für Geschichte der Stadt Wien VII/42. Jg., S. 65–67.

Elisabeth GRUBER/Christina LUTTER/Oliver Jens SCHMITT (2017), Kulturgeschichte der Überlieferung im Mittelalter. Quellen und Methoden zur Geschichte Mittel- und Südosteuropas, Köln u. a., S. 427–437.

Kornelia HOLZNER (1994), Zum Alltag von Frauen und Männern in den »Denkwürdigkeiten der Helene Kottannerin« (1439–1440), ungedr. Diplomarbeit, Wien.

Iván Kis (2021), Kottanner Jánosné memoárja – retorikai eszközök, a mű lehetséges céljai, és Kottannerné jutalma [Die Memoiren der Helene Kottannerin – Rhetorische Methoden, Ziele des Werkes und das Verdienst von Helene Kottannerin], in: Belvedere Meridionale 33,1, S. 54–70.

Ursula Liebertz-Grün (1991), Frau und Herrscherin. Zur Sozialisation deutscher Adeliger (1150–1450), in: Auf der Suche nach der Frau im Mittelalter. Fragen, Quellen, Antworten, hg. von Bea Lundt, München, S. 165–187.

Ursula Liebertz-Grün (1988), Höfische Autorinnen. Von der karolingischen Kulturreform bis zum Humanismus, in: Deutsche Literatur von Frauen 1. Vom Mittelalter bis zum Ende des 18. Jahrhunderts, hg. von Gisela Brinker-Gabler, München, S. 39–64.

Hermann Menhardt (1960), Verzeichnis der altdeutschen literarischen Handschriften der Österreichischen Nationalbibliothek 1 (Veröffentlichungen des Instituts für deutsche Sprache und Literatur 13) Berlin.

Eszter Molnár (2000), An Account of a 15th Century Theft of the Holy Crown (Denkwürdigkeiten), in: Hungarian Quarterly 158, S. 42–48.

Dorothee Rippmann (2004), Königsschicksal in Frauenhand. Der »Kronraub« von Visegrád im Brennpunkt von Frauenpolitik und ungarischer Reichspolitik, in: Lesarten der Geschichte. Ländliche Ordnungen und Geschlechterverhältnisse. Festschrift für Heide Wunder zum 65. Geburtstag, hg. von Jens Flemming u. a. (Kasseler Semesterbücher – Studia Cassellana 14) Kassel, S. 377–401.

Andreas Rüther (2004), Königsmacher und Kammerfrau im weiblichen Blick. Der Kampf um die ungarische Krone (1439/40) in der Wahrnehmung von Helene Kottanner, in: Fürstin und Fürst. Familienbeziehungen und Handlungsmöglichkeiten von hochadeligen Frauen im Mittelalter, hg. von Jörg Rogge (Mittelalter-Forschungen 15) Stuttgart, S. 225–246.

Heike Sahm (2010), Lizenz zum Stehlen. Helene Kottanners Denkwürdigkeiten (um 1450), in: Euphorion 104, S. 295–316.

Barbara Schmid (2007), Raumkonzepte und Inszenierung von Räumen in Helene Kottanners Bericht von der Geburt und Krönung des Ladislaus Postumus, in: Ausmessen – Darstellen – Inszenieren. Raumkonzepte und die Wiedergabe von Räumen in Mittelalter und Früher Neuzeit, hg. von Ursula Kundert/Barbara Schmid/Regula Schmid, Zürich, S. 113–138.

Barbara Schmid (2006), Schreiben für Status und Herrschaft. Deutsche Autobiographik in Spätmittelalter und früher Neuzeit, Zürich, S. 132–140.

Sabine Schmolinsky (1998), Zwischen politischer Funktion und Rolle der »virgo docta«. Weibliche Selbstzeugnisse im 15. Jahrhundert, in: Fifteenth Century Studies 24, S. 63–73.

Max SILLER (2021), Eine königliche Kammerfrau auf gottgewolltem Raubzug. Aus den ältesten deutschen Frauenmemoiren (Helene Kottanner, 1439–1440), in: Grenzen überschreiten. Frauenreisen zwischen Deutschland, Spanien, Hispanoamerika, hg. von Isabel GUTIÉRREZ KOESTER/ Ingrid GARCÍA-WISTÄDT, Frankfurt am Main u. a., S. 67–85.

James Ross SWEENEY (1993–1996), The Tricky Queen and Her Clever Lady-in-waiting. Stealing the Crown to Secure Succession, Visegrád 1440, in: East Central Europe 20–23,1, S. 87–100.

Harald TERSCH (1998), Art. Helene Kottanner (um 1400 – nach 1470), in: Österreichische Selbstzeugnisse des Spätmittelalters und der Frühen Neuzeit (1400–1650). Eine Darstellung in Einzelbeiträgen, Wien u. a., S. 39–51.

Iman TICHY (2021), ich und die edel kungInn. Selbst- und Fremddarstellung Helene Kottanners zwischen weiblichem Erleben und androzentrischen Handlungszuschreibungen, ungedr. Diplomarbeit, Graz. Online unter https://unipub.uni-graz.at/obvugrhs/content/titleinfo/5947128

Alice WENGRAF (1914), Aus den Denkwürdigkeiten der Helene Kottannerin, 1439–1440, in: Ungarische Rundschau für historische und soziale Wissenschaften 3, S. 434–441.

Horst WENZEL (2002), Zwei Frauen rauben eine Krone. Die denkwürdigen Erfahrungen der Helene Kottannerin (1439–1440) am Hof der Königin Elisabeth von Ungarn (1409–1442), in: Der Körper der Königin. Geschlecht und Herrschaft in der höfischen Welt, hg. von Regina SCHULTE (Campus Historische Studien 31) Frankfurt a. M. u. a., S. 27–48.

Maya Bijvoet WILLIAMSON (1987), The Austrian Chambermaid Helene Kottanner, in: Women Writers of the Renaissance and Reformation, hg. von Katharina WILSON, London u. a., S. 327–349.

Herbert ZEMAN (1970), Österreichische Literatur. Zwei Studien, in: Jahrbuch der Grillparzer-Gesellschaft 8, S. 11–56.

Der Kontext

Marika BACSOKA (2014), Die ungarische Gesandtschaft auf den Türkenreichstagen 1454/55. Ein Beitrag zum Profil der gelehrten Räte von Laszlós V., in: Europa, das Reich und die Osmanen. Die Türkenreichstage von 1454/55 nach dem Fall von Konstantinopel, Johannes Helmrath zum 60. Geburtstag, hg. von Marika BACSOKA/Anna-Maria BLANK/Thomas WOELKI (Zeitsprünge. Forschungen zur Frühen Neuzeit 18, 2014, 1–2) Frankfurt am Main, S. 110–144.

János M. Bak/Géza Pálffy (2020), Crown and Coronation in Hungary 1000–1916 A.D., Budapest.

János M. Bak (2009), »Good king Polish Ladislas…«. History and Memory of the Short Reign of Władysław Warneńczyk in Hungary, in: Central and Eastern Europe in the Middle Ages. A Cultural History, Essays in Honour of Paul W. Knoll, hg. von Piotr Górecki/Nancy van Deusen (International Library of Historical Studies 51) London u. a., S. 176–183.

János M. Bak (2007), Ein – gescheiterter – Versuch, Ungarn zum Ständestaat zu verwandeln, in: Ecclesia, Cultura, Potestas. Studia z dziejów kultury i spoleczenstwa, ksiega ofiarowana Siostrze Profesor Urszuli Borkowskiej OSU, hg. von Pawel Kras/A. Januszek, Krakau, S. 451–464.

János M. Bak/Erik Fügedi (Hg.) (1986), Kings, Bishops, Nobles and Burghers in Medieval Hungary (Variorum collected studies series 229) London.

János M. Bak (1973), Königtum und Stände in Ungarn im 14.–16. Jahrhundert (Quellen und Studien zur Geschichte des östlichen Mitteleuropa 6) Wiesbaden.

Magda von Bárány-Oberschall (1974), Die Sankt-Stephans-Krone und die Insignien des Königreiches Ungarn (Die Kronen des Hauses Österreich 3) 2. Auflage, Wien.

Stanislav Bárta/Petr Elbel/Wolfram Ziegler (2014), Die Heirat zwischen Elisabeth von Luxemburg und Herzog Albrecht V. von Österreich. Rechtliche, finanzielle und machtpolitische Zusammenhänge (mit einem Quellenanhang), in: Manželství v pozdním stredovek. Rituály a obyceje [Ehe im Spätmittelalter. Rituale und Bräuche], hg. von Pawel Kras/Martin Nodl (Colloquia mediaevalia Pragensia 14) Prag, S. 79–152.

Kálmán Benda/Erik Fügedi (1988), Tausend Jahre Stephanskrone, Budapest.

Anna Hedwig Benna (1974), Zu den Kronen Friedrichs III., in: Mitteilungen des österreichischen Staatsarchives 27, S. 22–60.

Zdenek Beran (2018), Gesellschaftliche Ordnung und Gewalt am östlichen Rande des römisch-deutschen Reiches. Landfrieden in Böhmen, Mähren und Österreich im Vergleich (1396–1464), in: Bohemia 58, S. 310–323.

Milena Braveromanová (2008), Pohrební roucho Ladislava Pohrobka z královské hrobky v katedrále sv. Víta. [Das Grabgewand von Ladislaus Postumus aus der Königsgruft im St. Veitsdom], in: Archaeologica historica 33, S. 421–443.

Julia Burkhardt (2019), Ostmitteleuropa als politische Region. Österreich, Ungarn und Böhmen im 15. Jahrhundert, in: König Rudolf I. und der Aufstieg des Hauses Habsburg im Mittelalter, hg. von Bernd Schneidmüller, Darmstadt, S. 393–410.

Gertrud BUTTLAR-GERHARTL (1986), Die Belagerung des Ladislaus Postumus in Wiener Neustadt 1452 (Militärhistorische Schriftenreihe 57) Wien.

Martin CAPSKY (2009), Král obklopený kacíri. Slavnosti na pocest Ladislava Pohrobka ve Svídnici a ve Vratislavi [Ein von Ketzern umgebener König. Feste zu Ehren Ladislaus Posthumus' in Schweidnitz und Breslau], in: Rituály, ceremonie a festivity ve stredni Evrope 14. 15. Století [Rituale, Zeremonien und Festivitäten in Mitteleuropa im 14. und 15. Jahrhundert], hg. von Martin NODL/František ŠMAHEL (Colloquia mediaevalia Pragensia 12) Prag, S. 65–76.

Vojtech CERNÝ (2006), Král obklopen kacíri. Návšteva Ladislava Pohrobka ve Vratislavi pohledem kronikáre Petra Eschenloera [Ein König von Ketzern umgeben. Der Besuch des Ladislaus Postumus in Breslau in der Sicht Peter Eschenloers], in: Ve znamení zemí Koruny ceské. Sborník k šedesátým narozeninám prof. PhDr. Lenky Bobkové, CSc [Im Zeichen der Böhmischen Kronländer. Festschrift Lenka Bobkova], hg. von Ludek BREZINA/Jana KONVICNÁ/Jan ZDICHYNEC, Prag, S. 578–584.

Juliusz A. CHROSCICKI (1998), La vie et la mort de Wladyslaw III Jagiellon sur les dessins de Jacopo Bellini, in: Quaestiones medii aevi novae 3, S. 245–264.

Petr ČORNEJ (2008), Ladislav Pohrobek [Ladislaus Postumus], in: Cestí králové [Böhmische Könige], hg. von Marie RYANTOVA/Petr VOREL (Historická pamet. Velká rada 16) Prag u. a., S. 251–262.

Sándor CSERNUS (2016), V. László franciaországi követségének forrásaihoz. Tours, 1457. december [Die Quellen zur Gesandschaft Ladislaus' V. nach Tours 1457], in: Via Sancti Martini. Szent Márton útjai térben és időben [Via Sancti Martini. Sankt Martins Reisen in Raum und Zeit], hg. von Ferenc TÓTH/Balázs Zágorhidi CZIGÁNY, Budapest, S. 165–190.

Josef DEÉR (1966), Die heilige Krone Ungarns (Österreichische Akademie der Wissenschaften 91) Wien.

Julia DÜCKER (2011), *Una gens, unum regnum, unus populus*? »Grenzüberschreitende« Politik im spätmittelalterlichen Polen und Ungarn, in: Faktum und Konstrukt. Politische Grenzziehungen im Mittelalter, Verdichtung – Symbolisierung – Reflexion, hg. von Nils BOCK/Georg JOSTKLEIGREWE/Bastian WALTER (Symbolische Kommunikation und gesellschaftliche Wertesysteme 35) Münster, S. 237–258.

Daniela DVOŘÁKOVÁ (2021a), Smrť cisára Žigmunda Luxemburského a nástup Albrechta Habsburského na uhorský trón [Der Tod von Kaiser Sigismund von Luxemburg und die Nachfolge Albrechts von Habsburg auf den ungarischen Thron], in: Historický časopis Historického ústavu SAV 69,1, S. 27–47.

Daniela Dvořáková (2021b), Pod vládou ženy [Unter der Herrschaft einer Frau] (Rytier bez kráľa 1), Budmerice.

Daniela Dvořáková (2017), Barbara von Cilli. Die Schwarze Königin (1392–1451). Die Lebensgeschichte einer ungarischen, römisch-deutschen und böhmischen Königin (Spectrum Slovakia Series 11) Frankfurt am Main.

Pál Engel (2001), Realm of St. Stephen. A History of Medieval Hungary 895–1526, London.

Christoph Fasbender (2010), »Ach durch got vernempt die klag«. Der Tod des Ladislaus Postumus, Königs von Ungarn und Böhmen, als mediales Ereignis, in: Daphnis 39, S. 375–391.

Adam Fijałkowski (1996), Średniowieczne koronacje królewskie na Węgrzech i w Polsce [Mittelalterliche Königskrönungen in Ungarn und Polen], in: Przeglad Historyczny 87,4, S. 713–735.

Amalie Fössel (2006), Barbara von Cilli. Ihre frühen Jahre als Gemahlin Sigismunds und ungarische Königin, in: Sigismundus von Luxemburg. Ein Kaiser in Europa, Tagungsband des internationalen historischen und kunsthistorischen Kongresses in Luxemburg, 8.–10. Juni 2005, hg. von Michel Pauly/Francois Reinert, Mainz, S. 95–112.

Erik Fügedi (1986), Castle and Society in Medieval Hungary (1000–1437) (Studia historica Academiae scientiarum Hungaricae 187) Budapest.

Attila Györkös (2013), V. László francia házassági terve. Diplomáciaifordulat 1457-ben? [Der französische Heiratsplan Ladislaus' V. Eine diplomatische Wende im Jahr 1457?], in: Francia-magyar kapcsolatok a középkorban [Französisch-ungarische Beziehungen im Mittelalter], hg. von Attila Györkös/Gergely Kiss, Debrecen, S. 271–289.

Brigitte Haller (1973), Kaiser Friedrich III. und die Stephanskrone, in: Mitteilungen des österreichischen Staatsarchives 26, S. 94–147.

Paul-Joachim Heinig (2003), Albrecht II. (1438–1439), in: Die deutschen Herrscher des Mittelalters. Historische Portraits von Heinrich I. bis Maximilian I. (919–1519) hg. von Bernd Schneidmüller/Stefan Weinfurter, München, S. 486–494.

Paul-Joachim Heinig (2003), Kaiser Friedrich III. (1440–1493). Hof, Regierung und Politik. 3 Bde. (Forschungen zur Kaiser- und Papstgeschichte des Mittelalters 17,1–3), Köln u.a. 1997.

Günther Hödl (1978), Albrecht II. Königtum, Reichsregierung und Reichsreform 1438–1439 (Forschungen zur Kaiser- und Papstgeschichte des Mittelalters. Beihefte zu J. F. Böhmer, Regesta Imperii 3) Wien u. a.

Jörg K. Hoensch (2000), Die Luxemburger. Eine spätmittelalterliche Dynastie gesamteuropäischer Bedeutung 1308–1437 (Kohlhammer-Urban-Taschenbücher 407) Stuttgart u. a.

Jörg K. HOENSCH (1996), Kaiser Sigismund. Herrscher an der Schwelle zur Neuzeit (1368–1437) München.

Josef KARPAT (1961), Die Idee der Heiligen Krone Ungarns in neuer Beleuchtung, in: Corona Regni. Studien über die Krone als Symbol des Staates im späteren Mittelalter, hg. von Manfred HELLMANN, Darmstadt, S. 349–398.

Karl-Friedrich KRIEGER (2004), Die Habsburger im Mittelalter. Von Rudolf I. bis Friedrich III. (Kohlhammer-Urban-Taschenbücher 452) 2. Auflage, Stuttgart u. a.

Jacek KROCHMAL (1997), Władysław Warneńczyk w świetle Roczników Jana Długosza. [Władysław III. von Polen im Lichte der »Annalen« des Jan Długosz.], in: Balcanica Posnaniensia 8, S. 129–143.

András KUBINYI (1998), König und Volk im spätmittelalterlichen Ungarn. Städteentwicklung, Alltagsleben und Regierung im mittelalterlichen Ungarn (Studien zur Geschichte Ungarns 1) Herne.

Konstantin Moritz A. LANGMAIER (2015), Erzherzog Albrecht VI. von Österreich (1418–1463). Ein Fürst im Spannungsfeld von Dynastie, Regionen und Reich (Forschungen zur Kaiser- und Papstgeschichte des Mittelalters. Beihefte zu J. F. Böhmer, Regesta Imperii 38) Köln u. a.

Elemér MÁLYUSZ (1990), Kaiser Siegmund in Ungarn (1387–1437), Budapest.

Katalin NAGY (2005), The Coronation Mantle of the Hungarian Kings, Budapest.

Karl NEHRING (1975), Matthias Corvinus, Kaiser Friedrich III. und das Reich. Zum hunyadisch-habsburgischen Gegensatz im Donauraum (Südosteuropäische Arbeiten 72) München.

Thomas NICKLAS (2012), Der Vertrag von 1444. Die Wettiner, Frankreich und Luxemburg im 15. Jahrhundert, in: Des Himmels Fundgrube. Chemnitz und das sächsisch-böhmische Gebirge im 15. Jahrhundert [Ausstellung 3. Oktober 2012 bis 20. Januar 2013], hg. von Uwe FIEDLER/ Hendrik THOSS/Enno BÜNZ, Chemnitz, S. 123–13.

Jarosław NIKODEM (1997), Długosz i Kallimach w koronie węgierskiej Władysława III. [Długosz und Callimachus zur ungarischen Krone Władysławs III.], in: Balcanica Posnaniensia 8, S. 145–166.

Ádám NOVÁK (2013), Levelek Budáról. Az országnagyok levelei a városoknak V. László halála után [Briefe aus Buda. Die Briefe der ungarischen Großen, die nach dem Tod Ladislaus' V. an Städte gerichtet wurden], in: Micae Mediaevales III. Fiatal történészek dolgozatai a középkori Magyarországról és Európáról [Micae Mediaevales III. Die Arbeiten junger Historiker zum mittelalterlichen Ungarn und Europa], hg. von Judit GÁL/Károly KRANZIERITZ/Bence PÉTERFI/András VADAS, Budapest, S. 153–166.

Klára Pajorin (2015), La pietá de Pio. Ladislo Postumo nella corrispondenza di Enea Silvio Piccolomini, in: Pio II nell' epistolografia del Rinascimento, hg. von Luisa Rotondi Secchi Tarugi (Quaderni della Rassegna 99) Firenze, S. 23–32.

Tamás Pálosfalvi (2022), Két (királyi)választás Magyarországon. Habsburg Albert és Jagelló I. Ulászló mgyar királysága [Zwei (Königs-)Wahlen in Ungarn. Die ungarische Königsherrschaft des Habsburgers Albrecht und Ladislaus' I. Jagiello], in: Századok 156.3 (2022), S. 459-503.

Tamás Pálosfalvi (2018), Koronázástól koronázásig. A korona elrablása és hazatérése (1440–1464) [Von Krönung zu Krönung. Der Raub und die Rückgabe der Krone (1440–1464)], in: A Szent Korona hazatér. A magyar korona tizenegy külföldi útja, 1205–1978 [Die Heilige Krone kehrt zurück. Die elf »Auslandsreisen« der Ungarischen Krone, 1205–1978], hg. von Géza Pálffy, Budapest, S. 125–168.

David Papajík (2016), Ladislav Pohrobek: (1440–1457). Uherský a český král [Ladislaus Postumus (1440–1457): König von Ungarn und Böhmen], České Budějovice.

David Papajík (2015), O výchově a vzdělávaní krále Ladislava Pohrobka [Zur Erziehung und Ausbildung von König Ladislaus Postumus], in: Kultúrne dejiny 6.1, S. 46–64.

Martyn Rady (2000), Nobility, Land and Service in Medieval Hungary, Palgrave.

Jörg Schwarz (2021), Die Kaiserkrönung Friedrichs III. vom 19. März 1452 – ein Problemaufriss, in: Römische Historische Mitteilungen 63, S. 69–116.

Endre Tóth (2021), The Hungarian Holy Crown and the Coronation Regalia. With Essays by Attila Horváth, Géza Pálffy and Attila Zsoldos, Budapest.

Endre Tóth (2011–2013), Die ungarischen Krönungsinsignien und Sankt Stephan, in: Ungarn Jahrbuch 31, S. 1–38.

Endre Tóth (1996), Die ungarischen Krönungsinsignien, Budapest.

Marek Zágora (2009), Ladislav Pohrobek ve vizuálních pramenech pozdního stredoveku. [Ladislaus Postumus in visuellen Quellen des späten Mittelalters], in: Sborník prací Filozofické Fakulty Ostravské Univerzity Historie 16, S. 19–33.

Die Personen im Umfeld der Königsfamilie

Attila BÁRÁNY (2002), Von Rittern zu Magnaten. Aufstieg der Pálóci ins Baronat im spätmittelalterlichen Ungarn, in: East Central Europe 29,1–2, S. 213–222.

Die Schaunberger in Oberösterreich 12.–16. Jahrhundert. Adelsgeschlecht zwischen Kaiser und Landesfürst. Ausstellungskatalog, Eferding 1978.

Christian DOMENIG (2021), Die Kanzlei der Grafen von Cilli, in: Spätmittelalter in landesherrlichen Kanzleien Mitteleuropas. Alte Tradition und der mühsame Weg zu neuen Fragen und Antworten, hg. von Tomáš VELICKA (Geschichte. Forschung und Wissenschaft 73) Berlin, S. 123–140.

Christian DOMENIG (2014), Das Haus Cilli. Erbverbrüderungen im Südosten des Reiches, in: Erbeinungen und Erbverbrüderungen in Spätmittelalter und Früher Neuzeit. Generationsübergreifende Verträge und Strategien im europäischen Vergleich, hg. von Mario MÜLLER/Karl-Heinz SPIESS/Uwe TRESP (Studien zur brandenburgischen und vergleichenden Landesgeschichte 17) Berlin, S. 116–131.

Karl GUTKAS (1966), Der Mailberger Bund von 1451. Studien zum Verhältnis von Landesfürst und Ständen um die Mitte des 15. Jahrhunderts, in: Mitteilungen des Instituts für Österreichische Geschichtsforschung 74, S. 51–94.

Othmar HAGENEDER (1957), Die Grafschaft Schaunberg. Beiträge zur Geschichte eines Territoriums im späten Mittelalter, in: Mitteilungen des oberösterreichischen Landesarchivs 5, S. 189–264.

Janez HÖFLER (2006), Die Grafen und Fürsten von Cilli als Mäzene und Förderer der Kunst, in: Sigismundus von Luxemburg. Ein Kaiser in Europa, Tagungsband des internationalen historischen und kunsthistorischen Kongresses in Luxemburg, 8. bis 10. Juni 2005, hg. von Michel PAULY/Francois REINERT, Mainz, S. 337–348.

András KUBINYI (1987), Wüstungen, Zersplitterung der Bauernhufen und Wirtschaft in den Besitzungen der Magnatenfamilie Garai in Ungarn, in: Festschrift Othmar Pickl zum 60. Geburtstag, hg. von Herwig EBNER, Graz u. a., S. 367–377.

Robert KURELIC (2006), The Status of the Counts of Cilli as Princes of the Holy Roman Empire, in: Annual of Medieval Studies at Central European University 12, S. 143–162.

Elemér MÁLYUSZ (1982), Matthias Corvinus, König von Ungarn, in: Matthias Corvinus und die Renaissance in Ungarn 1458–1541. Ausstellung auf der Schallaburg vom 8. Mai bis 1. November 1982 (Katalog des Niederösterreichischen Landesmuseums NF 118) Wien, S. 1–5.

Gerhart MARCKHGOTT (2020), Die Entstehung des Ritterstandes im Land ob der Enns. Unter besonderer Berücksichtigung der Dienst- und Lehensleute der Grafen von Schaunberg, München.

Ádám NOVÁK/Balázs Antal BACSA (2019), Polish and Hungarian Lords in the Entourage of Władysław, King of Poland and Hungary 1440–1442, in: Studia z Dziejów Średniowiecza 23, S. 183–198.

Tamás PÁLOSFALVI (2006), Barbara und die Grafen von Cilli, in: Sigismundus von Luxemburg. Ein Kaiser in Europa, Tagungsband des internationalen historischen und kunsthistorischen Kongresses in Luxemburg, 8. bis 10. Juni 2005, hg. von Michel PAULY/Francois REINERT, Mainz, S. 295–297.

Tamás PÁLOSFALVI (2003), A Rozgonyiak és a polgárháború (1440–1444) [Die Familie Rozgonyi und der Bürgerkrieg (1440–1444)], in: Századok 137,4, S. 897–928.

Peter ŠTIH (2010), The Counts of Cilli, the Issue of their Princely Authority and the Land of Cilli, in: The Middle Ages between the Eastern Alps and the Northern Adriatic. Select Papers on Slovene Historiography and Medieval History, hg. von Peter ŠTIH (East Central and Eastern Europe in the Middle Ages 11) Leiden u. a, S. 338–379.

Peter ŠTIH (2002), Die Grafen von Cilli, die Frage ihrer landesfürstlichen Hoheit und des Landes Cilli, in: Mitteilungen des Instituts für Österreichische Geschichtsforschung 110, S. 67–98.

Szilárd SÜTTŐ (2008), Aus fremden Kaufleuten ungarische Kriegsherren. Über die Bewertung des Filippo Scolari und der Gebrüder Tallóci in der ungarischen Mediävistik, in: Studia Historica Adriatica ac Danubiana 1,1, S. 41–52.

Lajos THALLÓCZY (1914), Die geschichtliche Bedeutung der Familie Frangepan, in: Ungarische Rundschau für historische und soziale Wissenschaften 3, S. 257–288.

Moriz WERTNER (1891), Die Grafen von St. Georgen und Bösing, in: Jahrbuch der heraldischen Gesellschaft Adler in Wien 1, S. 171–264.

Moriz WERTNER (1897), Die Herren von Gara und die Ellerbach von Monyorókerék (Eberau), in: Jahrbuch der heraldischen Gesellschaft Adler in Wien 7, S. 66–116.

Wo spielt die Geschichte? Raum und Topografie

Gerd ALTHOFF (1992), Vom Zwang zur Mobilität und ihren Problemen, in: Reisen und Reiseliteratur im Mittelalter und in der Frühen Neuzeit, hg. von Xenja VON ERTZDORFF/Dieter NEUKIRCH/Rudolf SCHULZ (Chloe. Beihefte zum Daphnis 13) Amsterdam, S. 91–111.

Kurt ANDERMANN/Nina GALLION (Hg.) (2018), Weg und Steg. Aspekte des Verkehrswesens von der Spätantike bis zum Ende des Alten Reiches (Kraichtaler Kolloquien 11) Ostfildern.

Armand BAERISWYL (2006), Innovation und Mobilität im Spiegel der materiellen Kultur – archäologische Funde und historische Fragestellung. Ein Versuch, in: Europa im späten Mittelalter. Politik, Gesellschaft, Kultur, hg. von Christian HESSE/Peter MORAW/Rainer SCHWINGES, München, S. 511–537.

Dietrich DENECKE (1992), Straßen, Reiserouten und Routenbücher (Itinerare) im späten Mittelalter und in der Frühen Neuzeit, in: Reisen und Reiseliteratur im Mittelalter und in der Frühen Neuzeit, hg. von Xenja VON ERTZDORFF/Dieter NEUKIRCH/Rudolf SCHULZ (Chloe. Beihefte zum Daphnis 13) Amsterdam, S. 227–253.

Siegfried DE RACHEWILTZ/Josef RIEDMANN (Hg.) (1995), Kommunikation und Mobilität im Mittelalter. Begegnungen zwischen dem Süden und der Mitte Europas (11.–14. Jahrhundert) Sigmaringen.

Oliver LANDOLT (2006), Mobilität und Verkehr im europäischen Spätmittelalter. Mit besonderer Berücksichtigung der Verkehrspolitik innerhalb der Eidgenossenschaft, in: Europa im späten Mittelalter. Politik, Gesellschaft, Kultur, hg. von Christian HESSE/Peter MORAW/Rainer SCHWINGES, München, S. 489–510.

Christoph Maria MERKI/Hans-Ulrich SCHIEDT/Rainer Christoph SCHWINGES/Laurent TISSOT (Hg.) (2010), Verkehrsgeschichte (Histoire des transports) (Schweizerische Gesellschaft für Wirtschafts- und Sozialgeschichte 25) Zürich.

Christoph Maria MERKI (2008), Verkehrsgeschichte und Mobilität (UTB 3025) Stuttgart.

Peter MORAW (1992), Reisen im europäischen Spätmittelalter im Licht der neueren historischen Forschung, in: Reisen und Reiseliteratur im Mittelalter und in der Frühen Neuzeit, hg. von Xenja VON ERTZDORFF/Dieter NEUKIRCH/Rudolf SCHULZ (Chloe. Beihefte zum Daphnis 13) Amsterdam, S. 113–139.

Norbert OHLER (2009), Reisen (Mittelalter), in: Historisches Lexikon Bayerns. Online unter https://www.historisches-lexikon-bayerns.de/Lexikon/Reisen_(Mittelalter)

Norbert OHLER (2004), Reisen im Mittelalter, 4. Auflage, München.

Folker REICHERT (2001), Erfahrung der Welt. Reisen und Kulturbegegnung im späten Mittelalter, Stuttgart u. a.

Vladimir SALAC (2018), Zur Reisegeschwindigkeit in der Vorgeschichte, in: TÜVA Mitteilungen 16, S. 41–73.

Rainer Christoph SCHWINGES (Hg.) (2007), Straßen- und Verkehrswesen im hohen und späten Mittelalter (Vorträge und Forschungen 66) Ostfildern.

Rolf Peter SIEFERLE (Hg.) (2008), Transportgeschichte (Der europäische Sonderweg 1) Berlin.

Merry WIESNER-HANKS (2021), An Age of Voyages (1350–1600) Oxford.

Zentrale Orte: Burgen und Städte

Julianna ALTMANN (Hg.) (1996), Medium regni. Középkori magyar királyi székhelyek [Herrschersitze der ungarischen Könige im Mittelalter] Budapest.

Gerd BIEGEL (Hg.) (1996), Budapest im Mittelalter (Schriften des Braunschweigischen Landesmuseums 62) Braunschweig.

Gerd BIEGEL (Hg.) (1991), Budapest im Mittelalter, Braunschweig.

Julia BURKHARDT (2021), Von Buda regia zum caput regni. Wahrnehmungen, Deutungsmuster und Repräsentation Budas als Residenz stadt im Spätmittelalter, in: Geschichtsbilder in Residenzstädten des späten Mittealters und der frühen Neuzeit. Präsentationen – Räume – Argumente – Praktiken, hg. von Gerhard FOUQUET/Matthias MÜLLER/ Sven RABELER/Sascha WINTER (Städteforschung 103) Wien u. a., S. 105–122.

Gergely BUZÁS, A korona elrablása Visegrád várából [Der Raub der Krone aus der Plintenburg], in: Várak, kastélyok templomok 14,4 (2018), S. 16–20

Gergely BUZÁS/József LASZLOVSZKY/ Orsolya MÉSZÁROS (Hg.) (2014), The Medieval Royal Town at Visegrád. Royal Centre, Urban Settlement, Churches, Budapest.

Gergely BUZÁS/József LASZLOVSZKY (Hg.) (2013), The Medieval Royal Palace at Visegrád, Budapest.

Eniko BUZÁSI/Géza PÁLFFY (2015), Augsburg – Wien – München – Innsbruck. Die frühesten Darstellungen der Stephanskrone und die Entstehung der Exemplare des Ehrenspiegels des Hauses Österreich, Gelehrten- und Künstlerbeziehungen in Mitteleuropa in der zweiten Hälfte des 16. Jahrhunderts, Budapest.

Petr ELBEL (2016), Prag und Ofen als Kaiserresidenzen. Die Verlagerung des Reichsschwerpunkts nach Osten unter den Luxemburgern und deren Folgen für das Reich, in: Rom 1312. Die Kaiserkrönung Heinrichs VII. und die Folgen. Die Luxemburger als Herrscherdynastie von gesamteuropäischer Bedeutung, hg. von Sabine PENTH/Peter THORAU, Wien, Köln, Weimar, S. 259–330.

István FELD (2018), Die Königsresidenzen des Königreiches Ungarn im 14. Jahrhundert, in: Spiegel der Fürstenmacht. Residenzbauten in Ostmitteleuropa im Spätmittelalter – Typen, Strukturen, Ausschmückung, hg. von Christofer HERRMANN/Kazimierz POSPIESZNY/Ernst GIERLICH, Bonn, S. 275–291.

István FELD (2009), Wandel in den Lebensräumen des ungarischen Adels im 15. und 16. Jahrhundert, in: Zwischen Tradition und Wandel. Archäologie des 15. und 16. Jahrhunderts, hg. von Sören FROMMER/Barbara SCHOLKMANN/Christina VOSSLER/Markus WOLF (Tübinger Forschungen zur historischen Archäologie 3) Büchenbach, S. 371–380.

László GEREVICH (1971), The Art of Buda and Pest in the Middle Ages, Budapest.

Hansgerd GÖCKENJAN (2007), Stuhlweißenburg. Eine ungarische Königsresidenz vom 11.–13. Jahrhundert, in: Ungarn, Türken und Mongolen. Kleine Schriften von Hansgerd Göckenjan, hg. von Hansgerd GÖCKENJAN/Michael KNÜPPEL/Eberhard WINKLER, Wiesbaden, S. 1–13.

Karoly GODA (2011), Buda Festiva. Urban Society and Processional Culture in a Medieval Capital City, in: Czech and Slovak Journal of Humanities Historica 2, S. 58–77.

Károly GODA/Judit MAJOROSSY (2008), Städtische Selbstverwaltung und Schriftproduktion im spätmittelalterlichen Königreich Ungarn – Eine Quellenkunde für Ödenburg und Preßburg, in: Pro Civitate Austriae NF 13, S. 62–100.

Ľudovít GRÁFEL (1999), Nec Arte – Nec Marte. Komárňanský pevnostný systém, Komárno.

Márta KONDOR (2012), Hof, Residenz und Verwaltung. Ofen und Blindenburg in der Regierungszeit König Sigismunds – unter besonderer Berücksichtigung der Jahre 1410–1419, in: Kaiser Sigismund (1368–14137). Zur Herrschaftspraxis eines europäischen Monarchen, hg. von Karel HRUZA/Alexandra KAAR (Forschungen zur Kaiser- und Papstgeschichte des Mittelalters. Beihefte zu J. F. Böhmer, Regesta Imperii 31) Wien u. a., S. 215–234.

Péter E. KOVÁCS (2001), Székesfehérvár. The Coronation City, Budapest.

András KUBINYI (1995), Der königliche Hof als Integrationszentrum Ungarns von der Mitte des 15. bis zum ersten Drittel des 16. Jahrhunderts und sein Einfluss auf die städtische Entwicklung Budas, in: Metropolen im Wandel – Zentralität in Ostmitteleuropa an der Wende vom Mittelalter zur Neuzeit, hg. von Evamaria ENGEL/Karen LAMBRECHT/Hanna NOGOSSEK, Berlin, S. 145–162.

András Kubinyi (1991), Residenz- und Herrschaftsbildung in Ungarn in der zweiten Hälfte des 15. Jahrhunderts und am Beginn des 16. Jahrhunderts, in: Fürstliche Residenzen im spätmittelalterlichen Europa, hg. von Werner Paravicini/Hans Patze (Vorträge und Forschungen 36) Sigmaringen, S. 421–462. Online unter https://journals.ub.uni-heidelberg.de/index.php/vuf/article/view/15912/9778

Richard Marsina (Hg.) (1993), Städte im Donauraum. Sammelband der Beiträge aus dem Symposion in Smolenice 30.9.–3.10.1991 Bratislava-Pressburg 1291–1991, Bratislava.

Szabolcs Balázs Nagy (2019), Noble Residences in the 15th Century Hungarian Kingdom. The Castles of Várpalota, Újlak and Kisnána in the Light of Architectural Prestige Representation, in: Dissertationes Archaeologicae 3,7, S. 375–396.

Szabolcs Balázs Nagy (2017), Fashionable Courts – Courtly Fashions. Representation in the Architecture of Late Medieval Hungarian Castle Courtyards, in: Hungarian Archaeology.

Balázs Nagy/Martyn Rady/Katalin Szende/András Vadas (Hg.) (2016), Medieval Buda in Context (Brill's Companions to European History 10) Leiden u. a.

Szilárd Papp (2006), Die neue Residenz Sigismunds in Preßburg, in: Sigismundus Rex et Imperator. Kunst und Kultur zur Zeit Sigismunds von Luxemburg 1387–1437, Ausstellungskatalog, Budapest, Szépművészeti Múzeum, 18. März bis 18. Juni 2006, Luxemburg, Musée National d'histoire et d'art, 13. Juli bis 15. Oktober 2006, hg. von Imre Takács, Mainz, S. 239–245.

Juraj Šedivý/Tatiana Štefanovicová (2012), Dejiny Bratislavy. Od pociatkov do prelomu 12. a 13. Storocia [Geschichte Bratislavas von den Anfängen bis zur Wende vom 12. zum 13. Jahrhundert], Bratislava.

Gyula Siklósi (1999), Die mittelalterlichen Wehranlagen, Burg- und Stadtmauern von Székesfehérvár (Varia archaeologica Hungarica 12) Budapest.

Enikő Spekner (2015), Hogyan lett Buda a középkori Magyarország fővarosa? A budai királyi székhely története a 12. század végétől a 14. század közepéig [Wie wurde Buda zur Hauptstadt des mittelalterlichen Ungarns? Die Geschichte des königlichen Sitzes in Buda vom Ende des 12. Jahrhunderts bis zur Mitte des 14. Jahrhunderts], Budapest, S. 127–183.

Katalin Szende (2016), Buda, Pest, Óbuda, and Visegrád, in: Europe. A Literary History 1 (1348–1418) hg. von David Wallace, Oxford, S. 533–550.

Katalin Szende (1997), Sopron. A West-Hungarian Merchant Town on the Crossroad between East and West, in: Scripta Mercaturae 2, S. 29–49.

Sándor Tóth (2006), Die Gebäude des Budaer Königspalastes zur Zeit Sigismunds von Luxemburg, in: Sigismundus Rex et Imperator. Kunst und Kultur zur Zeit Sigismunds von Luxemburg 1387–1437, Ausstellungskatalog, Budapest, Szépművészeti Múzeum, 18. März bis 18. Juni 2006, Luxemburg, Musée National d'histoire et d'art, 13. Juli bis 15. Oktober 2006, hg. von Imre Takács, Mainz, S. 200–218.

Attila Tózsa-Rígo (2012), Die Beziehung des Hofes und der (Haupt-) Stadt im Spiegel des Rechnungsbuches von Preßburg/Pozsony und der Kammerquellen, in: Hof – Stadt – Hauptstadt. Herrscher- und Aristokratenresidenzen vom 14. bis 18. Jahrhundert (Urbs. Magyar Várostörténeti Évkönyv 12) Budapest, S. 227–252.

András Végh (2011), Urban Development and Royal Initiative in the Central Part of the Kingdom of Hungary in the 13th–14th Centuries. Comparative Analysis of the Development of the Towns of Buda and Visegrád, in: Stadtgründung und Stadtwerdung. Beiträge von Archäologie und Stadtgeschichtsforschung, hg. von Ferdinand Opll, Linz, S. 431–446.

Politik machen: Herrschaftshandeln im späten Mittelalter

Gerd Althoff (2003), Die Macht der Rituale. Symbolik und Herrschaft im Mittelalter, Darmstadt.

Cristina Andenna/Gert Melville (Hg.) (2015), Idoneität – Genealogie – Legitimation. Begründung und Akzeptanz von dynastischer Herrschaft im Mittelalter (Norm und Struktur 43) Köln.

Julia Burkhardt (2017), Das Erbe der Frauen. Elisabeth von Luxemburg und Elisabeth von Habsburg, in: Heilige, Helden, Wüteriche. Herrschaftsstile der Luxemburger (1308–1437) hg. von Martin Bauch/Julia Burkhardt/Tomás Gaudek/Václav Zurek (Forschungen zur Kaiser- und Papstgeschichte des Mittelalters. Beihefte zu J. F. Böhmer, Regesta Imperii 41) Köln u. a., S. 261–284.

Andreas Büttner (2012), Der Weg zur Krone. Rituale der Herrschererhebung im römisch-deutschen Reich des Spätmittelalters 2 (Mittelalter-Forschungen 35) Ostfildern, S. 521–561.

Heinz-Dieter Heimann (1994), Herrscherfamilie und Herrschaftspraxis. Sigismund, Barbara, Albrecht und die Gestalt der luxemburgisch-habsburgischen Erbverbrüderung, in: Sigismund von Luxemburg. Kaiser und König in Mitteleuropa 1387–1437, Beiträge zur Herrschaft Kaiser Sigismunds und der europäischen Geschichte um 1400, hg. von Josef Macek/Ernő Marosi/Ferdinand Seibt (Studien zu den Luxemburgern und ihrer Zeit 5) Warendorf, S. 53–66.

Márta KONDOR (2017), The Ginger Fox's Two Crowns. Central Administration and Government in Sigismund of Luxembourg's Realms 1410–1419, Budapest.

Andrea LANGER (2001), »Ex longa stirpe Imperatorum«. Zum Einfluß Elisabeths von Habsburg (1436/37–1505) auf die Kunst- und Repräsentationstraditionen am jagiellonischen Hof, in: Metropolen und Kulturtransfer im 15./16. Jh. Prag – Krakau – Danzig – Wien, hg. von Andrea LANGER/Georg MICHELS (Forschungen zur Geschichte und Kultur des östlichen Mitteleuropa 12) Stuttgart, S. 121–140.

Christina LUTTER (2021), Herrschaft und Geschlecht. Relationale Kategorien zur Erforschung fürstlicher Handlungsspielräume, in: Vormoderne Macht und Herrschaft. Geschlechterdimensionen und Spannungsfelder, hg. von Matthias BECHER/Achim FISCHELMANNS/Katharina GAHBLER (Macht und Herrschaft 12) Göttingen, S. 199–233.

Claudia ZEY (Hg.) (2015), Mächtige Frauen? Königinnen und Fürstinnen im europäischen Mittelalter (11.–14. Jahrhundert) (Vorträge und Forschungen 81) Ostfildern.

Dušan ZUPKA (2016), Ritual and Symbolic Communication in Medieval Hungary under the Árpád Dynasty (1000–1301) (East Central and Eastern Europe in the Middle Ages 39) Leiden.

Der religiöse Horizont

Arnold ANGENENDT (2010), Die Gegenwart von Heiligen und Reliquien, hg. von Hubertus LUTTERBACH, Münster.

Arnold ANGENENDT (2009), Geschichte der Religiosität im Mittelalter, Darmstadt.

Arnold ANGENENDT (2004), Grundformen der Frömmigkeit im Mittelalter (Enzyklopädie deutscher Geschichte 68) 2. Auflage, München.

Arnold ANGENENDT (2004), Liturgie im Mittelalter. Ausgewählte Aufsätze zum 70. Geburtstag, hg. von Thomas FLAMMER/Daniel MEYER. Münster i. W.

Arnold ANGENENDT (1984), Kaiserherrschaft und Königstaufe. Kaiser, Könige und Päpste als geistliche Patrone in der abendländischen Missionsgeschichte (Arbeiten zur Frühmittelalterforschung 15) Berlin u. a.

Christa BERTELSMEIER-KIERST (Hg.) (2008), Elisabeth von Thüringen und die neue Frömmigkeit in Europa (Kulturgeschichtliche Beiträge zum Mittelalter und der Frühen Neuzeit 1) Frankfurt am Main u. a.

Dieter BLUME/Matthias WERNER (Hg.) (2007), Elisabeth von Thüringen – eine europäische Heilige. Katalog, Petersberg.

András Bódvai (Hg.) (2021), Szent László emlékkönyv [Gedenkschrift zu Ehren des Heiligen Ladislaus], Budapest.

Philip Booth/Elizabeth Tingle (Hg.) (2020), A Companion to Death, Burial and Remembrance in Late Medieval and Early Modern Europe (1300–1700) (Brill's Companions to the Christian Tradition 94) Leiden u. a.

Michael Borgolte (Hg.) (2014–2017), Enzyklopädie des Stiftungswesen in mittelalterlichen Gesellschaften, 3 Bände, Berlin u. a.

Michael Borgolte (2012), Stiftung und Memoria, hg. von Tillmann Lohse, Berlin 2012.

Ottó Gecser (2012), The Feast and the Pulpit. Preachers, Sermons and the Cult of St. Elizabeth of Hungary (1235–ca. 1500) (Medioevo francescano. Saggi 15) Spoleto.

Ottó Gecser/József Laszlovszky/Balázs Nagy (Hg.) (2011), Promoting the Saints. Cults and their Contexts from Late Antiquity until the Early Modern Period, Essays in Honor of Gábor Klaniczay for his 60th Birthday (Central European University Medievalia 12) Budapest u. a.

Iván Gerát (2020), Iconology of Charity. Medieval Legends of Saint Elizabeth in Central Europe (Art & Religion 9) Leuven, Paris, Bristol.

Dieter Geuenich/Otto Gerhard Oexle (Hg.) (1994), Memoria in der Gesellschaft des Mittelalters (Veröffentlichungen des Max-Planck-Instituts für Geschichte 111) Göttingen.

Jan Hrdina/Hartmut Kühne (2012), Wilsnack, Prag, Magdeburg. Neue Perspektiven auf die ersten Jahrzehnte einer europäischen Wallfahrt, in: Der Havelberger Dombau und seine Ausstrahlung, hg. von Leonhard Helten, Berlin, S. 20–44.

Jan Hrdina/Hartmut Kühne (2011), Wilsnack, Pilgerziel Wilsnack. Anfänge eines europäischen Wallfahrtsortes, in: Im Dialog mit Raubrittern und Schönen Madonnen. Die Mark Brandenburg im späten Mittelalter, Begleitband zum Ausstellungsverbund »Raubritter und Schöne Madonnen«, hg. von Clemens Bergstedt/Heinz-Dieter Heimann/Knut Kiesant/Peter Knüvener/Mario Müller/K. Winkler (Studien zur brandenburgischen und vergleichenden Landesgeschichte 6) Berlin, S. 194–205.

Jan Hrdina (2006), Wilsnack, Hus und die Luxemburger, in: Die Wilsnackfahrt. Ein Wallfahrts- und Kommunikationszentrum Nord- und Mitteleuropas im Spätmittelalter, hg. von Felix Escher/Hartmut Kühne (Europäische Wallfahrtsstudien 2) Frankfurt a. M., S. 41–63.

Terézia Kerny (2018), Uralkodók, királyi szentek. Válogatott ikonográfiai és kultusztörténeti tanulmányok [Herrscher und heilige Könige. Ausgewählte Studien zu ihrer Ikonografie und Kulturgeschichte], Budapest.

Gábor KLANICZAY (2014), Using Saints. Intercession, Healing, Sanctitiy, in: The Oxford Handbook of Medieval Christianity, hg. von John Hugh ARNOLD, S. 217–237.

Gábor KLANICZAY (2002), Holy Rulers and Blessed Princesses, Cambridge.

Andreas MEYER (Hg.) (2012), Die Geschichte der Reliquiare der heiligen Elisabeth, in: Elisabeth und kein Ende. Zum Nachleben der heiligen Elisabeth von Thüringen (Marburger Mittelalterzentrum 5) Leipzig.

Otto Gerhard OEXLE (Hg.) (1995), Memoria als Kultur (Veröffentlichungen des Max-Planck-Instituts für Geschichte 121) Göttingen.

Constanze RENDTEL (2003), Krankheit und Heilung im Spiegel der mittelalterlichen Wunderkonzeption, in: Natur im Mittelalter. Konzepte– Erfahrungen – Wirkungen, hg. von Peter DILG, Berlin, S. 408–418.

Karl SCHMID/Joachim WOLLASCH (Hg.) (1984), »Memoria«. Der geschichtliche Zeugniswert des liturgischen Gedenkens im Mittelalter (Münstersche Mittelalter-Schriften 48) München.

Klaus SCHREINER (2004), Maria – Schild und Schutz der Christenheit. Marienverehrung in politischen Kontexten des späten Mittelalters und der Frühen Neuzeit, in: Am Anfang war das Auge. Kunsthistorische Tagung anlässlich des 100jährigen Bestehens des Diözesanmuseums Hofburg Brixen, hg. von Leo ANDERGASSEN (Veröffentlichungen der Hofburg Brixen 2) Bozen, S. 13–54.

Gabriela SIGNORI (1995), Maria zwischen Kathedrale, Kloster und Welt. Hagiographische und historiographische Annäherungen an eine hochmittelalterliche Wunderpredigt, Sigmaringen.

Gabriela SIGNORI (2007), Wunder. Eine historische Einführung (Historische Einführungen 2), Frankfurt am Main.

László SOLYMOSI (2020), Die Heiligsprechung des ungarischen Königs Ladislaus im ausgehenden 12. Jahrhundert, in: Mitteilungen des Instituts für Österreichische Geschichtsforschung 128, S. 135–146.

Karen STARK (2022), »The garden watered by the Virgin Mary«. The Marian Landscape of Medieval Hungary (1301–1437) ungedr. PhD, Central Euopean University.

Donald D. SULLIVAN (2016), The Holy Blood of Wilsnack. Politics, Theology, and the Reform of Popular Religion in Late Medieval Germany, in: Viator 47,2, S. 249–276.

Thea TOMAINII (Hg.) (2018), Dealing With The Dead. Mortality and Community in Medieval and Early Modern Europe (Explorations in Medieval Culture 5) Leiden u. a.

André VAUCHEZ (2017), Sainte Elisabeth de Hongrie. Documents et Sources Historiques, Paris.

Thomas VON BOGYAY/János M. BAK/Gabriel SILAGI (Hg.) (1976), Die heiligen Könige (Ungarns Geschichtsschreiber 1) Graz u. a.

Leben bei Hof

Burgen, Höfe und adelige Lebenswelten
Ständig ergänzte Bibliografie auf der Homepage der Residenzen-Kommission der Akademie der Wissenschaften Göttingen: http://resikom.adw-goettingen.gwdg.de/biblnet.htm

Nadine AKKERMAN/Birgit HOUBEN (Hg.) (2014), The Politics of Female Households. Ladies-in-waiting across Early Modern Europe (Rulers & Elites 4) Leiden u. a.

Ronald G. ASCH/Adolf M. BIRKE (Hg.) (1991), Princes, Patronage, and the Nobility. The Court at the Beginning of the Modern Age (1450–1650) Oxford.

Joachim BUMKE (1990), Höfische Kultur. Literatur und Gesellschaft im hohen Mittelalter, Bde. 1–2, München.

Daniela DVOŘÁKOVÁ (2014), Das Leben einer Frau in der mittelalterlichen Burg, in: The Castle as a Social Space, hg. von Katarina Katja PREDOVNIK (Castrum Bene 12) Ljubljana, S. 95–102.

Theresa EARENFIGHT (2013), Queenship in Medieval Europe, New York.

Carola FEY/Werner RÖSENER (Hg.) (2008), Fürstenhof und Sakralkultur (Formen der Erinnerung 35) Göttingen.

Carola FEY/Steffen KRIEB/Werner RÖSENER (Hg.) (2007), Mittelalterliche Fürstenhöfe und ihre Erinnerungskulturen (Formen der Erinnerung 27) Göttingen.

Matthias HENKEL (1999), Der Kachelofen. Ein Gegenstand der Wohnkultur im Wandel. Eine volkskundlich-archäologische Studie auf der Basis der Hildesheimer Quellen (Bild- und Textteil), ungedr. Diss. Nürnberg.

Jan HIRSCHBIEGEL (2015), Nahbeziehungen bei Hof, Manifestationen des Vertrauens. Karrieren in reichsfürstlichen Diensten am Ende des Mittelalters (Norm und Struktur 44) Köln.

Jan HIRSCHBIEGEL/Werner PARAVICINI (Hg.) (2004), Der Fall des Günstlings. Hofparteien in Europa vom 13. bis zum 17. Jahrhundert, 8. Symposium der Residenzen-Kommission der Akademie der Wissenschaften zu Göttingen, Neuburg an der Donau, 21. bis 24. September 2002 (Residenzenforschung 17) Ostfildern.

Jan HIRSCHBIEGEL/Werner PARAVICINI (Hg.) (2000), Das Frauenzimmer. Die Frau bei Hofe in Spätmittelalter und Früher Neuzeit (Residenzenforschung 11) Sigmaringen, S. 327–337.

Kornelia HOLZNER-TOBISCH/Thomas KÜHTREIBER/Gabriele SCHICHTA/Christina SCHMID (Hg.) (2015), Raumstrukturen und Raumausstattung auf Burgen in Mittelalter und Früher Neuzeit (Interdisziplinäre Beiträge zu Mittelalter und Früher Neuzeit 2) Heidelberg 2015.

Holger KRUSE/Werner PARAVICINI (Hg.) (1999), Höfe und Hofordnungen (1200–1600) (Residenzenforschung 10) Sigmaringen.

András KUBINYI (1995a), Alltag und Fest am ungarischen Königshof der Jagellonen (1490–1526), in: Alltag bei Hofe. 3. Symposion der Residenzen-Kommission der Akademie der Wissenschaften in Göttingen vom 28. Februar bis 1. März 1992 in Ansbach, hg. von Werner PARAVINCINI (Residenzenforschung 5) Sigmaringen, S. 197–215.

András KUBINYI (1995b), Der königliche Hof als Integrationszentrum Ungarns von der Mitte des 15. bis zum ersten Drittel des 16. Jahrhunderts und sein Einfluß auf die städtische Entwicklung Budas, in: Metropolen im Wandel. Zentralität in Ostmitteleuropa an der Wende vom Mittelalter zur Neuzeit, hg. von Evamaria ENGEL/Karen LAMBRECHT/Hanna NOGOSSEK (Forschungen zur Geschichte und Kultur des östlichen Mitteleuropa) Berlin, S. 145–162.

Cordula NOLTE (2009), Arbeiten, Wohnen, Repräsentation. Burgen als Aufenthaltsorte von Frauen im Spätmittelalter (Zur Sozial- und Kulturgeschichte der mittelalterlichen Burg (Interdisziplinärer Dialog zwischen Archäologie und Geschichte 1) Trier, S. 141–165.

Volker OHLENSCHLÄGER (2015), Raumstrukturen im Spiegel deutscher Hofordnungen des 15. Jahrhunderts, in: Raumstrukturen und Raumausstattung auf Burgen in Mittelalter und Früher Neuzeit, hg. von Kornelia HOLNZER-TOBISCH/Thomas KÜHTREIBER/Gabriele SCHICHTA/Christina SCHMID, Heidelberg, S. 227–240.

Géza PÁLFFY (2007), Hofwechsel und Einflußverlust. Der ungarische Adel am Hof der Jagiellonen und am Hof Ferdinands I., in: Maria von Ungarn (1505–1558). Eine Renaissancefürstin, hg. von Martina FUCHS/Orsola RÉTHELYI (Geschichte in der Epoche Karls V. 8) Münster, S. 245–260.

Werner PARAVICINI (Hg.) (1995), Alltag bei Hofe. 3. Symposion der Residenzen-Kommission der Akademie der Wissenschaften in Göttingen vom 28. Februar bis 1. März 1992 in Ansbach (Residenzenforschung 5) Sigmaringen.

Jörg Henning PELTZER (Hg.) (2015), Rank and Order. The Formation of Aristocratic Elites in Western and Central Europe, 500–1500 (Rank. Politisch-soziale Ordnungen im mittelalterlichen Europa 4) Ostfildern.

Jörg Henning PELTZER/Jörg WETTLAUFER (Hg.) (2002), Erziehung und Bildung bei Hofe (Residenzenforschung 13) Stuttgart.

Gustav PFEIFFER/Kurt ANDERMANN (Hg.) (2013), Ansitz – Freihaus – corte franca. Bauliche und rechtsgeschichtliche Aspekte adligen Wohnens in der Vormoderne (Veröffentlichungen des Südtiroler Landesarchivs = Pubblicazioni dell' Archivio provinciale di Bolzano 36) Innsbruck.

Andreas RANFT (2007), Adel, Hof und Residenz im späten Mittelalter, in: Archiv für Kulturgeschichte 89, S. 61–90.

Orsolya RÉTHELYI (2019), Jagiellonian-Habsburg Marriage Policy and Cultural Transfer. The Question of Household and Court Ordinances, in: Das Wiener Fürstentreffen von 1515. Beiträge zur Geschichte der Habsburgisch-Jagiellonischen Doppelvermählung, hg. von Bogusław DYBAŚ/István TRINGLI, Budapest, S. 349–368.

Orsolya RÉTHELYI (2016), The Court of the King and Queen in Buda in the Jagiellonian Age, in: Medieval Buda in Context, hg. von Balázs NAGY/Martyn C. RADY/Katalin SZENDE/András VADAS (Brill's Companions to European History 10) Leiden u. a., S. 452–471.

Orsolya RÉTHELYI (2007), Die Anfänge der Ofener Hofhaltung Königin Marias von Ungarn. Maria von Ungarn (1505–1558). Eine Renaissancefürstin, hg. von Martina FUCHS/Orsola RÉTHELYI (Geschichte in der Epoche Karls V. 8) Münster, S. 221–243.

Werner RÖSENER (2008), Leben am Hof. Königs- und Fürstenhöfe im Mittelalter, Ostfildern.

Werner RÖSENER (1989), Hofämter an mittelalterlichen Fürstenhöfen, in: DA 45, S. 485–550.

Renáta SKORKA/Boglárka WEISZ (2018), A királyné asztala [= Der Tisch der Königin], in: Urbs, civitas, universitas. Ünnepi tanulmányok Petrovics István 65. születésnapja tiszteletére [Urbs, civitas, universitas. Festschrift zu Ehren von István Petrovics anlässlich seines 65. Geburtstages], hg. von Sándor PAPP/Zolán KORDÉ/László Sándor TÓTH, Szeged, S. 241–253.

Aleksandra SKRZYPIETZ (Hg.) (2021), Queens within Networks of Family and Court Connections, Köln u. a.

Karl-Heinz SPIESS (Hg.) (2009), Die Familie in der Gesellschaft des Mittelalters. Ostfildern.

Elena Crislyn WOODACRE (2021), Queens and Queenship. Amsterdam.

Joachim ZEUNE (Hg.) (2011), Die Burg im 15. Jahrhundert (Veröffentlichungen der Deutschen Burgenvereinigung e. V. Reihe B 12) Braubach.

Joachim ZEUNE (Hg.) (2006), Alltag auf Burgen im Mittelalter (Veröffentlichungen der Deutschen Burgenvereinigung e. V. Reihe B 10) Braubach.

Verwandtschaft und Familie

Philipp Ariès (2021), Geschichte der Kindheit (dtv 30318) 20. Auflage, München.

Constanza Gislon Dopfel/Alessandra Foscati/ Charles Burnett (Hg.) (2019), Pregnancy and Childbirth in the Premodern World. European and Middle Eastern Cultures, from Late Antiquity to the Renaissance (Cursor mundi 36) Turnhout.

Jeroen Duindam (2015), Dynasties. A Global History of Power, Cambridge.

Jeroen Duindam (2021), Gender, Succession and Dynastic Rule, in: History and Anthropology 32,2, S. 151–170.

Joanne M. Ferraro (2013), Childhood in Medieval and Early Modern Times, in: The Routledge History of Childhood in the Western World, hg. von Paula Fass. London u. a., S. 61–77.

Christine Fertig/Margareth Lanzinger (Hg.) (2016), Beziehungen, Vernetzungen, Konflikte. Perspektiven historischer Verwandtschaftsforschung, Köln u. a.

Nadia Maria Filippini (2020), Pregnancy, Delivery, Childbirth. A Gender and Cultural History from Antiquity to the Test Tube in Europe, Abingdon.

Peter J.P. Goldberg/Felicity Riddy (Hg.) (2004), Youth in the Middle Ages, Woodbridge.

Barbara Hanawalt (2009), History of Family, Women and Children in Late Medieval Europe, in: New Approaches to the History of Late Medieval and Early Modern Europe. Selected Proceedings of Two International Conferences at the Royal Danish Academy of Sciences and Letters in Copenhagen 1997 and 1999, hg. von Troels Dahlerup (Historisk-filosofiske meddelelser 104) Kopenhagen, S. 79–98.

Gerhard Jaritz (2019), Social Grouping and the Languages of Dress in the Late Middle Ages, in: The Beauty Is in the Details. Patterns and Contexts in the Middle Ages, hg. von Gerhard Jaritz (History and Art 4) Budapest, S. 111–145.

Claudia Jarzebowski (2018), Kindheit und Emotion. Kinder und ihre Lebenswelten in der europäischen Frühen Neuzeit, Berlin u. a.

Margaret King (2007), Concepts of Childhood. What We Know and Where We Might Go, in: Renaissance Quarterly 60, S. 371–407.

Michael Mitterauer (2013), Historische Verwandtschaftsforschung, Wien u. a.

Carol Leigh Neel (Hg.) (2004), Medieval Families. Perspectives on Marriage, Household and Children (Medieval Academy Reprints for Teaching 40) Toronto.

Cordula Nolte (2009), Die Familie im Adel. Haushaltsstruktur und Wohnverhältnisse im Spätmittelalter, in: Die Familie in der Gesellschaft des Mittelalters, hg. von Karl-Heinz Spiess (Vorträge und Forschungen 71) Ostfildern, S. 77–105.

Daniel Pigg (2015), Children and Childhood in the Middle Ages, in: Handbook of Medieval Culture 1, hg. von Albrecht Classen, Berlin, S. 149–158.

Lahney Preston-Matto/Mary Valante (Hg.) (2021), Kids Those Days. Children in Medieval Culture (Explorations in Medieval Culture 13) Leiden u. a.

Joel Thomas Rosenthal (2007), Essays on Medieval Childhood. Responses to Recent Debates, Donington.

David W. Sabean/Simon Teuscher/Jon Mathieu (Hg.) (2007), Kinship in Europe. Approaches to Long-Term Developments (1300–1900) New York.

David W. Sabean/Simon Teuscher/Christopher H. Johnson/Francesca Trivellato (Hg.) (2011), Transregional and Transnational Families in Europe and Beyond. Experiences Since the Middle Ages, New York, Oxford.

Eva Schlotheuber (2009), Kindheit und Erziehung im Spiegel der spätmittelalterlichen biographischen und autobiographischen Literatur, in: Aufblühen und Verwelken. Mediävistische Forschungen zu Kindheit und Alter, hg. von Ines Heiser/Andreas Meyer, Leipzig, S. 27–54.

Shulamith Shahar (2004), Kindheit im Mittelalter, 2. Auflage, Düsseldorf.

Renáta Skorka/Boglárka Weisz (2019), The Town and the Widow. The Journey of Elisabeth of Luxembourg to Poszony, in: Mesto a dejiny 8,2, S. 6–21.

Silvia Sovic/Pat Thane/Pierpaolo Viazzo (Hg.) (2015), The History of Families and Households. Comparative European Dimensions (Central and Eastern Europe 6) Leiden u. a.

Karl-Heinz Spiess (2015), Familie und Verwandtschaft im deutschen Hochadel des Spätmittelalters. 13. bis Anfang des 16. Jahrhunderts, 2. Auflage, Stuttgart.

Louise Wilkinson (Hg.) (2010), A Cultural History of Childhood and Family in the Middle Ages, Oxford u. a.

Ortsnamenkonkordanz

Während das Ortsregister alle im Quellentext und in der Darstellung genannten Ortsnamen gemäß der Quelle in deutscher Sprache listet, enthält die folgende Ortsnamenkonkordanz die wichtigsten mehrsprachig gebrauchten Ortsnamen in der Reihenfolge

1. Spalte: im Text am häufigsten verwendete deutsche Form
2. Spalte: heute und daher auch in den Karten verwendete ungarische Form
3. Spalte: weitere wichtige Namensvarianten

bulgar. = bulgarisch; lat. = lateinisch; poln. = polnisch; rum. = rumänisch; slowak. = slowakisch; slow. = slowenisch; tsch. = tschechisch

Deutsch	Ungarisch	Weitere Namensformen
Altenburg	Mosonmagyaróvár	
Altofen	Óbuda	
Cilli	Celje	lat. Celeia, slowe. Celje
Dorfneustadt	Gerencsér	slowak. Hrnčiarovce nad Parnou
Eisenstadt	Kismarton	
Erlau	Eger	slowak. Jáger
Gran	Esztergom	lat. Strigonium
Großwardein/ Wardein	Nagyvárad/Várad	rum. Oradea
Kleines Dorf	Kisfalud	
Komorn	Komárom	slowak. Komárno
Krakau		poln. Kraków
Nessmühl/ Langendorf	Neszmély	

Deutsch	Ungarisch	Weitere Namensformen
Ödenburg	Sopron	lat. Scarabantia
Ofen	Buda	
Pest	Pest	
Plattensee	Balaton	
Plintenburg	Visegrád	
Prag		tsch. Praha
Pressburg	Pozsony	slowak. Bratislava
Raab	Győr	slowak. Ráb
Schildgebirge	Vértes-Gebirge	
Siebenbürgen	Erdély	rum. Transilvania
St. Martinsberg	Pannonhalma	
Steinamanger	Szombathely	
Stuhlweißenburg	Székesfehérvár	lat. Alba Regia
Szegedin	Szeged	lat. Partiscum
Temesch (Fluss)	Temes	
Temeswar	Temesvár	rum. Timişoara
Totis	Tata	lat. Dotis
Trentschin	Trencsén	slowak. Trenčín
Tschanad	Csanád	
Varna		bulgar. Варна
Waitzen	Vác	
Wesprim	Veszprém	
Znaim		tsch. Znojmo

Register der geografischen Bezeichnungen

Für Sprachvarianten siehe das Ortsnamenskonkordanz-Verzeichnis

Register der Personen

Bf. = Bischof; böhm. = böhmische(r); brandenburg. = brandenburgische(r); burgund. = burgundische(r); byzant. = byzantinische(r); dt. = deutsche(r); Erzbf. = Erzbischof; fränk. = fränkische(r); frz. = französische(r); gest. = gestorben; Gf. = Graf; Gfin. = Gräfin; Grf. = Großfürst; Grgf. = Großgraf; Hl. = Heilige(r); Hptm. = Hauptmann; (Erz-)Hzg. = (Erz-)Herzog; Hzgin. = Herzogin; ital. = italienische(r); Jh. = Jahrhundert; Kg. = König; Kgin. = Königin; kgl. = königlich; kroat. = kroatische(r); Ks. = Kaiser; Lgfin. = Landgräfin; mähr. = mährische(r); Mgf. = Markgraf; Mgfin. = Markgräfin; öst. = österreichische(r); poln. = polnische(r); Rf. = Reichsfürst; röm.-dt. = römisch-deutsche(r); sächs. = sächsische(r); sizil. = sizilianische(r); süddt. = süddeutsche(r); thüring. = thüringisch(r); ungar. = ungarische(r); v. = von; Woj. = Wojewode

Abbildungsnachweis

Abb. 1: S. 11 Österreichische Nationalbibliothek
Abb. 2: S. 15 akg-images/euroluftbild.de/Civertan Bt.
Abb. 3: S. 17 akg-images/Pictures From History
Abb. 4: S. 25 Wahavi/Alamy Stock Photo
Abb. 5: S. 30 Peter Böttcher - Institut für Realienkunde - Universität Salzburg
Abb. 6: S. 32 Peter Böttcher - Institut für Realienkunde - Universität Salzburg
Abb. 7: S. 41 Peter Böttcher - Institut für Realienkunde - Universität Salzburg
Abb. 8: S. 42 wikimedia commons
Abb. 9: S. 49 Tiroler Landesmuseen
Abb. 10: S. 53 wikimedia commons
Abb. 11: S. 60 Kunsthistorisches Museum Wien
Abb. 12: S. 76 wikimedia commons
Abb. 13: S. 86 wikimedia commons
Abb. 14: S. 89 Wiener Stadt- und Landesarchiv
Abb. 15: S. 97 Österreichische Nationalbibliothek
Abb. 16: S. 99 Peter Palm nach Vorlage von Herbert Krammer und OpenStreetmap (OSM) contributors
Abb. 17: S. 104 Gergely Buzás
Abb. 18: S. 105 Herbert Krammer und OpenStreetmap (OSM) contributors
Abb. 19: S. 108 Bayerische Staatsbibliothek
Abb. 20: S. 112 Herbert Krammer und OpenStreetmap (OSM) contributors
Abb. auf Vorsatz: Peter Palm nach Vorlage von Herbert Krammer und OpenStreetmap (OSM) contributors

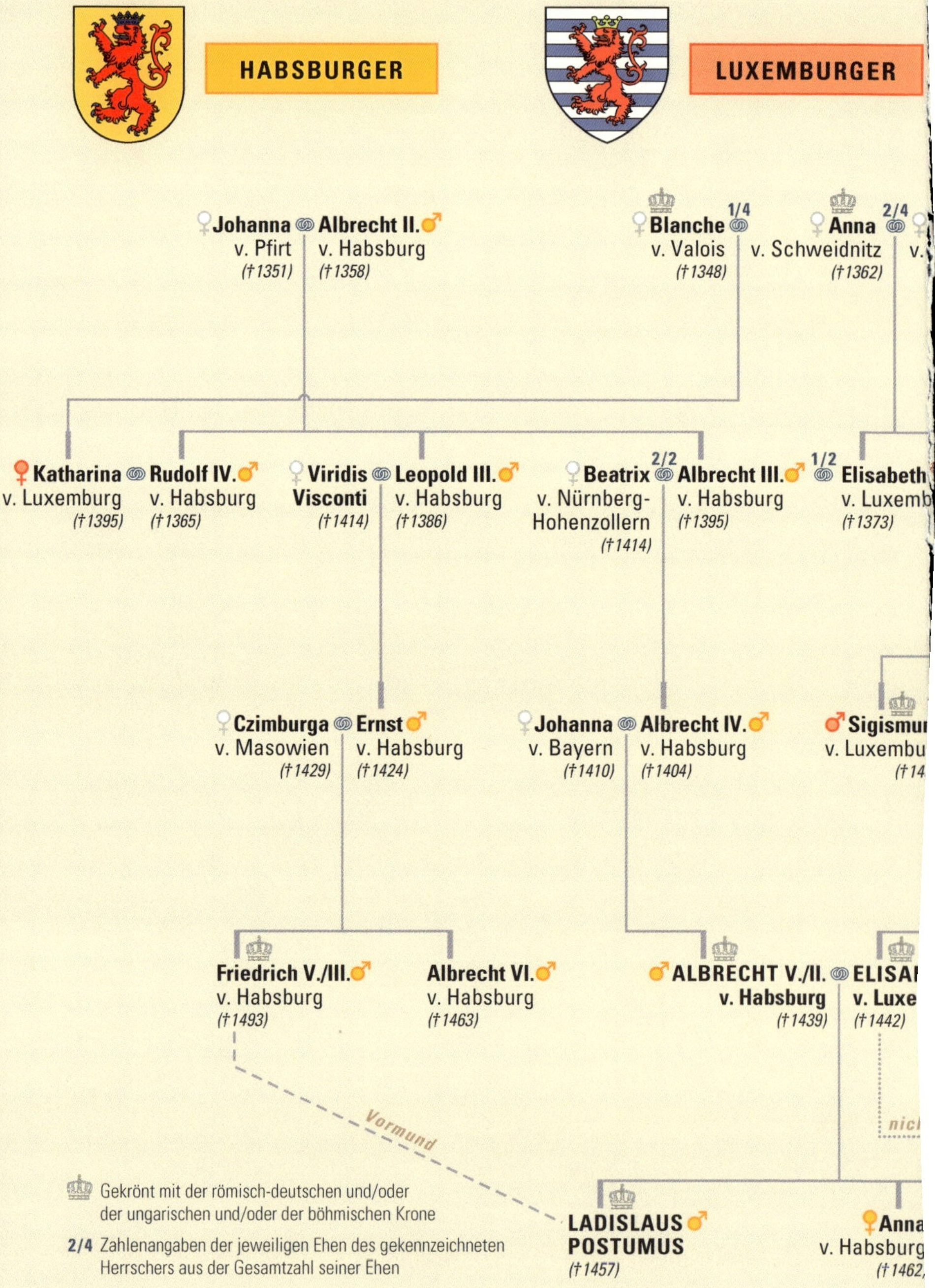

HABSBURGER

LUXEMBURGER

Johanna ⚭ Albrecht II.
v. Pfirt (†1351) | v. Habsburg (†1358)

Blanche 1/4 ⚭ v. Valois (†1348)

Anna 2/4 ⚭ v. Schweidnitz (†1362)

v.

Katharina ⚭ Rudolf IV.
v. Luxemburg (†1395) | v. Habsburg (†1365)

Viridis ⚭ Leopold III.
Visconti (†1414) | v. Habsburg (†1386)

Beatrix 2/2 ⚭ Albrecht III.
v. Nürnberg-Hohenzollern (†1414) | v. Habsburg (†1395)

1/2 ⚭ Elisabeth
v. Luxemb
(†1373)

Czimburga ⚭ Ernst
v. Masowien (†1429) | v. Habsburg (†1424)

Johanna ⚭ Albrecht IV.
v. Bayern (†1410) | v. Habsburg (†1404)

Sigismu
v. Luxembu
(†14

Friedrich V./III.
v. Habsburg
(†1493)

Albrecht VI.
v. Habsburg
(†1463)

ALBRECHT V./II. ⚭ ELISA
v. Habsburg (†1439) | v. Luxe (†1442)

Vormund

nic

LADISLAUS POSTUMUS
(†1457)

Anna
v. Habsburg
(†1462

Gekrönt mit der römisch-deutschen und/oder der ungarischen und/oder der böhmischen Krone

2/4 Zahlenangaben der jeweiligen Ehen des gekennzeichneten Herrschers aus der Gesamtzahl seiner Ehen